2025年度版

京都府の
保健体育科

過 去 問

協同教育研究会 編

協同出版

本書には，京都府の教員採用試験の過去問題を収録しています。各問題ごとに，以下のように5段階表記で，難易度，頻出度を示しています。

難 易 度

非常に難しい　☆☆☆☆☆
やや難しい　☆☆☆☆
普通の難易度　☆☆☆
やや易しい　☆☆
非常に易しい　☆

頻 出 度

◎　　　　ほとんど出題されない
◎◎　　　あまり出題されない
◎◎◎　　普通の頻出度
◎◎◎◎　よく出題される
◎◎◎◎◎　非常によく出題される

はじめに～「過去問」シリーズ利用に際して～

　教育を取り巻く環境は変化しつつあり，日本の公教育そのものも，教員免許更新制の廃止やGIGAスクール構想の実現などの改革が進められています。また，現行の学習指導要領では「主体的・対話的で深い学び」を実現するため，指導方法や指導体制の工夫改善により，「個に応じた指導」の充実を図るとともに，コンピュータや情報通信ネットワーク等の情報手段を活用するために必要な環境を整えることが示されています。

　一方で，いじめや体罰，不登校，暴力行為など，教育現場の問題もあいかわらず取り沙汰されており，教員に求められるスキルは，今後さらに高いものになっていくことが予想されます。

　本書の基本構成としては，出題傾向と対策，過去5年間の出題傾向分析表，過去問題，解答および解説を掲載しています。各自治体や教科によって掲載年数をはじめ，「チェックテスト」や「問題演習」を掲載するなど，内容が異なります。

　また原則的には一般受験を対象としております。特別選考等については対応していない場合があります。なお，実際に配布された問題の順番や構成を，編集の都合上，変更している場合があります。あらかじめご了承ください。

　最後に，この「過去問」シリーズは，「参考書」シリーズとの併用を前提に編集されております。参考書で要点整理を行い，過去問で実力試しを行う，セットでの活用をおすすめいたします。

　みなさまが，この書籍を徹底的に活用し，教員採用試験の合格を勝ち取って，教壇に立っていただければ，それはわたくしたちにとって最上の喜びです。

協同教育研究会

CONTENTS

第1部 京都府の保健体育科
　　　　　出題傾向分析 ‥‥‥‥‥‥‥3

第2部 京都府の
　　　　　教員採用試験実施問題 ‥‥‥‥‥‥9

▼2024年度教員採用試験実施問題 ‥‥‥‥‥‥‥‥‥10

▼2023年度教員採用試験実施問題 ‥‥‥‥‥‥‥‥‥34

▼2022年度教員採用試験実施問題 ‥‥‥‥‥‥‥‥‥57

▼2021年度教員採用試験実施問題 ‥‥‥‥‥‥‥‥‥89

▼2020年度教員採用試験実施問題 ‥‥‥‥‥‥‥‥‥119

▼2019年度教員採用試験実施問題 ‥‥‥‥‥‥‥‥‥139

▼2018年度教員採用試験実施問題 ‥‥‥‥‥‥‥‥‥160

▼2017年度教員採用試験実施問題 ‥‥‥‥‥‥‥‥‥187

▼2016年度教員採用試験実施問題 ‥‥‥‥‥‥‥‥‥213

▼2015年度教員採用試験実施問題 ‥‥‥‥‥‥‥‥‥236

▼2014年度教員採用試験実施問題 ‥‥‥‥‥‥‥‥‥261

▼2013年度教員採用試験実施問題 ‥‥‥‥‥‥‥‥‥288

▼2012年度教員採用試験実施問題 ‥‥‥‥‥‥‥‥‥312

第1部

京都府の
保健体育科
出題傾向分析

京都府の保健体育科　傾向と対策

　2024年度の保健体育科の問題は中高共通問題であり，最後の大問のみが中高別問題になっている。大問11問の出題で，2023年度からは1問増えている。中高別問題の出題内容は，出典が中学校学習指導要領解説か高等学校学習指導要領解説かの違いだけで，内容としてはほぼ同様の問題が出題されている。出題形式は，選択式や正誤式の他に，語句を空欄に補充したり説明したりする問題など様々である。

　配点は，中学校・高等学校ともに，学習指導要領解説から38点，運動種目が20点，体育理論が12点，保健が30点，地域問題が2点である。2023年度と比較すると，保健の配点への配点が減少し，体育理論への配点が高くなっている。また，学習指導要領解説の配点も31点から38点へと高くなっている。

□　学習指導要領

　学習指導要領解説からは，共通問題として「体育分野」・「科目体育」の各領域(器械運動，水泳，ダンス)，指導計画の作成と内容の取り扱いについて出題されている。「保健分野」・「科目保健」については，学習指導要領解説から本文を引用するなどの直接的な出題は見られなかった。

　対策としては，共通問題は中学校と高等学校の両校種に関係する内容(中学校第3学年及び高等学校入学年次)，中高別問題は両校種に対応した同じ内容が出題されているので，受験する校種と，それとは別の校種の解説を比較しながら熟読することが重要である。ただし，出題の傾向をみると，解説の本文を暗記するだけではなく，内容と関連付けて公式競技のルールを確認しておく必要がある。

□　運動種目

　運動種目では，ラグビーのルール，バスケットボールのルール，卓球のダブルスのルール，ソフトテニスの技術の名称，ソフトボールのストライクゾーン，剣道の竹刀の名称及び審判の合図，柔道の学習の評価

カードについて出題されており，多くの運動種目から幅広く出題されている。

　対策としては，文部科学省から示されている「学校体育実技指導資料」について，近年，問われていない領域を中心に，技能の内容や指導のポイントについて確認しておく必要がある。また，保健体育の実技の副読本や各競技団体から出ているルールブック等を活用して，ルールはもちろん，技能の名称や審判の仕方等にも注意して学習するようにしておくとよい。また，2024年度の特徴として，保健体育授業での使用を想定した学習カードの内容についての出題がみられた。選択肢をみると，学習指導要領解説の例示から引用されており，上述したように，運動種目と学習指導要領解説は関連づけて確認しておく必要がある。

□　体育理論

　体育理論では，2024年度は，第3期スポーツ基本計画，オリンピック・パラリンピックについて出題された。これまでも，パラスポーツに関して，ボッチャ，ゴールボールについて問う問題が出されているので，引き続きオリンピック・パラリンピックの情報について注視しておく必要がある。

　対策としては，中学校・高等学校の教科書を活用して学習を進めることが基本となるが，スポーツ庁や日本スポーツ協会などのホームページ，ガイドラインや手引き，JOC(日本オリンピック委員会)，JPC(日本パラリンピック委員会)のホームページや各資料を活用するなどして知識や情報を得ておきたい。また，学習指導要領解説の体育理論の内容についても熟読しておく必要がある。

□　保健分野・保健

　保健は，中学校・高等学校の共通問題で，大問2問の出題であり，様々な内容について幅広く出題されている。具体的な内容は，平均寿命と健康寿命，生活習慣病の一次予防，応急手当，人口妊娠中絶，母体保護法，熱中症への対応について出題されている。出題形式は，内容によって記述，空欄補充，正誤問題等，様々な形式が混在している。

　対策としては，中学校・高等学校の教科書を活用して学習を進めるこ

とが基本である。特に本文中の太字になっている語句や用語はキーワードであるので，語句を答えるだけでなく，用語を簡潔に説明できるようにしておくことが必要である。また，e－ヘルスネット(厚生労働省)も参考になるので，参照されたい。

□　その他

2024年度の地域問題としては，「令和4年度京都府児童生徒の健康と体力の現状〜『体格・体力』編〜」(令和5年3月京都府教育委員会)から引用があり，児童生徒の運動・スポーツの実施時間について出題されている。これまでも，「京都府自転車の安全な利用の促進に関する条例」の改正について，また，「第2期京都府教育振興プラン」について出題がみられた。

今後も，この出題傾向が続くと考えられるので，京都府で行っている運動・スポーツ及び健康に関する施策や報告書について，府のホームページ等をもとに確認しておきたい。

過去5年間の出題傾向分析

◎：3問以上出題　●：2問出題　○：1問出題

分類	主な出題事項			2020中	2020高	2021中	2021高	2022中	2022高	2023中	2023高	2024中	2024高
中学学習指導要領	総説					◎				○			
	保健体育科の目標及び内容			◎		◎		◎		◎		◎	
	指導計画の作成と内容の取扱い			◎		◎							●
高校学習指導要領	総説					◎		◎					
	保健体育科の目標及び内容					◎		◎		◎		○	◎
	各科目にわたる指導計画の作成と内容の取扱い							◎				○	●
運動種目 中〈体育分野〉 高「体育」	集団行動							○		○			
	体つくり運動												
	器械運動			○	○	○	○						
	陸上競技			◎	◎	●	●	◎	◎				
	水泳			◎	◎	●	●	○	○	○	○		
	球技	ゴール型	バスケットボール	◎	◎							●	●
			ハンドボール	◎	◎					○	○		
			サッカー					○	○	○	○		
			ラグビー						○			○	○
		ネット型	バレーボール	◎	◎					○	○		
			テニス					○	○	○	○		
			卓球	○	○				○	○		○	
			バドミントン			●	●			○	○		
		ベースボール型	ソフトボール	◎	◎	●	●	○				○	
	武道	柔道		◎	◎								
		剣道						○	○	○	○	●	●
		相撲											
	ダンス			◎	◎	●	●		○	○	○	●	●
	その他（スキー・スケート）												
	体育理論			◎	◎				○	●	○	◎	○
中学〈保健分野〉	健康な生活と疾病の予防			◎		○			●	○		●	
	心身の機能の発達と心の健康					●		○		◎	○		
	傷害の防止								●	●		◎	
	健康と環境			◎						●			
高校「保健」	現代社会と健康					◎		◎		◎		○	●
	安全な社会生活					◎			●	○			◎
	生涯を通じる健康									◎			○
	健康を支える環境づくり					○		○		◎			
その他	用語解説												
	地域問題									○	○	○	○

第 2 部

京都府の
教員採用試験
実施問題

2024年度　実施問題

【中高共通】

【1】次の文章は,「中学校学習指導要領解説　保健体育編」(平成29年7月)及び「高等学校学習指導要領解説　保健体育編　体育編」(平成30年7月)の第2章　保健体育科の目標及び内容　第2節　各分野*の目標及び内容　から,「器械運動」について,中学校第3学年と高等学校入学年次で共通する部分を抜粋したものである。以下の各問いに答えなさい。

＊　高等学校は「各科目」

---

(3)　学びに向かう力,人間性等
　　器械運動について,次の事項を身に付けることができるよう指導する。

> (3)　器械運動に自主的に取り組むとともに,よい演技を讃えようとすること,互いに助け合い教え合おうとすること,一人一人の違いに応じた課題や挑戦を大切にしようとすることなどや,健康・安全を確保すること。

(中略)

　健康・安全を確保するとは,器械や器具を(①)に応じて使用すること,練習場所の安全を確認しながら練習や演技を行うこと,自己の(②),体力や技能の程度に応じた技を選んで(③)的に挑戦することなどを通して,健康を維持したり自己や仲間の安全を保持したりすることを示している。そのため,器械・器具等の試技前の確認や修正,準備運動時の(④)の状態の確認や調整の仕方,補助の仕方やけがを(⑤)するための留意点などを理解し,取り組めるようにする。

---

(1) 文章中の空欄(①)～(⑤)に当てはまる語句をそれぞれ答えなさい。

(2) 下線部「互いに助け合い教え合おうとすること」について，マット運動の授業を例に具体的に説明しなさい。

(☆☆☆◎◎◎)

【2】次の文章は，「中学校学習指導要領解説　保健体育編」(平成29年7月)及び「高等学校学習指導要領解説　保健体育編　体育編」(平成30年7月)の第2章　保健体育科の目標及び内容　第2節　各分野*の目標及び内容　から，「水泳」について，中学校第3学年と高等学校入学年次で共通する部分を抜粋したものである。以下の各問いに答えなさい。

＊　高等学校は「各科目」

---

(1) 知識及び技能

　水泳について，次の事項を身に付けることができるよう指導する。

(1) 次の運動について，記録の向上や競争の楽しさや喜びを味わい，技術の名称や行い方，体力の高め方，<u>A運動観察の方法</u>などを理解するとともに，効率的に泳ぐこと。

ア　クロールでは，手と足の動き，呼吸のバランスを保ち，安定したペースで長く泳いだり速く泳いだりすること。

イ　平泳ぎでは，手と足の動き，呼吸のバランスを保ち，安定したペースで長く泳いだり速く泳いだりすること。

ウ　背泳ぎでは，手と足の動き，呼吸のバランスを保ち，安定したペースで泳ぐこと。

エ　バタフライでは，手と足の動き，呼吸のバランスを保ち，安定したペースで泳ぐこと。

11

　　　　オ　複数の泳法で泳ぐこと，又は_Bリレーをすること。

(1)　下線部Aには，自己観察と他者観察の方法があるが，それぞれの方法について具体例を1つずつ答えなさい。

(2)　次の①～④の文は，下線部Bの指導について説明したものである。正しいものには○，誤っているものには×としてそれぞれ答えなさい。

　　①　スタートについては，必ず水中から行わなければならない。

　　②　リレーにおける引継ぎの際，安全面に留意していれば，背泳ぎ以外は壁のタッチと同時に飛び込んでもよい。

　　③　複数の泳法で泳ぐ場合の距離は100m程度を目安とし，リレーの距離はチームで400m程度を目安とする。

　　④　ターンの際は，すべての泳法においてクイックターンをしなければいけない。

（☆☆☆◎◎◎）

【3】球技について，次の各問いに答えなさい。

(1)　ラグビーにおいて，次の【図】のように矢印の方向に攻撃をした場合，「オフサイド」となるのは，A・Bどちらか，答えなさい。

【図】

(2) 次の各文は，バスケットボールのルール(反則)について説明したものである。空欄(①)～(④)に当てはまる適当な数字をそれぞれ答えなさい。

・フリースローのシューターとなった時，(①)秒以内にシュートをしなかった。

・(②)秒以内にスローインをしなかった。

・攻撃中に相手コートの制限区域内に(③)秒を超えてとどまった。

・ボールを保持しているチームが(④)秒以内にシュートをしなかった。

(3) バスケットボールのプレイ中，パスを空中でキャッチし，ストライドステップで「右足」「左足」の順に着地した後，ピボットでボールをキープする場合，どちらの足を軸にしてピボットをするとトラベリングになるか答えなさい。

(4) 次の図は，卓球のダブルスの試合におけるプレイヤーの位置とサービスの方向を示したものである。【最初の位置】からゲームを開始した場合，サーバーとプレイヤーは2ポイントごとにどのように交代していくか。【最初の位置】の図に従い，Ⅲの①・②に入るプレイヤーの位置の組み合わせとして正しいものを，以下のア～エから1つ選び，記号で答えなさい。また，Ⅳのサービスの方向を矢印で示しなさい。

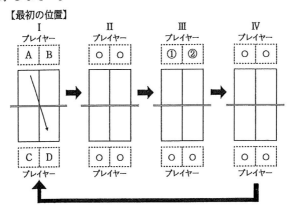

13

	①	②
ア	A	B
イ	B	A
ウ	C	D
エ	D	C

(5) 次の①～④のソフトテニスの技術を使う場合として最も適当なものを，以下のア～エからそれぞれ1つずつ選び，記号で答えなさい。

① スマッシュ　② ボレー　③ ロビング　④ シュート

　ア　相手の前衛の頭上を大きく超えて，コートの奥に高い軌道で返球するとき。

　イ　前衛で相手の返球をノーバウンドでたたき，早いタイミングで攻撃するとき。

　ウ　コート面と平行にネット近くを直線的に早く鋭く飛ぶ球を打つとき。

　エ　ロビングで返球されたボールを強くたたいて，1回でポイントに結びつけるとき。

(6) 次の【図】は，ソフトボールにおけるストライクゾーンについて，上から見たものである。ア～オの矢印の方向は，ボールの軌道を表している。ストライクとなるボールを全て選び，記号で答えなさい。ただし，ボールの高さについては，全て打者が自然と構えたときの「みぞおち」と「膝の皿の底部」の間を通過していることとする。なお，オについては，ホームベースに接しているものとする。

【図】

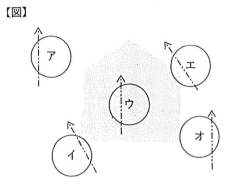

(☆☆☆◎◎◎)

【4】武道について，次の各問いに答えなさい。

(1) 剣道の竹刀における「物打」とはどの部分か，次の図のア～オから1つ選び，記号で答えなさい。

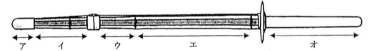

(2) 剣道の試合において，「中止」の際の審判員の旗の示し方として適当なものを，次のア～オから1つ選び，記号で答えなさい。また，中止の宣告をする際，試合者に対して発する言葉を答えなさい。

ア ななめ上方に上げる。　イ 両旗を前下で左右に振る。　ウ 両旗を前下で交差させて停止する。　エ 両旗を真上にあげる。　オ 両旗を前上で交差させて停止する。

(3) 次の表は，柔道の学習の成果を振り返る評価カードを示したものである。表中のⅠ～Ⅲに，当てはまる「学習の内容」を，以下のア～カからそれぞれ2つずつ選び，記号で答えなさい。

15

学習を振り返ろう　（ ◎よくできた ・ ○できた ・ △もう少し ）			
学習の観点	学習の内容	学習を振り返りチェックしよう	
		自分でチェック	仲間からチェック
① 知識・技能	Ⅰ	◎ ・ ○ ・ △	◎ ・ ○ ・ △
② 思考・判断・表現	Ⅱ	◎ ・ ○ ・ △	◎ ・ ○ ・ △
③ 主体的に学習に取り組む態度	Ⅲ	◎ ・ ○ ・ △	◎ ・ ○ ・ △

　ア　相手を尊重し，礼法などの伝統的な行動の仕方を大切にし，安
　　全に練習や試合をすることができた。

　イ　提供された練習方法から自己の課題を見つけ，その課題に応じ
　　た練習方法を選択することができた。

　ウ　柔道場の整備や審判などの役割を積極的に引き受け，自分の責
　　任を果たした。

　エ　学習した安全上の留意点を，他の学習場面にあてはめ，仲間に
　　伝えることができた。

　オ　相手の投げ技に応じて横受け身，後ろ受け身，前回り受け身を
　　とることができた。

　カ　武道を学習することは，自国の文化に誇りをもつことや，国際
　　社会で生きていく上で有意義であることが理解できた。

(☆☆☆◎◎◎)

【5】次の文章は，「中学校学習指導要領解説　保健体育編」(平成29年7
　月)及び「高等学校学習指導要領解説　保健体育編　体育編」(平成30
　年7月)の第2章　保健体育科の目標及び内容　第2節　各分野*の目標及
　び内容　から，「ダンス」について，中学校第3学年と高等学校入学年
　次で共通する部分を抜粋したものである。以下の各問いに答えなさい。
　＊　高等学校は，「各科目」

　(1)　知識及び技能
　　　ダンスについて，次の事項を身に付けることができるよう
　　指導する。

16

(1) 次の運動について，感じを込めて踊ったり，みんなで自由に踊ったりする楽しさや喜びを味わい，ダンスの名称や用語，踊りの特徴と表現の仕方，交流や発表の仕方，運動観察の方法，体力の高め方などを理解するとともに，イメージを深めた表現や踊りを通した交流や発表をすること。

　ア　創作ダンスでは，表したいテーマにふさわしいイメージを捉え，個や群で，緩急強弱のある動きや空間の使い方で変化を付けて即興的に表現したり，簡単な作品にまとめたりして踊ること。

　イ　フォークダンスでは，日本の民踊や_A_外国の踊りから，それらの_B_踊り方の特徴を捉え，音楽に合わせて特徴的なステップや動きと組み方で踊ること。

　ウ　現代的なリズムのダンスでは，リズムの特徴を捉え，変化とまとまりを付けて，リズムに乗って全身で踊ること。

(1) 下線部Aについて，フォークダンスの曲名を1つ答えなさい。

(2) 下線部Bの具体的な例として，グランド・チェーンの行い方を覚えて踊ることがあげられる。「グランド・チェーン」とは，どのような動きか説明しなさい。

(☆☆☆◎◎◎)

【6】第3期「スポーツ基本計画」(令和4年3月　文部科学省)について，次の問いに答えなさい。

(1) 次の1～3の文は，第3期計画で示された「新たな3つの視点」である。空欄(　①　)・(　②　)に当てはまる語句をそれぞれ答えなさい。

> 1　スポーツを「つくる／（　①　）」。
> 2　「あつまり」，スポーツを「ともに」行い，「（　②　）」を感じる。
> 3　スポーツに「誰もがアクセス」できる。

(2)　次の文章は，第2部　今後取り組むべきスポーツ施策と目標　第2章「新たな3つの視点」を支える具体的な施策　3．スポーツに「誰もがアクセス」できる　からの抜粋である。空欄（　①　）〜（　⑥　）に当てはまる語句を，以下のア〜テからそれぞれ1つずつ選び，記号で答えなさい。

> 　国は，総合型地域スポーツクラブ等の体制強化・役割の拡大等を通じて，住民の幅広いニーズに応え，地域社会が抱える課題の解決に資する地域スポーツ環境の（　①　）や，スポーツクラブ等の民間事業者も含めた地域の関係団体等の（　②　）の促進，既存施設の有効活用や（　③　）スペース等のスポーツ施設以外のスポーツができる場の創出，（　④　），（　⑤　），障害や疾病の有無等にかかわらず誰もがスポーツを行いやすくするための（　⑥　）化の推進等により，安全で持続可能な地域スポーツ環境の量的・質的充実を図る。

ア　オープン		イ　クローズ	
ウ　アーバンスポーツ		エ　小学生	
オ　中学生		カ　快適な	
キ　開放的な		ク　グローバル	
ケ　性別		コ　連携	
サ　ユニバーサルデザイン		シ　向上	
ス　資源		セ　バリアフリー	
ソ　構築		タ　コミュニティ	
チ　ノーマライゼーション		ツ　高齢者	
テ　年齢			

(☆☆☆◎◎◎)

【7】オリンピック・パラリンピックについて，次の各問いに答えなさい。

(1) 今後のオリンピック・パラリンピックの開催予定地の組み合わせとして適当なものを，次のア～オから1つ選び，記号で答えなさい。

	2024年	2026年	2028年
ア	パリ	モロッコ	マドリード
イ	ロンドン	札幌	ブリスベン
ウ	ミラノ・コルティナ	ロサンゼルス	ブリスベン
エ	パリ	ミラノ・コルティナ	ロサンゼルス
オ	ロンドン	ストックホルム	ロサンゼルス

(2) 2024年に開催されるパラリンピックで正式種目となっているものの組み合わせとして適当なものを，以下のア～エから1つ選び，記号で答えなさい。

① バドミントン　　　　② 車いすフェンシング
③ 車いすラグビー　　　④ カヌー
⑤ パワーリフティング　⑥ ボッチャ
⑦ 馬術　　　　　　　　⑧ 弓道

ア ②③④⑥　　　イ ②③④⑤⑥　　　ウ ①②③④⑤⑥⑦
エ ①②③④⑤⑥⑦⑧

(☆☆☆◎◎◎)

【8】保健分野について，次の各問いに答えなさい。

(1) 次のグラフを見て，以下の文章の空欄(A)～(C)に当てはまる語句を答えなさい。

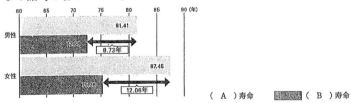

　　このグラフは，日本の令和元年の寿命について示したものである。(A)寿命とは，0歳児の平均余命であり，(B)寿

命とは，（　C　）に制限のない期間である。

　　わが国の高齢化が急速に進む中，国民一人ひとりの生活の質を維持し，社会保障制度を持続可能なものとするためには，（　A　）寿命の伸びを上回る（　B　）寿命の延伸，即ち，（　B　）寿命と（　A　）寿命との差を縮小することが重要である。

(2)　生活習慣病の一次予防について，具体例をあげて説明しなさい。

(3)　応急手当について，次の各問いに答えなさい。

①　AEDの名称を漢字9字で答えなさい。

②　次のア〜エの文は，応急手当について説明したものである。正しいものには○，誤っているものには×としてそれぞれ答えなさい。

ア　包帯は患部を保護するためのものである。また患部を圧迫して再び出血するのを防ぐ目的もある。

イ　患部が手や足にある場合は，患部を心臓より低くする。

ウ　身の回りで起こる外傷では切り傷，擦り傷が多い。まずは汚れを水で洗い流し，患部を清潔にする。

エ　鼻出血の場合，小鼻の奥に向かってしっかりつまみ，あごを上に上げて安静にする。

(4)　次の文を読んで，以下の各問いに答えなさい。

　　日本では現在，妊娠した場合でも特別な理由があれば，胎児が母体外において生命を保続することができない時期(満（　　）週未満)までは，A手術によって胎児を母体外に出すことがB法律で認められている。

①　空欄(　　)に当てはまる数字を答えなさい。

②　下線部Aを何というか，答えなさい。

③　下線部Bの法律名を答えなさい。

(☆☆☆◎◎◎)

【9】 次の図は,「スポーツ事故対応ハンドブック(フローチャート編)」
(令和2年12月 独立行政法人日本スポーツ振興センター)の「熱中症へ
の対応」をまとめたものである。以下の各問いに答えなさい。

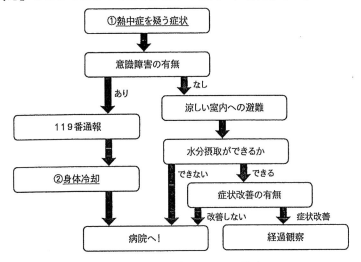

(1) 下線部①について,熱中症を疑う症状を2つ答えなさい。

(2) 下線部②について,効果的な冷却方法を1つ答えなさい。

(3) 「スポーツ事故対応ハンドブック(解説編)」には,熱中症の発生し
やすい条件として次のように書かれている。空欄( )に当てはま
る語句を答えなさい。

> 熱中症の発生には,( )の条件,個人の条件,運動の条件
> が関係しています。

(4) 熱中症を予防することを目的として1954年にアメリカで提案され
た暑さ指標のことを何というか,アルファベット4字で答えなさい。

(☆☆☆◎◎◎)

【10】 次のグラフは,「令和4年度京都府児童生徒の健康と体力の現状〜
『体格・体力』編〜」(令和5年3月 京都府教育委員会)の運動・スポー
ツの実施時間(学校の体育授業を除く)を男女別・年齢別に示したもの

からの抜粋であり，以下の文章は，このグラフから考えられることについて説明したものである。文章の空欄(　A　)～(　C　)に当てはまる適当な語句を答えなさい。

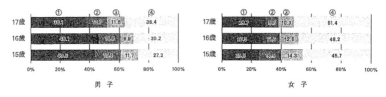

① 1日の運動時間が2時間以上　②　1時間以上2時間未満

③ 30分以上1時間未満　④　30分未満

　積極的に(　A　)する生徒とそうでない生徒の(　B　)傾向がみられる。京都府においては，特に17歳女子において顕著である。生涯にわたって(　A　)やスポーツを豊かに実践していくとともに，現在及び将来の体力の向上を図る実践力の育成を目指し，生徒が自ら進んで運動に親しむ資質・(　C　)を身に付け，心身を鍛えることができるようにすることが大切である。

(☆☆☆◎◎◎)

【中学校】

【1】次の問いに答えなさい。

(1)　次の文章は，「中学校学習指導要領」(平成29年3月)第2章　各教科第7節　保健体育　第3　指導計画の作成と内容の取扱い　からの抜粋である。空欄(　①　)～(　④　)に当てはまる語句や数字を，以下のア～シからそれぞれ1つずつ選び，記号で答えなさい。

　1　指導計画の作成に当たっては，次の事項に配慮するものとする。

　　(中略)

(2) 授業時数の配当については，次のとおり扱うこと。

　ア　保健分野の授業時数は，(　①　)で(　②　)単位時間程度配当すること。

　イ　保健分野の授業時数は，(　①　)を通じて適切に配当し，各学年において効果的な学習が行われるよう考慮して配当すること。

　ウ　体育分野の授業時数は，各学年にわたって適切に配当すること。その際，体育分野の内容の「A体つくり運動」については，各学年で(　③　)単位時間以上を，「H体育理論」については，各学年で(　④　)単位時間以上を配当すること。

　エ　体育分野の内容の「B器械運動」から「Gダンス」までの領域の授業時数は，それらの内容の習熟を図ることができるよう考慮して配当すること。

ア　2学年間　　イ　3学年間　　ウ　50　　エ　2
オ　6　　　　　カ　3　　　　　キ　20　　ク　1学年間
ケ　36　　　　コ　48　　　　　サ　7　　シ　30

(2)　次の文章は，「中学校学習指導要領解説　保健体育編」(平成29年7月)第3章　指導計画の作成と内容の取扱い　1　指導計画の作成からの抜粋である。空欄(　①　)～(　⑤　)に当てはまる語句をそれぞれ答えなさい。

(3)　障害のある生徒などについては，学習活動を行う場合に生じる困難さに応じた指導内容や指導方法の工夫を計画的，組織的に行うこと。

(中略)

・対人関係への(　①　)が強く，他者の体に直接触れることが難しい場合には，(　②　)とともに活動することができるよ

23

　う，ロープやタオルなどの(③)を用いるなどの配慮をする。

・自分の力をコントロールすることが難しい場合には，(④)に応じて力のコントロールができるよう，力の出し方を(⑤)化したり，力の入れ方を数値化したりするなどの配慮をする。

(☆☆☆◎◎◎)

【高等学校】

【1】次の問いに答えなさい。

　(1)　次の文章は，「高等学校学習指導要領」(平成30年3月)第2章　各学科に共通する各教科　第6節　保健体育　第3款　各科目にわたる指導計画の作成と内容の取扱い　からの抜粋である。空欄(①)～(④)に当てはまる語句や数字を，以下のア～シからそれぞれ1つずつ選び，記号で答えなさい。

1　指導計画の作成に当たっては，次の事項に配慮するものとする。

　(中略)

(3)　「体育」は，各年次継続して履修できるようにし，各年次の単位数はなるべく均分して配当すること。なお，内容の「A体つくり運動」に対する授業時数については，各年次で(①)～(②)単位時間程度を，内容の「H体育理論」に対する授業時数については，各年次で(③)単位時間以上を配当するとともに，内容の「B器械運動」から「Gダンス」までの領域に対する授業時数の配当については，その内容の習熟を図ることができるよう考慮すること。

(4)　「保健」は，原則として(④)にわたり履修させるこ

```
        と。
```

| ア | 3 | イ | 7 | ウ | 50 |

ア　3　　　　イ　7　　　ウ　50

エ　2　　　　オ　20　　　カ　入学年次及びその次の年次の2か年

キ　3か年　　ク　30　　　ケ　36

コ　10　　　サ　6　　　シ　入学年次の1か年

(2)　次の文章は,「高等学校学習指導要領解説　保健体育編　体育編」(平成30年7月)第3章　各科目にわたる指導計画の作成と内容の取扱い　第1節　指導計画作成上の配慮事項　3　「体育」及び「保健」(2)障害のある生徒などへの指導　からの抜粋である。空欄(　①　)～(　⑤　)に当てはまる語句を,それぞれ答えなさい。

・対人関係への(　①　)が強く,他者の体に直接触れることが難しい場合には,(　②　)とともに活動することができるよう,ロープやタオルなどの(　③　)を用いるなどの配慮をする。

・自分の力をコントロールすることが難しい場合には,(　④　)に応じて力のコントロールができるよう,力の出し方を(　⑤　)化したり,力の入れ方を数値化したりするなどの配慮をする。

(☆☆☆◎◎◎)

解答・解説

【中高共通】

【1】(1)　①　目的　　②　体調　　③　段階　　④　体　　⑤　防止
(2)　開脚前転等,技や演技を行う際に,互いに仲間の動きを観察して動きの様子や課題を伝え合ったりしている。

〈解説〉(1)　健康・安全の内容については，中学校第1学年及び第2学年では，「気を配る」となっているが，中学校第3学年以降では，「確保する」となっており，生徒自らが健康・安全を確保しながら運動に取り組めるようにすることが大切である。　(2)　思考力，判断力，表現力等の例示に，「選択した技の行い方や技の組合せ方について，合理的な動きと自己や仲間の動きを比較して，成果や改善すべきポイントとその理由を仲間に伝えること。」が示されており，それと混同しないようにすることが大切である。学びに向かう力，人間性等では伝えることで，「互いに助け合い教え合おうとする」姿にすることが求められる。

【２】(1)　自己観察…ICTを活用して自己のフォームの観察。　　他者観察…バディシステムなどで仲間の動きを観察。　　(2)　①　○　　②　×　　③　×　　④　×

〈解説〉(1)　ICTの活用では，プールサイドから撮影する方法と，防水カバーを装着して水中で撮影する方法が考えられる。また，バディシステムは安全を確かめ合うことだけが目的ではなく，互いに進歩の様子を確かめ合ったり，欠点を矯正する手助けとしたりすることもねらいとしている。さらに，互いに助け合ったり，人間関係を深め合ったりすることもねらいとしているので，その組合せには十分な配慮が必要である。指導のねらいに応じて，泳力が同じくらいの者，熟練者と初心者などの組合せを工夫することが大切である。　(2)　②　リレーの引き継ぎの際に，前の競技者が壁にタッチする前に次の競技者の足がスタート台を離れた場合は失格となる。　③　複数の泳法で泳ぐ場合の距離は25〜50m程度を目安とし，リレーの距離はチームで100〜200m程度を目安とする。　④　クイックターンをしなければならないという規定はない。クロールと背泳ぎに関しては，体の一部が壁につけばよいのでクイックターンができるが，平泳ぎとバタフライでは，両手でのタッチが求められるのでクイックターンはできない。

【3】(1) A　(2) ① 5　② 5　③ 3　④ 24　(3) 左足

(4) Ⅲの位置…イ

Ⅳのサービスの方向…

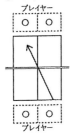

(5) ① エ　② イ　③ ア　④ ウ　(6) イ，ウ，エ，オ

〈解説〉(1)　ラグビーは，ボールを持っている選手より前にいる人はプレーしてはいけないため，Aがオフサイドになる。　(2)　フリースローのシュートは，1本目を5秒以内に打たないと，反則となり取り消される。2本目も打たないと，反則として取り消される。その他の説明の反則と同様に，スローインで試合を再開する。　(3)　1歩目が右足，2歩目が左足，左足を軸足としてピボッドを踏むと，右足が出て3歩目となる。　(4)　卓球のダブルスでは，2本続けてサーブを出すと，サーブ権は相手ペアに移り，レシーブも交代になる。ⅡはCDのサービスとなり，ABはそのままレシーブとなる。ⅢはABのサービスとなり，最初の位置と反対の場所になる。Ⅳはサーブ権が代わるので，CDからのサービスになる。　(5)　明治初期に英国から伝わったローンテニス(硬式庭球)を，体操伝習所教官のリーランド氏(米人医師で体育指導者)が学生に教え，明治17(1884)年に日本独自のゴムボールを使用する軟式庭球が生まれた。その後，国際的に普及し，平成4(1992)年にソフトテニスと改称した。ソフトテニスのダブルスの魅力は，ラリーが続くことや，2人のプレーヤーのコンビネーションの妙技にある。ラリーの見どころとしては，シュートボール(速いボール)での打ち合いの迫力はもちろん，ロビングやショートボール(短いボール)を織り交ぜた多彩な攻撃や，スマッシュやボレーなどの華麗なネットプレーが挙

げられる。　　(6)　ボールが，ベースの上を少しでもかすめて通過して
いれば，ストライクとなる。

【４】(1)　イ　　　(2)　旗…エ　　　言葉…やめ　　　(3)　Ⅰ　オ，カ
　　Ⅱ　イ，エ　　Ⅲ　ア，ウ
〈解説〉(1)　物打とは，先革と中結の間の部分のことを指す。この部分
を有効打点に当てることで一本となる。　　(2)　ア　有効打突と認める。
イ　有効打突と認めない。　　ウ　判定を棄権する。　　オ　引き分け。
(3)　オは技能，カは知識の例示である。イ・エは思考力，判断力，表
現力等の例示である。ア・ウは，学びに向かう力，人間性の例示であ
る。評価項目又は評価規準を設定する際は，学習指導要領解説の例示
を参照するとよい。

【５】(1)　マイムマイム，ハーモニカ，オクラホマミキサー，ラクカラ
　　チャ　から1つ　　　(2)　次々と替わる相手と合わせて踊ること。
〈解説〉(1)　中学校第3学年及び高等学校入学年次では，フォークダンス
として，ヒンキー・ディンキー・パーリ・ブー(アメリカ)，ハーモニ
カ(イスラエル)，オスローワルツ(イギリス)，ラ・クカラーチャ(ラク
カラチャ)(メキシコ)が例示されている。　　(2)　ヒンキー・ディンキ
ー・パーリ・ブーは，グランドチェーンを用いて踊る。

【６】(1)　①　はぐくむ　　②　つながり　　(2)　①　ソ　　②　コ
　　③　ア　　④　ケ　　⑤　テ　　⑥　サ
〈解説〉(1)　1　社会の変化や状況に応じて，既存の仕組みにとらわれず
に柔軟に見直し，最適な手法・ルールを考えてつくり出すことである。
2　様々な立場・背景・特性を有した人・組織があつまり，ともに課
題に対応し，つながりを感じてスポーツを行うことである。　　3　性
別，年齢，障害の有無，経済・地域事情等の違い等によって，スポー
ツの取組に差が生じない社会を実現する機運を醸成することも重要で
ある。　　(2)　ここに挙げられているのは，「新たな3つの視点」の1つ

「スポーツに『誰もがアクセス』できる」に対する施策である「(1)地域において，住民の誰もが気軽にスポーツに親しめる『場づくり』等の機会の提供」の内容である。他に，「(2)アスリート育成パスウェイの構築及びスポーツ医・科学，情報等による支援の充実」「(3)本人が望まない理由でスポーツを途中で諦めることがないような継続的なアクセスの確保」の施策についても，述べられている。

【7】(1)　エ　　(2)　ウ

〈解説〉(1)　2030年と2034年の冬のオリンピック・パラリンピックについて，選定にあたる将来開催地委員会から開催地を同時に決めることで提案を受けたとし，「気候変動への対応策としてこの案を検討することを理事会は承認した」とIOCが発表した。その後，2030年はフランスのアルプス地域，2034年はアメリカのソルトレークシティーに，それぞれ候補地を一本化することが決められた。これにより，招致を目指してきた札幌市が選ばれる可能性はなくなった。　(2)　パリ2024パラリンピックで実施されるのは，次の22種目である。アーチェリー，カヌー，車いすテニス，車いすバスケットボール，車いすフェンシング，車いすラグビー，ゴールボール，シッティングバレーボール，自転車競技，射撃，柔道，水泳，卓球，テコンドー，トライアスロン，馬術，バドミントン，パワーリフティング，ブラインドフットボール，ボッチャ，陸上競技，ローイング。

【8】(1)　A　平均　　B　健康　　C　日常生活　　(2)　基本的な生活習慣を身に付ける。　　(3)　①　自動体外式除細動器　②　ア　○　イ　×　ウ　○　エ　×　　(4)　①　22　②　人工妊娠中絶　③　母体保護法

〈解説〉(1)　令和元(2019)年における日本人の平均寿命と健康寿命には，男女でそれぞれ約9年，約12年の差がある。国民一人一人が健やかで心豊かに生活できる活力ある社会を実現するためには，平均寿命の増加分を上回る健康寿命の延伸を実現することが必要である。　(2)　病

気にならないように取り組むことを，予防医学という。一次予防は，生活習慣や生活環境の改善，健康教育などによって健康増進を図り，病気の発生を防ぐことである。二次予防は，病気や障害の重症化を予防することである。三次予防は，すでに発病している病気を管理し，社会復帰できる機能を回復させることである。　(3)　①　AED(自動体外式除細動器)は，心臓がけいれんし，血液を流すポンプ機能を失った状態(心室細動)になった心臓に電気ショックを与え，正常なリズムに戻すための医療機器である。平成16(2004)年より医療従事者ではない一般市民でも使用できるようになって，病院や診療所，救急車のほかに，空港，駅，スポーツクラブ，学校など人が多く集まるところを中心に設置されている。　②　イ　心臓より高くする。　エ　下を向く。あごを上げると，鼻血が気管に入ってしまう危険性がある。

(4)　妊娠初期(12週未満)には，子宮内容除去術として掻爬法や吸引法が行われる。妊娠12週〜22週未満では，子宮収縮剤で人工的に陣痛を起こして流産させる方法をとる。母体保護法は，母性の生命健康を保護することを目的とし，不妊手術と人工妊娠中絶について定めたものである。平成8(1996)年に，優生保護法から優生思想に基づく規定が削除され，名称が改められた。

【9】(1)　めまい，失神，足がもつれる，ふらつく，転倒する，立ち上がれない，突然座り込む　から2つ　　(2)　・氷水，冷水に首から下をつける。　　・ホースで水をかける。　　・ぬれタオルを体にあて扇風機で冷やす。　から1つ　　(3)　環境　　(4)　WBGT
〈解説〉(1)　体内で本来必要な重要臓器への血流が皮膚表面へ移動すること，また大量に汗をかくことで体から水分や塩分(ナトリウムなど)が失われるなどの脱水状態になることに対して，体が適切に対処できなければ，筋肉のこむら返りや失神(いわゆる脳貧血：脳への血流が一時的に滞る現象)を起こす。そして，熱の産生と熱の放散とのバランスが崩れてしまえば，体温が急激に上昇する。このような状態が熱中症である。　　(2)　救急車到着まで積極的に体を冷やす。迅速に体温を下

げることができれば，救命率を上げることができる。　(3)　環境の条件としては，気温や湿度が高いほど，直射日光など輻射熱が大きいほど，熱中症が起きやすい。個人の条件としては，肥満傾向の人，体力の低い人，暑さに慣れていない人は，熱中症になりやすい。特に肥満傾向の人は，危険性が高い。また，運動前や運動中の健康観察を行い，下痢，発熱など体調の悪い人は運動をしない。運動の条件としては，トレーニングの軽減，水分補給，休憩など十分な予防措置をとる必要がある。　(4)　WBGT(湿球黒球温度：Wet Bulb Globe Temperature)では，単位が気温と同じ摂氏度(℃)で示されるが，その値は気温とは異なる。人体と外気との熱のやりとり(熱収支)に着目し，人体の熱収支に与える影響の大きい　i)湿度，ii)日射・輻射など周辺の熱環境，iii)気温の3つを取り入れた指標である。

【10】A　運動　　B　二極化　　C　能力
〈解説〉運動の実施率では，男子の方が女子よりもその割合が高く，男女ともに中学生でピークとなる。しかし，月1回以上の運動実施率は，小学校期の9歳が一番高くなっている。また，高等学校女子の「運動をする・しない」の二極化は，継続している。

【中学校】

【1】(1)　①　イ　　②　コ　　③　サ　　④　カ　　(2)　①　不安
②　仲間　　③　補助用具　　④　状況　　⑤　視覚
〈解説〉(1)　各分野に当てる授業時数は，例えば，体ほぐしの運動と心の健康，水泳と応急手当などの指導に当たっては，体育分野と保健分野との密接な関連をもたせて指導するように配慮する必要がある。そのため3学年間で各分野に当てる授業時数は，若干の幅をもたせて「程度」としている。　(2)　他にも次のような配慮の例が示されている。「見えにくさのため活動に制限がある場合には，不安を軽減したり安全に実施したりすることができるよう，活動場所や動きを事前に確認したり，仲間同士で声を掛け合う方法を事前に決めたり，音が出

る用具を使用したりするなどの配慮をする。」「身体の動きに制約があり，活動に制限がある場合には，生徒の実情に応じて仲間と積極的に活動できるよう，用具やルールの変更を行ったり，それらの変更について仲間と話し合う活動を行ったり，必要に応じて補助用具の活用を図ったりするなどの配慮をする。」「リズムやタイミングに合わせて動くことや複雑な動きをすること，ボールや用具の操作等が難しい場合には，動きを理解したり，自ら積極的に動いたりすることができるよう，動きを視覚的又は言語情報に変更したり簡素化したりして提示する，動かす体の部位を意識させる，操作が易しい用具の使用や用具の大きさを工夫したりするなどの配慮をする。」

【高等学校】

【１】(1)　①　イ　　②　コ　　③　サ　　④　カ　　(2)　①　不安　②　仲間　③　補助用具　④　状況　⑤　視覚

〈解説〉(1)　体つくり運動における配当を7単位時間〜10単位時間程度としているのは，授業時数が２単位の学年については7単位時間以上とし，３単位の学年については10単位時間を目安として配当することを想定したためである。指導内容の習熟を図ることができる十分な時間を確保することができるよう，あらかじめ総授業時数の中で調整していくことが大切である。また，一つの領域の内容に習熟させるには，授業をある期間に集中して行うか，あるいは年間にわたって継続的に行うかについて十分検討する必要がある。　(2)　その他に次のような配慮の例が示されている。「勝ち負けや記録にこだわり過ぎて，感情をコントロールすることが難しい場合には，状況に応じて感情がコントロールできるよう，事前に活動の見通しを立てたり，勝ったときや負けたとき等の感情の表し方について確認したりするなどの配慮をする。」「グループでの準備や役割分担が難しい場合には，準備の必要性やチームで果たす役割の意味について理解することができるよう，準備や役割分担の視覚的な明示や生徒の実情に応じて取り組むことができる役割から段階的に取り組ませるなどの配慮をする。」「保健の学習

で，実習などの学習活動に参加することが難しい場合には，実習の手
順や方法が理解できるよう，それらを視覚的に示したり，一つ一つの
技能を個別に指導したりするなどの配慮をする。」

2023年度　実施問題

【中高共通】

【１】次の表は，保健体育科の領域のうち，「Ｂ　器械運動」「Ｃ　陸上競技」「Ｄ　水泳」「Ｅ　球技」「Ｆ　武道」「Ｇ　ダンス」の取扱いについてまとめたものである。各領域の履修学年を正しく示している表をア～エから１つ選び，記号で答えなさい。

ア

学校種別		中学校			高等学校		
学　年		1	2	3	入学年次	その次の年次	それ以降の年次
領域及び内容の取扱い等	Ｂ　器械運動	必修					
	Ｃ　陸上競技	必修	BCDGから1以上選択		BCDEFGから2以上選択		
	Ｄ　水泳	必修					
	Ｅ　球技	必修					
	Ｆ　武道	必修	EFから1以上選択				
	Ｇ　ダンス	必修	BCDGから1以上選択				

イ

学校種別		中学校			高等学校		
学　年		1	2	3	入学年次	その次の年次	それ以降の年次
領域及び内容の取扱い等	Ｂ　器械運動	必修					
	Ｃ　陸上競技	必修		BCDGから1以上選択	BCDEFGから2以上選択		
	Ｄ　水泳	必修					
	Ｅ　球技	必修					
	Ｆ　武道	必修		EFから1以上選択			
	Ｇ　ダンス	必修		BCDGから1以上選択			

ウ

学校種別		中学校			高等学校		
学　年		1	2	3	入学年次	その次の年次	それ以降の年次
領域及び内容の取扱い等	Ｂ　器械運動	必修					
	Ｃ　陸上競技	必修			BCDGから1以上選択		BCDEFGから2以上選択
	Ｄ　水泳	必修					
	Ｅ　球技	必修					
	Ｆ　武道	必修			EFから1以上選択		
	Ｇ　ダンス	必修			BCDGから1以上選択		

エ

学校種別		中学校			高等学校		
学　年		1	2	3	入学年次	その次の年次	それ以降の年次
領域及び内容の取扱い等	Ｂ　器械運動	必修		BCDGから1以上選択	必修		
	Ｃ　陸上競技	必修			必修		
	Ｄ　水泳	必修			必修	BCDEFGから2以上選択	
	Ｅ　球技	必修		EFから1以上選択	必修		
	Ｆ　武道	必修			必修		
	Ｇ　ダンス	必修		BCDGから1以上選択	必修		

(☆☆◎◎◎)

【2】「改訂『生きる力』を育む中学校保健教育の手引」(令和2年3月　文部科学省)及び「改訂『生きる力』を育む高等学校保健教育の手引」(令和3年3月　文部科学省)に共通する内容について，次の各問いに答えなさい。

(1)　次の図は，小学校体育科保健領域，中学校保健体育科保健分野，高等学校保健体育科「科目保健」において，体系的に学びを深めていくためのつな繋がりを示したものである。空欄(　①　)～(　⑩　)に当てはまる語句を以下のア～シからそれぞれ1つずつ選び，記号で答えなさい。

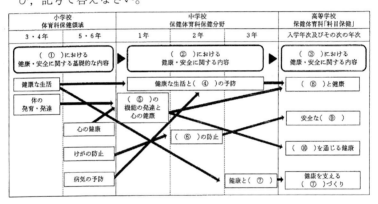

ア　傷害	イ　医療体制	ウ　社会生活
エ　心身	オ　身近な生活	カ　個人生活
キ　個人及び社会生活	ク　疾病	ケ　加齢
コ　現代社会	サ　環境	シ　生涯

(2)　次の各文は，性に関する指導の留意点の抜粋である。空欄(　①　)～(　④　)に当てはまる語句を，以下のア～クからそれぞれ1つずつ選び，記号で答えなさい。

・生徒の発達の段階をふまえること
・(　①　)で共通理解を図ること
・家庭・地域との連携を推進し保護者や地域の(　②　)を得ること

　　・(③)と(④)の連携を密にして効果的に行うこと

ア　医療機関　　イ　個別指導　　ウ　生徒同士　　エ　学校全体
オ　養護教諭　　カ　集団指導　　キ　同意　　　　ク　理解

(☆☆☆◎◎)

【3】次の①〜④の各文について、「水泳指導の手引(三訂版)」(平成26年3月　文部科学省)に示されているプール内での事故を防止するための監視の要点として、正しいものには○、誤っているものには×として答えなさい。

① 水面上はもちろんのこと、水底にも視線を向けること。
② 水深が急に深くなるような部分や、水面がぎらぎら反射するような部分には特に注意すること。
③ プールの安全使用規則を無視する者は直ちに退場させること。
④ 監視員は救命胴衣を着用していること。

(☆☆☆☆◎◎)

【4】球技について、次の各問いに答えなさい。

(1) ハンドボールのシュート・パスの名称とその説明の組み合わせとして、間違っているものを次のア〜オから1つ選び、記号で答えなさい。

ア　サイドシュート　…　コート中央からゴールのサイドに向かって踏み切る。このシュートができれば、攻撃の幅が広がる。

イ　ジャンプシュート　…　走るリズムからタイミングよく高く跳び上がること、バックスイングをすばやく行うことがポイントである。

ウ　ステップシュート　…　パスを受けてからすばやいステップとモーションで行う。助走が十分でなくてもスピードボールを投げることがで

36

きる。

　エ　リストパス　　　　…　バックスイングをしないで，手首のす
　　　　　　　　　　　　　　ばやい動作でパスをする。パラレルプ
　　　　　　　　　　　　　　レーのときによく使う。
　オ　ショルダーパス　　…　ボールをコントロールしやすく，ゲー
　　　　　　　　　　　　　　ム中もっとも多く使われる。キャッチ
　　　　　　　　　　　　　　とパスは一連の動作で行う。

(2)　次の①・②の文は，サッカーにおけるトラップの際のボールのコ
　　ントロールについて説明したものである。それぞれの説明に当ては
　　まるコントロールの名称を以下のア～カから1つずつ選び，記号で
　　答えなさい。

　　①　膝をあげ，ボールが当たった瞬間に足を引くようにしてボール
　　　の勢いを消す。
　　②　地面と足で三角形をつくり，地面で跳ね上がったボールの勢い
　　　を消す。
　　　ア　スクリーンコントロール
　　　イ　グラウンドコントロール
　　　ウ　コンタクトコントロール
　　　エ　トライアングルコントロール
　　　オ　クッションコントロール
　　　カ　ウェッジコントロール

(3)　次の文は，バレーボールのアンダーハンドパスで「肘を曲げてし
　　まう」欠点が見受けられる生徒に対して，十分に肘を伸ばしてパス
　　をするためのアドバイスの例である。空欄(　　)に当てはまる適当
　　な表現を簡潔に答えなさい。

　　「組んだ手の両親指を，(　　)ようにしてみよう。」

(4)　次の【図】は，バドミントンコートをサイドライン側から横に見
　　た図である。2名がネットを挟んで1名ずつコートに入り，①ロブ→
　　②ハイクリア→③ドロップ→④ヘアピン→①ロブの順にフライトを
　　繰り返し，そのまま，またハイクリアへと続く反復練習をする場合，

①ロブからのシャトルの軌跡について，【例】にならって記入しなさい。なお，①ロブの起点となる位置と軌跡は記入済みである。

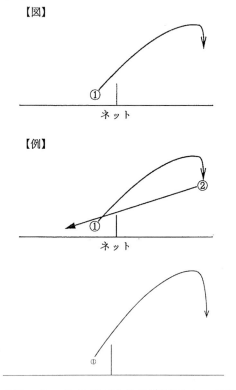

【図】

ネット

【例】

ネット

(5) 次の各文は，テニスのダブルスの陣形についての説明である。「ベースライン並行陣」の説明として適当なものをア〜ウから1つ選び，記号で答えなさい。

ア 浮いたボールはすべて攻撃できる点で，もっとも攻撃的な陣形である。

イ 後衛はラリーでチャンスをつくり，前衛がネットプレーで決めるという役割を分担する。

ウ 相手からの打球を粘り強く返球することが可能であり，防衛の面からはもっとも強固な陣形である。

(6) 次のA〜Eの文章は、ソフトボールの試合中に、ランナーをアウトにするための説明である。「タッチプレイ」でのみアウトが成立する場合の組み合わせとして適当なものを、以下のア〜オから1つ選び、記号で答えなさい。

A　ランナー満塁で、バッターがショートにゴロを打ち、ショートがボールをキャッチして本塁に投げた。キャッチャーがショートからの送球をキャッチした後、3塁ランナーを本塁でアウトにする場合。

B　ランナー2塁で、バッターがセンターにヒットを打ち、2塁ランナーが3塁を回って本塁に向かっている。キャッチャーがセンターからの送球をキャッチした後、2塁ランナーを本塁でアウトにする場合。

C　ランナー1塁・3塁で、バッターがセカンドにゴロを打ち、セカンドがボールをキャッチして2塁に投げた。ショートがセカンドからの送球をキャッチした後、1塁ランナーを2塁でアウトにする場合。

D　ランナー1塁で、バッターがファーストゴロを打ち、ファーストがまず1塁ベースを踏んでから2塁に送球した。ショートがファーストからの送球をキャッチした後、1塁ランナーを2塁でアウトにする場合。

E　ランナー3塁で、バッターがライトへ犠牲フライを打ち、ライトがボールをキャッチして本塁へ投げた。キャッチャーがライトからの送球をキャッチした後、タッチアップでスタートした3塁ランナーを本塁でアウトにする場合。

ア　A・C・E　　イ　A・B・E　　ウ　B・D・E
エ　C・D・E　　オ　B・C・D

(☆☆☆☆◎◎◎)

【5】パラスポーツについて，次の(1)・(2)の説明に当てはまる種目の名称をそれぞれ答えなさい。

(1) ジャックボールと呼ばれる白いボールを投げ，赤・青のそれぞれ6球ずつのボールを投球して，いかに近づけるかを競う。カーリングのように，相手のボールを弾いたりして，自分が優位に立てるよう位置取りをしていくが，的となるジャックボールも弾いて移動させることができる。

(2) 攻撃側は，鈴の入ったボールを相手ゴールに向かって投球し，守備側は全身を使ってボールをセービングする。選手たちはボールから鳴る鈴の音や相手選手の足音，動く際に生じる床のわずかな振動などを頼りに，攻撃と守備を入れ替えて得点を競う。

(☆☆☆☆◎◎◎)

【6】武道について，次の各問いに答えなさい。

(1) 柔道における投げ技・崩し・体さばきの組み合わせとして適当でないものを以下のア～オから1つ選び，記号で答えなさい。

	投げ技	崩し	体さばき
ア	大内刈り	左後ろすみ	前さばき
イ	小内刈り	右後ろすみ	前さばき
ウ	大外刈り	右後ろすみ	前さばき
エ	大腰	左後ろすみ	後ろさばき
オ	体落とし	右前すみ	後ろさばき

(2) 次の①～④の文は，剣道におけるしかけ技について説明したものである。それぞれの説明に当てはまる技の名称を次のア～カからそれぞれ1つずつ選び，記号で答えなさい。

① 最初の小手打ちに相手が対応したとき，隙ができた胴を打つこと。

② 相手と接近した状態にあるとき，隙ができた面を退きながら打つこと。

③ 相手が打とうとして竹刀の先が上下に動いたときに，隙ができた小手を打つこと。

④　相手の竹刀を払ったとき，隙ができた面を打つこと。

　　　ア　払い技　　イ　二段の技　　ウ　突き技　　エ　出ばな技
　　　オ　抜き技　　カ　引き技

（☆☆☆◎◎）

【7】次の表は，「現代的なリズムのダンス」の授業で実施するダンス発表会において，あるグループの動きの構成を示した計画表である。以下の各問いに答えなさい。

〔　　〕年〔　　〕組　グループ名〔	〕氏名〔	〕
カウント	曲の部分	動きの構成
8×2	イントロ	リズムをとる
8×4	唄（前半）	サイドステップ＋フロアの動き
8×4	唄（後半）	②全員でランニングマンの動きを揃えて一斉に動く
8×2	イントロ	移動する
8×4	唄（前半）	4人がボックスの動き。4人は手拍子
8×4	唄（後半）	ボックスと手拍子が交代
①8×1	イントロ	一人ひとりが方向を変えて手拍子
8×4	唄（後半）	③全員で少しずつタイミングをずらしてジャンプをする
8×4	唄（後半）	全員でマイダンスを踊る
8×2	イントロ	歩きながら中央に集まってポーズ

(1)　下線部①の8カウントを手拍子で表現する構成で，アフタービートを強調して表現するには，どの拍の手拍子を大きく打てばよいか。1～8のカウントのうち，手拍子を大きく打つカウントの数字をすべて答えなさい。

(2)　下線部②・③に見られる「群の動き」の名称を，次のア～エからそれぞれ1つずつ選び，記号で答えなさい。

　　ア　グランド・チェーン　　イ　カノン　　ウ　シンコペーション
　　エ　ユニゾン

（☆☆◎◎◎◎）

【8】保健について，次の各問いに答えなさい。

(1)　次のグラフは，からだの各器官の発育・発達の仕方を表したものである。①～④のグラフが表す器官を以下のア～エからそれぞれ1つずつ選び，記号で答えなさい。

41

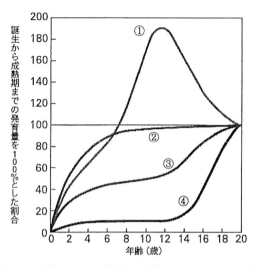

ア 胸腺・扁桃　　イ 卵巣・精巣　　ウ 肺・心臓
エ 脳・脊髄

(2) 次の図は,「循環型社会」を表したものである。図中の空欄
（　①　）～（　③　）に当てはまる語句の組み合わせとして適当なも
のを, 以下のア～カから1つ選び, 記号で答えなさい。

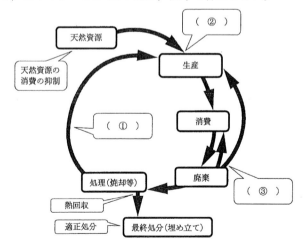

42

	①	②	③
ア	Recycle（リサイクル）	Reuse（リユース）	Reduce（リデュース）
イ	Reuse（リユース）	Recycle（リサイクル）	Reduce（リデュース）
ウ	Reduce（リデュース）	Reuse（リユース）	Recycle（リサイクル）
エ	Reduce（リデュース）	Recycle（リサイクル）	Reuse（リユース）
オ	Recycle（リサイクル）	Reduce（リデュース）	Reuse（リユース）
カ	Reuse（リユース）	Reduce（リデュース）	Recycle（リサイクル）

(3) 次の文章は，医薬品の正しい使い方について説明したものである。以下の各問いに答えなさい。

医薬品には，利用目的に合った(A)と，目的とは異なる好ましくない影響を及ぼす(B)があるので，1日あたりの使用回数や使用時間，使用量，使用方法などが決められています。

また，医薬品の効き目は，医薬品の(C)によって変わるため，適切になるように使用回数や量が決められているのです。

医師の処方や指示によって提供される医薬品は，医師の診断に基づいて(D)を発行してもらい，それを(E)のいる薬局に持参して入手します。薬局や薬店で誰でも購入できる医薬品の場合は，その効果が穏やかなので，(D)がなくても自分の意志で購入できます。市販の医薬品を買うときは，(E)などの専門家に相談しながら，目的に合ったものを選び，使用上の注意を確認してから利用することが大切です。

---

① 空欄(A)～(E)に当てはまる最も適当な語句を，次のア～シからそれぞれ1つずつ選び，記号で答えなさい。

ア　取扱説明書　　イ　血中濃度　　ウ　主反応
エ　水溶性　　　　オ　ワクチン　　カ　薬剤師
キ　お薬手帳　　　ク　副反応　　　ケ　副作用
コ　処方箋　　　　サ　主作用　　　シ　看護師

②　下線部について，使用時間の「食間」とは，いつ服用することか，簡潔に説明しなさい。

(4)　京都府警察などが自転車の安全運転を呼びかけている「自転車安全利用五則」について，空欄(　①　)～(　④　)に当てはまる語句をそれぞれ答えなさい。

1　自転車は，車道が原則，歩道は例外

2　車道は(　①　)を通行

3　歩道は歩行者優先で，車道寄りを(　②　)

4　安全ルールを守る：飲酒運転・(　③　)・並進の禁止

　　　　　　　　　　　　夜間はライトを点灯

　　　　　　　　　　　　交差点での信号遵守と(　④　)・安全確認

5　子どもはヘルメットを着用

(☆☆☆☆◎◎◎)

【9】次の文章は，「第2期京都府教育振興プラン」(令和3年3月)第3章取り組む施策の方向性　推進方策3：健やかな身体の育成からの抜粋である。空欄(　　)に当てはまる語句を答えなさい。

目指す教育の姿

【「(　　)」をはぐくむ教育】

　すべての子どもが体を動かす習慣を身に付け運動・スポーツの楽しさを味わうことにより，健やかな心身がはぐくまれています。

(☆☆☆☆◎)

【中学校】

【1】「中学校学習指導要領解説　保健体育編」(平成29年7月)第1部　保
　健体育編　の内容について，次の各問いに答えなさい。

(1)　次の文章は，第2章　保健体育科の目標及び内容　第1節　教科の
　目標及び内容　1　教科の目標　からの抜粋である。空欄(　①　)～
　(　⑩　)に当てはまる語句を，以下のア～ソからそれぞれ1つずつ選
　び，記号で答えなさい。

　　保健体育科においては，見方・考え方を働かせる学習過程
を工夫することにより，保健体育科で育成を目指す資質・能
力がより豊かになり，保健体育科の目標である，生涯にわた
って心身の健康を保持増進し豊かなスポーツライフを実現す
るための資質・能力の育成につなげようとするものである。
　　体育分野においては，運動する子供とそうでない子供の
(　①　)傾向が見られることや，様々な人々と協働し自らの生
き方を育んでいくことの重要性などが指摘されている中で，
体力や技能の程度，(　②　)，障害の有無等にかかわらず，運
動やスポーツの(　③　)を実感したり，運動やスポーツが
(　④　)を結び付けたり豊かな人生を送ったりする上で重要で
あることを認識したりすることが求められる。その際，体育
の見方・考え方に示されたように，各種の運動やスポーツが
有する楽しさや喜び及び関連して高まる(　⑤　)などの視点か
ら，自己の適性等に応じた多様な関わり方を見いだすことか
できるようになることが，体育分野での(　⑥　)をつなぐ上で
重要なものであることを示したものである。
　　保健分野においては，社会の変化に伴う(　⑦　)に関する課
題の出現や，情報化社会の進展により様々な(　⑧　)の入手が
容易になるなど，環境が大きく変化している中で，生徒が生
涯にわたって正しい(　⑧　)を選択したり，健康に関する課題
を適切に解決したりすることが求められる。その際，保健の

見方・考え方に示されたように，保健に関わる（　⑨　）を根拠
としたり活用したりして，疾病等のリスクの軽減や生活の質
の向上，さらには健康を支える環境づくりを目指して，情報
選択や課題解決に（　⑩　）に取り組むことができるようにする
ことが必要である。保健の見方・考え方にはそのような意図
が込められている。

ア	原則や概念	イ	体力	ウ	知育と徳育
エ	学習と社会	オ	健康情報	カ	多様な人々
キ	二極化	ク	能動的	ケ	年齢や性別
コ	現代的な健康	サ	特性や魅力	シ	連携や協働
ス	ICT教育	セ	主体的	ソ	増減

(2)　次の文章は，第1章　総説　2　保健体育科改訂の趣旨及び要点
(2)　保健体育科改訂の要点　ウ　内容及び内容の取扱いの改善〔体
育分野〕からの抜粋である。空欄（　①　）～（　④　）に当てはまる
数字や語句をそれぞれ答えなさい。

(イ)　12年間の（　①　）性を踏まえた指導内容の見直し

3年間の見通しをもった年間指導計画の作成及び指導計画の
実施・評価・改善等を重視した「（　②　）」を実現する観点及
び「主体的・対話的で深い学び」の実現に向けた授業改善を
推進する観点から，小学校から高等学校までの12年間を見通
して，各種の運動の（　③　）を培う時期，多くの領域の学習を
経験する時期，（　④　）も運動やスポーツに多様な形で関わる
ことができるようにする時期といった発達の段階のまとまり
を踏まえ，小学校段階との接続及び高等学校への見通しを重
視し，（　①　）性を踏まえた指導内容の見直しを図ることとし
た。

(3)　次の文は，第2章　保健体育科の目標及び内容　第2節　各分野の
目標及び内容〔体育分野〕　2　内容　H　体育理論　からの抜粋で

ある。空欄(①)～(③)に当てはまる語句をそれぞれ答えなさい。

> (ウ) 運動やスポーツの多様な楽しみ方
>
> (中略)
>
> 生涯にわたる豊かなスポーツライフを実現するためには，目的や年齢，性の違いを超えて運動やスポーツを楽しむことができる能力を高めておくことが有用であること，運動やスポーツを継続しやすくするためには，自己が意欲的に取り組むことに加えて，(①)，(②)及び(③)を確保することが有効であることについても必要に応じて取り上げるようにする。

(☆☆☆◎◎◎◎)

【高等学校】

【1】「高等学校学習指導要領解説 保健体育編 体育編」(平成30年7月) 第1部 保健体育編 の内容について，次の各問いに答えなさい。

(1) 次の文章は，第2章 保健体育科の目標及び内容 第1節 教科の目標及び内容 1 教科の目標 からの抜粋である。空欄(①)～(⑩)に当てはまる語句を，以下のア～ソからそれぞれ1つずつ選び，記号で答えなさい。

> 保健体育科においては，見方・考え方を働かせる学習過程を工夫することにより，育成を目指す資質・能力がより豊かになり，その目標である，生涯にわたって心身の健康を保持増進し豊かなスポーツライフを継続するための資質・能力の育成につなげようとするものである。
>
> 「体育」においては，運動する子供とそうでない子供の(①)傾向が見られることや，様々な人々と協働し自らの生き方を育んでいくことの重要性などが指摘されている中で，体力や技能の程度，(②)，障害の有無等にかかわらず，運

47

動やスポーツの（　③　）を実感したり，運動やスポーツが（　④　）を結び付けたり豊かな人生を送ったりする上で重要であることを認識したりすることが求められる。その際，体育の見方・考え方に示されたように，各種の運動やスポーツが有する楽しさや喜び及び関連して高まる（　⑤　）などの視点から，自己の適性等に応じた多様な関わり方を見いだすことができるようになるための指導の充実を図ることが，「体育」での（　⑥　）をつなぐ上で重要なものであることを示したものである。

　「保健」においては，社会の変化に伴う（　⑦　）に関する課題の出現や，情報化社会の進展により様々な（　⑧　）の入手が容易になるなど，環境が大きく変化している中で，生徒が生涯にわたって課題解決に役立つ（　⑧　）を選択したり，健康に関する課題を適切に解決したりすることが求められる。その際，保健の見方・考え方に示されたように，保健に関わる（　⑨　）を根拠としたり活用したりして，疾病等のリスクの軽減や生活の質の向上，さらには健康を支える環境づくりと関連付けて，情報選択や課題解決に（　⑩　），協働的に取り組むことができるようにすることが必要である。保健の見方・考え方にはそのような意図が込められている。

ア	原則や概念	イ	体力	ウ	知育と徳育
エ	学習と社会	オ	健康情報	カ	多様な人々
キ	二極化	ク	能動的	ケ	年齢や性別
コ	現代的な健康	サ	特性や魅力	シ	連携や協働
ス	ICT教育	セ	主体的	ソ	増減

(2)　次の文章は，第1章　総説　第2節　保健体育科改訂の趣旨及び要点　2　保健体育科改訂の要点　(3)　内容及び内容の取扱いの改善「体育」からの抜粋である。空欄（　①　）～（　④　）に当てはまる数字や語句をそれぞれ答えなさい。

イ　12年間の(①)性を踏まえた指導内容の見直し

　3年間の見通しをもった年間指導計画の作成及び指導計画の実施，評価，改善等を重視した「(②)」を実現する観点及び「主体的・対話的で深い学び」の実現に向けた授業改善を推進する観点から，小学校から高等学校までの12年間を見通して，各種の運動の(③)を培う時期，多くの領域の学習を経験する時期，(④)も運動やスポーツに多様な形で関わることができるようにする時期といった発達の段階のまとまりを踏まえ，(①)性を踏まえた指導内容の見直しを図るとともに指導内容の重点化を図ることとした。

(3)　次の文は，第2章　保健体育科の目標及び内容　第2節　各科目の目標及び内容「体育」　3　内容　H　体育理論　からの抜粋である。空欄(①)～(③)に当てはまる語句をそれぞれ答えなさい。

(ア)　スポーツの歴史的発展と多様な変化

　スポーツは，人類の歴史とともに世界各地で日常の(①)や生活などから生まれてきたこと，近代になって，スポーツは娯楽から(②)に変化し，一般の人びとに広がっていったこと，現代では，(②)だけでなく，広く身体表現や身体活動を含む概念としてスポーツが用いられるようになってきており，その理念が(③)に応じて多様に変容してきていることを理解できるようにする。

(☆☆☆◎◎◎◎)

解答・解説

【中高共通】

【1】イ

〈解説〉まず，体育については小学校から高等学校までの12年間を「各種の運動の基礎を培う時期」「多くの領域の学習を経験する時期」「卒業後も運動やスポーツに多様な形で関わることができるようにする時期」の3つに分け，中学校第1～2学年は「多くの領域の学習を経験する時期」，中学校第3学年以降は「卒業後も運動やスポーツに多様な形で関わることができるようにする時期」に該当すること。また，高等学校体育における資質・能力の育成には，義務教育段階での学習内容の確実な定着を図ることが必要という観点から，入学年次においては引き続き中学校第3学年の内容を取り上げるとしていることを踏まえれば解答できるだろう。

【2】(1)　①　オ　②　カ　③　キ　④　ク　⑤　エ
⑥　ア　⑦　サ　⑧　コ　⑨　ウ　⑩　シ　(2)　①　エ
②　ク　③　カ　④　イ

〈解説〉(1)　まず，保健学習については，学校種が上がるにつれ，内容の集合・分散などが行われ高度化するが，内容そのものが増加・減少するわけではないことをおさえておきたい。①～③については学校種が上がるにつれ，学習対象となる範囲が広がることを知っておくこと。内容については対象学年が問われることもあるので，学習指導要領等で確認しておくこと。　(2)　集団指導と個別指導については，その特性を把握しながら適切に行うことが求められる。例えば，集団指導は保健の授業や特別活動における指導が考えられ，現在及び将来において生徒が当面する内容を指導することになる。一方，個別指導は学校の教育活動全体で行われることが想定され，個々の児童生徒の問題についての指導が求められる。

【3】① ○　②○　③ ×　④ ×

〈解説〉③ 「直ちに退場させる」ではなく「直ちに注意を与える」が正しい。プール場内での禁止事項・プールごとの留意事項等について，決まりを守るよう指導を行うとともに，危険と思われる行為や危ないと思われる人には，毅然として注意を促すことが大切である。

④ 「救命胴衣を着用」ではなく「水着を着用」が正しい。救命胴衣は，落水した際に着用者の体を水面に浮かせるための救命具であり，水底に沈んで溺れている人を救助しようとする場合は，体が浮いてしまうためにふさわしくない。

【4】(1)　ア　(2)　①　オ　②　カ　(3)　下に向ける
(4)　〈下図参照〉

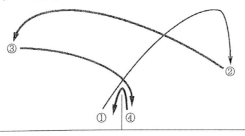

(5)　ウ　(6)　ウ

〈解説〉(1)　サイドシュートは，「コート中央から」ではなく「コートのサイドから」放つシュートの総称である。サイド寄りのポジションからのシュートであれば，ジャンプシュートやクイックシュートなど，どのシュートでもサイドシュートに該当する。　(2)　①　自分に向かって飛んできたボールを，空中に浮いた状態でボールに触り，触った部位をボールの勢いにあわせてクッションのように引いてコントロールする方法である。　②　自分に向かって飛んできたボールを，一度地面でバウンドさせて，そのバウンドしたボールの跳ね返り際に，足と地面でボールを挟むようにボールに触り，ボールの勢いを吸収してコントロールする方法である。　(3)　アンダーハンドパスの基本は，

両手を組んで肘を伸ばして，しっかりとした面を作ることである。親指が下を向くようにして手首を返すことにより，肘が曲がらずに伸びるとともに，左右の肘が接近してボールを受ける面がつくりやすくなる。　(4)　①「ロブ」は，ネット際から高く弧をえがくように飛ばす打球。　②「ハイクリア」は，相手の頭上を高く超えてコートの後方まで深く飛ばす打球。　③「ドロップ」は，コートの後方から打ち，ネットを越えてすぐに落下するように飛ばす打球。　④「ヘアピン」は，ネット際に落とされた相手の打球を，ネットの上部すれすれを越えて相手コートに落とす打球。　(5)　アはネット平行陣，イは雁行陣の説明である。　(6)　バッターがゴロを打ち，ランナーが次の塁に必ず進塁しなければならなくなった状態のことをフォース状態といい，この場合，守備側はランナーが塁に到着する前に打球を持った状態で塁にタッチすればランナーはアウトとなる。Aは全走者，Cは1塁走者がフォース状態になっている。

【5】(1)　ボッチャ　　(2)　ゴールボール
〈解説〉(1)　ボッチャは，ヨーロッパで生まれた重度の障がい者のために考案されたスポーツであり，ボールを投げることができなくても，勾配具や介助者を使って参加ができる。　(2)　ゴールボールは，視覚に障がいのある人を対象に考えられた球技で，視野や視力の程度で差が出ないよう全員が目隠しをつけてプレイする。選手は音を頼りに競技するため，プレイ開始前の審判による「Quiet Please! (お静かに！)」のコールから，観客もプレイが途切れるまで声を出して応援することができず，静寂の中で激しい攻防が繰り広げられる。

【6】(1)　エ　　(2)　①　イ　　②　カ　　③　エ　　④　ア
〈解説〉(1)　大腰は，受を「右前すみ」に崩し，受が押してくるのに合わせて「後ろ回りさばき」でかける技である。なお，受を押し，踏みとどまったところに「前回りさばき」で大腰をかけることもある。なお，イの「小内刈り」は，受が前に出てきたところを「後ろさばき」

でかける場合と，受が後ろに下がろうとしたところを「前さばき」で
かける場合がある。オの「体落とし」は，受が押してくるのに合わせ
て「後ろさばき」でかける場合と，受が横に動くのに合わせて「前さ
ばき」でかける場合がある。　(2)　なお，オの抜き技とは仕掛けた相
手の竹刀に自分の竹刀を触れさせないよう体をかわし，自分が打つ技
である。

【7】(1)　2・4・6・8　　(2)　②　エ　　③　イ
〈解説〉(1)　アフタービートとは，後拍を強調した弱起のリズムで，後
　打ちともいう。強拍の後にくる弱拍であり，例えば4分の4拍子であれ
　ば第2拍と第4拍の偶数拍である。　(2)　②のユニゾンとは一斉に同じ
　動きをすること，③のカノンとは，集団の動きを少しずつずらした動
　きのことである。

【8】(1)　①　ア　　②　エ　　③　ウ　　④　イ　　(2)　オ
　(3)　①　A　サ　　B　ケ　　C　イ　　D　コ　　E　カ　　②　食
事と食事の間で食後約2時間　　(4)　①　左側　　②　徐行
③　2人乗り　　④　一時停止
〈解説〉(1)　グラフはスキャモンの発育曲線である。基本的にはリンパ
　型，神経型，一般型，生殖型となっている。①の「胸腺・扁桃」はリ
　ンパ型の発育を示す。10歳頃に最もさかんになり，20歳頃に完成する。
　②の「脳・脊髄」は神経型の発育を示す。生後2年で大人の約60％，7
　～8歳では大人の約90％に成長する。③は「肺・心臓」は一般型の発
　育を示す。思春期までにゆっくりと成長する特徴がある。④の「卵
　巣・精巣」は生殖型の発育を示す。思春期になると卵巣や精巣の発育
　が進み，男性ホルモンや女性ホルモンによって男女の体の影響が強く
　現れる。　(2)　リサイクルは廃品を資源に戻し再生産すること。リユー
　スは廃品を再使用すること。リデュースは生産時に発生する廃棄物
　を抑制することである。①は処理後，生産に戻っているのでリサイク
　ル，②は生産時に特化しているのでリデュース，残りの③はリユース

が該当する。　(3)　わが国では医師は診察や診断に基づいて処方箋を発行し，薬剤師は処方箋にしたがって医薬品を調剤する。医師と薬剤師の役割を分離・独立させて，それぞれの専門性を発揮するしくみを医薬分業という。また，医師は患者個人の身長や体重，体質などを考慮して処方しており，また医師が処方する医薬品は薬の成分が強い場合が多い。つまり，処方された医薬品が効果があるからといって他人に譲る行為は危険であることも知っておくこと。　(4)　道路交通法上，自転車は軽車両，つまり人力車や馬車と同類として扱われている。近年，自転車による重大な事故が増加していることもあり，ルールが厳格化しているため，注意が必要である。

【9】スポーツごころ

〈解説〉京都府では，生活の中にある人々の前向きな「心のありよう」とそれを身に付けようとする実践の総称を「スポーツごころ」と表現し，運動やスポーツが要素，機能を内包している「スポーツごころ」への気付きと醸成に基づくスポーツの実践を奨励している。

【中学校】

【1】(1)　①　キ　②　ケ　③　サ　④　カ　⑤　イ　⑥　エ　⑦　コ　⑧　オ　⑨　ア　⑩　セ　(2)　①　系統　②　カリキュラム・マネジメント　③　基礎　④　卒業後　(3)　①　仲間　②　空間　③　時間

〈解説〉(1)　令和3年度の「全国体力・運動能力，運動習慣等調査」をみると，1週間に420分以上運動しない中学生が男子では4.5％，女子では3.4％増加している(令和元年度と比較)。保健体育の教員としては部活で運動している，いないにかかわらず，生徒に運動習慣をつける工夫が求められていることを踏まえ，対策を考えるとよい。なお，先述の統計について，増加分のほとんどは「60分以上420分未満」に移行していることから，実際にどの程度運動時間が減少したかをみることは難しい。　(2)　問題にある時期について，「各種の運動の基礎を培う

時期」は小学校第1〜4学年，「多くの領域の学習を経験する時期」は小学校第5学年〜中学校第2学年，「卒業後も運動やスポーツに多様な形で関わることができるようにする時期」は中学校第3学年から高等学校が該当する。中学校では2つの時期がまたがっており，かつ学年ごとの学習や成長の状況などを踏まえ，効果的なカリキュラムを編成する必要があることを知っておこう。　(3)　運動やスポーツの多様性に関する問題。本問は「世代や機会に応じて，生涯にわたって運動やスポーツを楽しむためには，自己に適した多様な楽しみ方を見付けたり，工夫したりすることが大切であること」における解説文である。楽しみ方や工夫については，小論文や面接で問われることがあるので，具体例をいくつか考えておくとよい。

【高等学校】

【1】(1)　①　キ　　②　ケ　　③　サ　　④　カ　　⑤　イ
　⑥　エ　　⑦　コ　　⑧　オ　　⑨　ア　　⑩　セ　　(2)　①　系統
　②　カリキュラム・マネジメント　　③　基礎　　④　卒業後
(3)　①　遊び　　②　競技　　③　時代

〈解説〉(1)　「運動する子供とそうでない子供」をみる指標の一つとして，運動部に所属する生徒の割合があげられるが，ある統計によると高校生全体で4割程度であり，横ばいが続いているとされている。保健体育の教員としては部活で運動している，いないにかかわらず，生徒に運動習慣をつける工夫が求められていることを踏まえ，対策を考えるとよい。　(2)　問題にある「時期」について，「各種の運動の基礎を培う時期」は小学校第1〜4学年，「多くの領域の学習を経験する時期」は小学校第5学年〜中学校第2学年，「卒業後も運動やスポーツに多様な形で関わることができるようにする時期」は中学校第3学年から高等学校が該当する。高等学校では中学校第3学年で学習したことを踏まえると同時に，生涯スポーツなどを意識したカリキュラムが求められることを踏まえ，学習するとよい。　(3)　スポーツは，石器時代，食料の確保以外の時間に遊びやスポーツを行ったり，楽しんだりして

生まれ，世界各地でその土地の生活と深くかかわりながら発展したとされている。近代になると，安全性なども配慮するようになり，ルールが整えられ，どこでも同じルールで行える洗練された競技として機能するようになった。イギリスで誕生した近代スポーツは，近代オリンピックをきっかけに世界的な広がりを見せ，近代スポーツは国際スポーツへと拡大，発展し，スポーツの理念も時代と共に変容してきている。

2022年度　実施問題

【中高共通】

【1】陸上競技について，次の①～③の各文が示す，走り高跳びの跳び方の名称をそれぞれ答えなさい。

① 正面跳びに分類される跳び方の一種で，バーに向かって正面から助走をつけてお腹から飛び込んで回転するようにバーを乗り越える跳び方。

② 競技者の間で広く利用される効率的な跳び方で，助走スピードを生かして伸び上がるように踏み切り，体を後ろに倒しながらバーを越す跳び方。

③ 走り高跳びの中でも基本的な跳び方で，リズミカルな助走から踏み切り，振り上げ脚を素早く引き上げたあとに踏み切り脚を引き上げてバーを越す跳び方。

(☆☆☆◎◎◎)

【2】武道について，次の各問いに答えなさい。

(1) 次の各文は，「柔道指導の手引(三訂版)」(平成25年3月　文部科学省)における投げ技との関連を重視した受け身の段階的な指導について説明したものである。空欄(①)～(③)に当てはまる語句として最も適当なものをそれぞれ答えなさい。

・ 第1段階(後ろ受け身の練習)では，体得すべき受け身の3要素として「しっかり(①)をたたく」感覚，「ゆっくり回転する」感覚，「衝撃時に(②)を緊張させる」感覚を養うことがポイントである。

・ 後ろ受け身では，勢いで後頭部を打たないようにあごを引き，(③)を最後まで見るようにする。

(2) 次の①～④の各文について，剣道の指導のポイントとして，正しいものには○，誤っているものには×として答えなさい。

① 座り方及び立ち方では，「右座左起」の順を意識させる。
② 座礼を行う時は，「右手→左手」の順で床に手をつき，離すときは「左手→右手」の順で床から離すよう指導する。
③ 構えた時の剣先は，その延長が相手の両眼の中央，または左目の方向を向くように指導する。
④ 左右の面打ちを行う時は，正面打ちと同じ要領で振りかぶり，頭上で手を返し斜め上から約45度の方向で，右足から送り足で相手の左面または右面を打つよう指導する。

(☆☆☆◎◎◎)

【中学校】

【1】「中学校学習指導要領解説　保健体育編」(平成29年7月)の内容について，次の各問いに答えなさい。

(1) 次の文章は，保健体育科の目標及び内容からの抜粋である。以下の各問いに答えなさい。

> 　体育や保健の見方・考え方を働かせ，課題を発見し，(A)な解決に向けた学習過程を通して，(B)と体を一体として捉え，生涯にわたって心身の健康を(C)し豊かなスポーツライフを実現するための資質・能力を次のとおり育成することを目指す。
> 　(1) 各種の運動の(D)に応じた技能等及び(E)における健康・安全について理解するとともに，基本的な技能を身に付けるようにする。
> 　(2) 運動や健康についての(F)の課題を発見し，(A)な解決に向けて思考し判断するとともに，他者に伝える力を養う。
> 　(3) 生涯にわたって運動に親しむとともに健康の(C)と体力の向上を目指し，明るく豊かな生活を営む態度を養う。

(中略)

次に，保健体育科の目標に示されている各部分を解説すると次のとおりである。

体育や保健の見方・考え方を働かせとは，体育の見方・考え方については，生涯にわたる豊かなスポーツライフを実現する観点を踏まえ，「運動やスポーツを，その(G)や(D)に着目して，楽しさや喜びとともに体力の向上に果たす役割の視点から捉え，自己の適性等に応じた『( )・( )・( )・( )』の多様な関わり方と関連付けること」，保健の見方・考え方については，疾病や傷害を防止するとともに，生活の質や(H)を重視した健康に関する観点を踏まえ，「個人及び社会生活における課題や情報を，健康や安全に関する原則や概念に着目して捉え，疾病等のリスクの軽減や生活の質の向上，健康を支える(I)づくりと関連付けること」であると考えられる。

(中略)

生涯にわたって豊かなスポーツライフを実現するための資質・能力とは，体育を通して培う包括的な目標を示したものである。この資質・能力とは，それぞれ運動が有する(D)や魅力に応じて，その楽しさや喜びを味わおうとする自主的な態度，(J)に取り組む，互いに(K)する，自己の責任を果たす，(L)する，一人一人の(M)を大切にしようとするなどの意欲や健康・安全への態度，運動を(A)に実践するための運動の技能や知識，それらを活用するなどの思考力，判断力，表現力等を指している。これらの資質・能力を育てるためには，体を動かすことが，情緒面や知的な発達を促し，集団的活動や身体表現などを通して(N)能力を育成することや，筋道を立てて練習や作戦を考え，改善の方法などを互いに話し合う活動などを通して論理的思考力を育むことにも資することを踏まえ，運動の楽しさや喜びを味わえ

> るよう基本的な運動の技能や知識を確実に身に付けるととも
> に，それらを活用して，（　Ｆ　）の運動の課題を解決するなど
> の学習を（　Ｏ　）よく行うことが重要である。

① 空欄（　Ａ　）～（　Ｏ　）に当てはまる語句を次のア～ノからそれ
ぞれ1つずつ選び，記号で答えなさい。

ア　環境	イ　個人生活	ウ　満足感
エ　バランス	オ　態度	カ　合理的
キ　保持増進	ク　コミュニケーション	ケ　性格
コ　生きがい	サ　特性	シ　自他
ス　社会生活	セ　価値	ソ　協力
タ　マネジメント	チ　心	ツ　主体的
テ　参画	ト　違い	ナ　マナー
ニ　維持	ヌ　公正	ネ　規律
ノ　意欲的		

② 下線部の4つの空欄（　　）に当てはまる語句をすべて答えなさ
い。

(2) 次の各文は，体育分野の各領域における内容の取扱いについて示
したものである。空欄（　①　）～（　⑥　）に当てはまる語句や数字
として最も適当なものをそれぞれ答えなさい。

・　内容の各領域について，第1学年及び第2学年においては，全て
の領域を履修することとしているが，第3学年においては，「器械
運動」，「陸上競技」，「（　①　）」及び「（　②　）」のいずれかか
ら（　③　）領域以上を選択して履修することとしている。

・　器械運動の運動種目は，第1学年及び第2学年においては（　④　）
運動を含む（　⑤　）種目を選択して履修できるようにすることと
している。

・　球技の運動種目は，第3学年においては「ゴール型」「ネット型」
「ベースボール型」の3つの型の中から，自己に適した（　⑥　）つ
の型を選択できるようにすることとしている。

(☆☆☆◎◎◎)

60

【2】体つくり運動「体の動きを高める運動」について，次の①～⑤の行い方の例はそれぞれどの運動に示されているか。正しい組み合わせを以下のア～オから1つ選び，記号で答えなさい。

①　自己の体重を利用して腕や脚を屈伸したり，腕や脚を上げたり下ろしたり，同じ姿勢を維持したりすること。

②　大きくリズミカルに全身や体の各部位を振ったり，回したり，ねじったり，曲げ伸ばしたりすること。

③　ステップやジャンプなど複数の異なる運動を組み合わせて，エアロビクスなどの有酸素運動を時間や回数を決めて持続して行うこと。

④　大きな動作で，ボールなどの用具を，力を調整して投げたり受けたりすること。

⑤　重い物を押したり，引いたり，投げたり，受けたり，振ったり，回したりすること。

	体の柔らかさを高めるための運動	巧みな動きを高めるための運動	力強い動きを高めるための運動	動きを持続する能力を高めるための運動
ア	①・④	⑤	③	②
イ	③	①・④	②	⑤
ウ	⑤	②	④	①・③
エ	②	④	①・⑤	③
オ	④	②・③	⑤	①

(☆☆☆◎◎◎)

【3】水泳について，次の各問いに答えなさい。

(1)　次の①～④の各文章について，文部科学省「水泳指導の手引き(三訂版)」(平成26年3月)における各種の泳法のポイントとして，正しいものには○，誤っているものには×として答えなさい。

①　クロールのキックでは，左右の脚の幅は，親指が触れ合う程度にし，踵を10cm程度離すようにする。上下動の幅は，30～40cm程度に動かすようにする。

②　平泳ぎの腕の動作では，両手のひらを下向きにそろえ，水面と

平行に前方に出す。次に両手のひらを斜め内向きにして左右に水を押し開き腕を曲げながら手をかき進めて，両腕で内側後方に水を押しながら胸の前で揃えるようにする。

③　背泳ぎの腕の動作は，手先を頭の前方，肩の線上に小指側から入水させ，手のひらで水面下20～30cm程度まで水を押さえたら，肘を下方へ下げながら手のひらを後方に向ける。腕は，手のひらが水面近くを太ももに触れる程度までかき進め，最後は手のひらを下にして腰の下に押し込むようにする。

④　バタフライの呼吸法は，呼気は水中で鼻と口で行い，吸気は顔を前に上げ口で行う。両腕のかき始めからかき終わりにかけて呼気し，両腕を水面上に抜き上げる動作から，肩の横に戻すまでの間に吸気する。呼気から吸気は連続させる。

(2)　次の文章は，「中学校学習指導要領解説　保健体育編」(平成29年7月)における水泳の安全指導に関する記述についてまとめたものである。空欄(　①　)～(　⑤　)に当てはまる語句として最も適当なものを，それぞれ答えなさい。

> 　水泳の指導については，適切な水泳場の確保が困難な場合にはこれを扱わないことができるが，水泳の(　①　)防止に関する心得については，必ず取り上げることとしている。また，人数確認と2人1組で互いの安全を確かめさせる(　②　)システムなどの適切なグループのつくり方を工夫したり，(　③　)の場合も，状況によっては，安全の確保や練習に対する協力者として参加させたりするなどの配慮をすることとしている。また，水泳の学習は気候条件に影響を受けやすいため，教室での学習として(　④　)を活用して泳法を確かめたり，課題を検討したりする学習や，保健分野の(　⑤　)と関連させた学習などを取り入れるなどの指導計画を工夫することが大切であるとしている。

(☆☆☆◎◎◎)

【4】球技について，次の各問いに答えなさい。

(1) 次の①～⑤の各文について，卓球のルールや競技の進め方として正しいものには○，誤っているものには×として答えなさい。

　① サービスの時は，ボールを手のひらにのせ，ほぼ垂直に16cm以上投げ上げてから打つ。

　② ダブルスのサービスは，常にサービス側から見て，センターラインの左半分から相手コートの右半分へ入れる。

　③ 相手への返球は，必ずネット上を通過しなければ有効返球にはならない。

　④ 打球が相手コートの台の角(エッジ)に当たった場合をエッジボールと言い，有効返球になる。

　⑤ フリーハンドの手がコート(台)に触れた状態で返球すると相手の得点となる。

(2) 次の①・②の各図が表しているソフトボールの投球方法について，名称をそれぞれ答えなさい。

　① 振り子のように腕を速く振って投球する方法

　② 腕を風車のように1回転させて投球する方法

(☆☆☆◎◎◎)

【5】ダンスについて，次の各問いに答えなさい。

(1) 次のA～Dの各図が表している，フォークダンスおよび現代的な
リズムのダンスにおける動きの名称について，正しく組み合わせて
いるものはどれか，以下のア～オから1つ選び，記号で答えなさい。

	A	B	C	D
ア	グレープバイン	ナンバの動き	パドブレ	ボックス
イ	ランニングマン	ボックス	パドブレ	ナンバの動き
ウ	パドブレ	グレープバイン	ナンバの動き	ボックス
エ	ボックス	パドブレ	グレープバイン	ランニングマン
オ	ランニングマン	ナンバの動き	ボックス	パドブレ

(2) 次の各文は，「中学校学習指導要領解説　保健体育編」(平成29年
7月)に示されている現代的なリズムのダンスにおけるリズムと動き
の例示(第1学年及び第2学年)からの抜粋である。空欄(①)～
(⑤)に当てはまる語句を以下のア～シからそれぞれ1つずつ選
び，記号で答えなさい。

・　自然な弾みや(①)などの動きで気持ちよく音楽のビートに
乗れるように，簡単な繰り返しのリズムで踊ること。

・　軽快なリズムに乗って弾みながら，揺れる，(②)，ステッ
プを踏んで手をたたく，ストップを入れるなどリズムを捉えて自
由に踊ったり，相手の動きに合わせたりずらしたり，手をつなぐ
など相手と対応しながら踊ること。

・　シンコペーションやアフタービート，(　③　)や(　④　)など，リズムに変化を付けて踊ること。

・　短い動きを繰り返す，対立する動きを組み合わせる，ダイナミックな(　⑤　)を加えるなどして，リズムに乗って続けて踊ること。

ア　回る　　　　　　　　イ　ジャッキング　　ウ　足踏みをする
エ　拍子　　　　　　　　オ　スイング　　　　カ　振る
キ　休止　　　　　　　　ク　強弱　　　　　　ケ　アクセント
コ　ディールアウト　　　サ　動作　　　　　　シ　倍速

(☆☆☆◎◎◎)

【6】体育理論について，次の各問いに答えなさい。

(1)　現在，日本に3,000以上ある「総合型地域スポーツクラブ」は，「多世代」・「多種目」・「多志向」という特徴をもつ。このうち「多世代」および「多志向」のもつ意味について，それぞれ簡潔に答えなさい。

(2)　次の文章は，「中学校学習指導要領解説　保健体育編」(平成29年7月)の国際的なスポーツ大会などが果たす文化的な意義や役割からの抜粋である。空欄(　①　)～(　⑤　)に当てはまる語句を以下のア～シから1つずつ選び，記号で答えなさい。

> 　オリンピック・パラリンピック競技大会や国際的なスポーツ大会などは，世界中の人々にスポーツのもつ教育的な意義や倫理的な(　①　)を伝えたり，人々の(　②　)を深めたりすることで，(　③　)や世界(　④　)に大きな役割を果たしていることを理解できるようにする。
> 　また，(　⑤　)の発達によって，スポーツの魅力が世界中に広がり，オリンピック・パラリンピック競技大会や国際的なスポーツ大会の(　③　)や世界(　④　)などに果たす役割が一層大きくなっていることについても触れるようにする。

	ア	協調	イ	相互理解	ウ	信頼関係

ア　協調　　イ　相互理解　　ウ　信頼関係

エ　意味　　オ　協力関係　　カ　自尊意識

キ　平和　　ク　メディア　　ケ　国際親善

コ　価値　　サ　輸送網　　　シ　アイデンティティ

(☆☆☆◎◎◎)

【7】保健分野について，次の各問いに答えなさい。

(1)　次の①～③の例は適応機制のうちのどれに当たるか，正しく組み合わせたものを以下のア～オから1つ選び，記号で答えなさい。

①　もっともらしい理由をつけて，自分を正当化する。

②　性的欲求等を，学問やスポーツ，芸術活動等に向ける。

③　耐え難い事態に直面した時，子どものようにふるまって自分を守ろうとする。

	①	②	③
ア	昇　華	抑　圧	抑　圧
イ	合理化	昇　華	退　行
ウ	同一化	昇　華	逃　避
エ	補　償	合理化	退　行
オ	合理化	補　償	抑　圧

(2)　次の各文章は，がん(悪性新生物)について説明したものである。空欄(　①　)～(　③　)に当てはまる語句として最も適当なものをそれぞれ答えなさい。

・「2017年部位別がん罹患率(全国がん登録による全国がん罹患データより)」(国立がん研究センター)によると，男性のり患で最も多いのが(　①　)がんで，女性のり患で最も多いのは(　②　)がんである。

・多くのがんは早期に治療すれば約9割が治ることから，検診による早期発見が重要である。厚生労働省では，「がん予防重点健康教育及びがん検診実施のための指針」(平成28年2月一部改訂)に

66

おいて，対象年齢を定めた上で(③)種類のがん検診について定期的に受けるよう推奨している。

(3) 医療現場において，医師が患者に対して必要な情報を伝え，患者が納得した上で受けたい医療を受けるべきであるという，日本語で「説明と同意」と訳される考え方のことを何というか，カタカナで答えなさい。

(4) 次の各文は，応急手当・心肺蘇生法の行い方について説明したものである。空欄(①)～(⑦)に当てはまる語句や数字として最も適当なものをそれぞれ答えなさい。ただし，(④)～(⑦)については漢字で解答すること。

・ 心肺蘇生を実施する場合，胸骨圧迫は，傷病者の胸の中央に手を重ねて置き，傷病者の胸が(①)cm程度沈み込むように圧迫する。人工呼吸と胸骨圧迫を交互に行う場合は，胸骨圧迫を1分間に100回から120回のテンポで(②)回，人工呼吸を(③)回行うことを繰り返す。

・ 打撲や捻挫をした場合に行う「RICE処置」は，Rが(④)，Iが(⑤)，Cが(⑥)，Eが(⑦)である。

(5) 人工呼吸ができないかためらわれる場合は，人工呼吸を省略し胸骨圧迫のみ行うとされているが，それはどのような場合か。具体的な例を1つ答えなさい。

(☆☆☆◎◎◎)

【高等学校】

【1】「高等学校学習指導要領解説　保健体育編　体育編」(平成30年7月)の内容について，次の各問いに答えなさい。

(1) 次の文章は，保健体育科の目標及び内容の抜粋である。以下の各問いに答えなさい。

> 体育や保健の見方・考え方を働かせ，課題を発見し，合理的，(A)な解決に向けた学習過程を通して，

（　B　）と体を一体として捉え，生涯にわたって心身の健康を（　C　）し豊かなスポーツライフを継続するための資質・能力を次のとおり育成することを目指す。

(1)　各種の運動の（　D　）に応じた技能等及び（　E　）における健康・安全について理解するとともに，技能を身に付けるようにする。

(2)　運動や健康についての（　F　）や社会の課題を発見し，合理的，（　A　）な解決に向けて思考し判断するとともに，他者に伝える力を養う。

(3)　生涯にわたって（　G　）して運動に親しむとともに健康の（　C　）と体力の向上を目指し，明るく豊かで活力ある生活を営む態度を養う。

（中略）

次に，保健体育科の目標に示されている各部分を解説すると次のとおりである。

体育や保健の見方・考え方を働かせとは，体育の見方・考え方については，生涯にわたる豊かなスポーツライフを実現する観点を踏まえ，「運動やスポーツを，その価値や（　D　）に着目して，楽しさや喜びとともに体力の向上に果たす役割の視点から捉え，自己の適性等に応じた『（　　）・（　　）・（　　）・（　　）』の多様な関わり方と関連付けること」，保健の見方・考え方については，疾病や傷害を防止するとともに，生活の質や（　H　）を重視した健康に関する観点を踏まえ，「個人及び（　E　）における課題や情報を，健康や安全に関する原則や概念に着目して捉え，疾病等のリスクの軽減や生活の質の向上，健康を支える（　I　）づくりと関連付けること」であると考えられる。

（中略）

生涯にわたって豊かなスポーツライフを継続するための資

質・能力とは，それぞれの運動が有する(D)や魅力に応じて，その楽しさや喜びを深く味わおうとすることに主体的に取り組む資質・能力を示している。

これは，(J)に取り組む，互いに(K)する，自己の責任を果たす，(L)する，一人一人の(M)を大切にしようとするなどへの意欲や健康・安全への態度，運動を合理的，(A)に実践するための運動の知識や技能，それらを運動実践に応用したり活用したりするなどの思考力，判断力，表現力等を(N)よく育むことで，その基盤が培われるものである。これらの資質・能力を更に高め，学校の(O)を通して取り組むことで，実生活，実社会の中などで卒業後においても，継続的なスポーツライフを営むことを通して，明るく豊かで活力ある生活を営むことができるようにすることを目指したものである。

① 空欄(A)～(O)に当てはまる語句を次のア～ノからそれぞれ1つずつ選び，記号で答えなさい。

ア	保持増進	イ	公正	ウ	満足感
エ	違い	オ	個人生活	カ	マネジメント
キ	計画的	ク	教育活動全体	ケ	生きがい
コ	態度	サ	維持	シ	社会生活
ス	規律	セ	主体的	ソ	環境
タ	参画	チ	マナー	ツ	意欲的
テ	バランス	ト	継続	ナ	特性
ニ	協力	ヌ	性格	ネ	自他
ノ	心				

② 下線部の4つの空欄( )に当てはまる語句をすべて答えなさい。

(2) 次の各文章は，体育分野の各領域における内容の取扱いについて示したものである。空欄(①)～(⑤)に当てはまる語句や数

字として最も適当なものをそれぞれ答えなさい。

- 　「体つくり運動」及び「体育理論」の領域に示す事項は，各年次において(　①　)の生徒が履修することとしている。
- 　入学年次においては，「器械運動」，「陸上競技」，「(　②　)」及び「(　③　)」のまとまりの中から1領域以上を選択し履修することができるようにすることとしている。また，その次の年次以降においては，「器械運動」から「(　③　)」までの中から2領域以上を選択して履修できるようにすることとしている。
- 　球技の領域は，入学年次においては「ア　ゴール型」，「イ　ネット型」及び「ウ　ベースボール型」の中から(　④　)つの型を，その次の年次以降においてはアからウまでの中から(　⑤　)つの型を選択して履修できることとしている。

(☆☆◎◎◎)

【2】「高等学校学習指導要領解説　保健体育編　体育編」(平成30年7月)に示されている，体つくり運動における，実生活に生かす運動の計画の行い方の例について，入学年次に相当するものを次のア〜エから1つ選び，記号で答えなさい。

- ア　調和のとれた体力の向上を図ったり，選択した運動やスポーツの場面で必要とされる体の動きを高めたりするために，効率のよい組合せやバランスのよい組合せで運動の計画を立てて取り組むこと。
- イ　生活習慣病の予防をねらいとして，「健康づくりのための身体活動基準　2013」(厚生労働省　運動基準の改定に関する検討会　平成25年3月)などを参考に，卒業後も継続可能な手軽な運動の計画を立てて取り組むこと。
- ウ　競技力の向上及び競技で起こりやすいけがや疾病の予防をねらいとして，体力の構成要素を重点的に高めたり，特に大きな負荷のかかりやすい部位のケガを予防したりする運動の組合せ例を取り入れて，定期的に運動の計画を見直して取り組むこと。
- エ　体調の維持などの健康の保持増進をねらいとして，各種の有酸素

運動や体操などの施設や器具を用いず手軽に行う運動例や適切な食事や睡眠の管理の仕方を取り入れて，卒業後も継続可能な手軽な運動の計画を立てて取り組むこと。

(☆☆☆◎◎◎)

【3】水泳について，次の各問いに答えなさい。

(1) 次の①～④の各文章について，文部科学省「水泳指導の手引き(三訂版)」(平成26年3月)における各種の泳法のポイントとして，正しいものには○，誤っているものには×として答えなさい。

① クロールのキックでは，左右の脚の幅は，親指が触れ合う程度にし，踵を10cm程度離すようにする。上下動の幅は，30～40cm程度に動かすようにする。

② 平泳ぎの腕の動作では，両手のひらを下向きにそろえ，水面と平行に前方に出す。次に両手のひらを斜め内向きにして左右に水を押し開き腕を曲げながら手をかき進めて，両腕で内側後方に水を押しながら胸の前で揃えるようにする。

③ 背泳ぎの腕の動作は，手先を頭の前方，肩の線上に小指側から入水させ，手のひらで水面下20～30cm程度まで水を押さえたら，肘を下方へ下げながら手のひらを後方に向ける。腕は，手のひらが水面近くを太ももに触れる程度までかき進め，最後は手のひらを下にして腰の下に押し込むようにする。

④ バタフライの呼吸法は，呼気は水中で鼻と口で行い，吸気は顔を前に上げ口で行う。両腕のかき始めからかき終わりにかけて呼気し，両腕を水面上に抜き上げる動作から，肩の横に戻すまでの間に吸気する。呼気から吸気は連続させる。

(2) 次の文章は，「高等学校学習指導要領解説 保健体育編 体育編」(平成30年7月)における水泳の安全指導に関する記述についてまとめたものである。空欄(①)～(⑤)に当てはまる語句として最も適当なものをそれぞれ答えなさい。

> 　水泳では，（　①　）システムなどを適切に活用し，安全かつ効率的に学習を進めることが大切であり（　②　）の場合も，状況によっては，安全の確保や練習に対する（　③　）として参加させたりするなどの配慮をすることとされている。また，水泳の学習は気候条件に影響を受けやすいため，教室での学習として（　④　）教材で動きを確かめたり，課題を検討したりする学習や，「保健」の（　⑤　）と関連させた学習などを取り入れるなどの指導計画を工夫することが大切である。

（☆☆☆◎◎）

【４】球技について，次の各問いに答えなさい。

(1)　次の①〜⑤の各文が示しているラグビーの技能やルールとして適当なものを以下のア〜シからそれぞれ1つずつ選び，記号で答えなさい。

①　ボールを相手のデッドボールラインの方向に投げるかパスをしてしまう反則。

②　ボールを手または腕で，相手のデッドボールラインの方向に落としてしまう反則。

③　軽い反則後に試合を再開するための1つの方法。両チーム各8名で組み合い，その中央線にまっすぐボールを投入し，ボールを獲得し合う。

④　ボールを落として地面に着く前に蹴るキック。地域を挽回するようなときに用いる。

⑤　トライ後のコンバージョンキック成功による得点数。

ア　ノットストレート　　　イ　スローフォワード
ウ　オブストラクション　　エ　プレースキック
オ　パントキック　　　　　カ　ノックオン
キ　ドロップゴール　　　　ク　オフサイド
ケ　スクラム　　　　　　　コ　2点

サ　3点　　　　　　　　シ　5点

(2)　次の①～⑤の各文について，卓球のルールや競技の進め方として
正しいものには○，誤っているものには×として答えなさい。

①　サービスの時は，ボールを手のひらにのせ，ほぼ垂直に16cm以
上投げ上げてから打つ。

②　ダブルスのサービスは，常にサービス側から見て，センターラ
インの左半分から相手コートの右半分へ入れる。

③　相手への返球は，必ずネット上を通過しなければ有効返球とは
ならない。

④　打球が相手コートの台の角(エッジ)に当たった場合をエッジボ
ールと言い，有効返球になる。

⑤　フリーハンドの手がコート(台)に触れた状態で返球すると相手
の得点となる。

(☆☆☆◎◎◎)

【5】ダンスについて，次の各問いに答えなさい。

(1)　次のA～Dの各図が表している，フォークダンスおよび現代的な
リズムのダンスにおける動きの名称について，正しく組み合わせて
いるものはどれか，以下のア～オから1つ選び，記号で答えなさい。

	A	B	C	D
ア	グレープバイン	ナンバの動き	パドブレ	ボックス
イ	ランニングマン	ボックス	パドブレ	ナンバの動き
ウ	パドブレ	グレープバイン	ナンバの動き	ボックス
エ	ボックス	パドブレ	グレープバイン	ランニングマン
オ	ランニングマン	ナンバの動き	ボックス	パドブレ

(2)　次の各文は，「高等学校学習指導要領解説　保健体育編　体育編」
(平成30年7月)に示されている現代的なリズムのダンスにおけるリズ
ムと動きの例示(入学年次の次の年次以降)からの抜粋である。空欄
(　①　)～(　⑤　)に当てはまる語句を以下のア～シからそれぞれ1
つずつ選び，記号で答えなさい。

・　ロックでは，軽快なリズムに乗って(　①　)を弾ませながら，
後打ち(アフタービート)のリズムの特徴を捉えたステップや
(　②　)を中心とした弾む動きで自由に踊ること。

・　(　③　)では，リズムの特徴を捉えたステップやターンなどの
組合せに上半身の動きを付けたり，音楽の拍に乗せ(オンビート)
て膝の曲げ伸ばしによる(　④　)の上下動を意識したリズム(ダウ
ンやアップのリズム)を強調してリズムに乗ったり，リズムに変
化を与えるためにアクセントの位置をずらしたりして自由に踊る
こと。

・　リズムの取り方や床を使った動きなどで変化を付けたり，身体
の部位の強調などで動きにメリハリを付けて，二人組や小グルー
プで掛け合って(　①　)で自由に踊ること。

・　選んだリズムや音楽の特徴を捉え，変化のある動きを連続して，
個と群や(　⑤　)の使い方を強調した構成でまとまりを付けて踊
ること。

　　ア　股関節　　　　　イ　両腕　　　　ウ　体幹部　　　エ　両足
　　オ　ステップ　　　　カ　全身　　　　キ　空間　　　　ク　前掲
　　ケ　ヒップホップ　　コ　ブレイク　　サ　手や足　　　シ　重心

(☆☆☆◎◎◎)

【6】体育理論について，次の各問いに答えなさい。

(1) 球技(ボールゲーム)における型には，ゴール型，ネット型，ベースボール型の他に，ゴルフやボウリング，ボッチャといった種目が含まれる型がある。その名称を答えなさい。

(2) 「オープンスキル」と「クローズドスキル」について，それぞれ簡潔に説明しなさい。

(3) 次の文章は，「高等学校学習指導要領解説　保健体育編　体育編」(平成30年7月)に示されている体育理論「現代のスポーツの意義や価値」の一部である。空欄(①)～(④)に当てはまる最も適当な語句を以下のア～ケから1つずつ選び，それぞれ記号で答えなさい。

　現代のスポーツは，国際親善や世界平和に大きな役割を果たしており，その代表的なものにオリンピックやパラリンピック等の国際大会があることを理解できるようにする。

　オリンピックムーブメントは，オリンピック競技大会を通じて，人々の(①)を深め世界の平和に貢献しようとするものであること，また，パラリンピック等の国際大会が，障害の有無等を超えてスポーツを楽しむことができる(②)の実現に寄与していることについて理解できるようにする。

　なお，現代のオリンピック競技種目の多くは，19世紀に(③)で発祥し発展してきたことについても触れるようにする。

　また，競技会での勝利が個人や国家等に多大な利益をもたらすようになると(④)が社会問題として取り上げられるようになったこと，(④)は不当に勝利を得ようとするフェアプレイの精神に反する不正な行為であり，能力の限界に挑戦するスポーツの文化的価値を失わせる行為であることを理解できるようにする。

ア　相互理解　　イ　ドーピング　　ウ　アイデンティティ

エ　LGBT　　　　オ　共生社会　　　カ　友好
キ　イギリス　　ク　ギリシャ　　　ケ　ドイツ

(☆☆☆◎◎◎)

【7】保健分野について，次の各問いに答えなさい。
(1)　次の①～③の例は適応機制のうちのどれに当たるか，正しく組み合わせたものを以下のア～オから1つ選び，記号で答えなさい。
①　もっともらしい理由をつけて，自分を正当化する。
②　性的欲求等を，学問やスポーツ，芸術活動等に向ける。
③　耐え難い事態に直面した時，子どものようにふるまって自分を守ろうとする。

	①	②	③
ア	昇華	抑圧	抑圧
イ	合理化	昇華	退行
ウ	同一化	昇華	逃避
エ	補償	合理化	退行
オ	合理化	補償	抑圧

(2)　医療現場において，医師が患者に対して必要な情報を伝え，患者が納得した上で受けたい医療を受けるべきであるという，日本語で「説明と同意」と訳される考え方のことを何というか，カタカナで答えなさい。
(3)　次の各文は，応急手当・心肺蘇生法の行い方について説明したものである。空欄(①)～(⑦)に当てはまる語句や数字として最も適当なものを答えなさい。ただし，(④)～(⑦)については漢字で解答すること。
・　心肺蘇生を実施する場合，胸骨圧迫は，傷病者の胸の中央に手を重ねて置き，傷病者の胸が(①)cm程度沈み込むように圧迫する。人工呼吸と胸骨圧迫を交互に行う場合は，胸骨圧迫を1分間に100回から120回のテンポで(②)回，人工呼吸を(③)

　　　回行うことを繰り返す。

　　・　打撲や捻挫をした場合に行う「RICE処置」は，Rが（　④　），I
　　　が（　⑤　），Cが（　⑥　），Eが（　⑦　）である。

(4)　人工呼吸ができないかためらわれる場合は，人工呼吸を省略し胸
　　骨圧迫のみ行うとされているが，それはどのような場合か。具体的
　　な例を1つ答えなさい。

(5)　次の①～④の各文が示している精神疾患の内容とその病名を正し
　　く組み合わせているものはどれか，以下のア～オから1つ選び，記
　　号で答えなさい。

　①　なんの前触れもなく，めまいや呼吸困難などとともに激しい不
　　安に襲われる。この発作に対する不安で生活範囲が制限されるこ
　　ともある。

　②　幻覚や妄想という症状が特徴的な精神疾患。それに伴って，
　　人々と交流しながら家庭や社会で生活を営む機能が障害を受け
　　(生活の障害)，「感覚・思考・行動が病気のために歪んでいる」こ
　　とを自分で振り返って考えることが難しくなりやすい(病識の障
　　害)という特徴を併せもっている。

　③　生死にかかわるような実際の危険にあったり，死傷の現場を目
　　撃したりするなどの体験によって強い恐怖を感じ，それが記憶に
　　残ってこころの傷(トラウマ)となり，何度も思い出されて当時と
　　同じような恐怖を感じ続けるという症状を引き起こす。

　④　生後いったん正常に発達した種々の精神機能が慢性的に減退・
　　消失することで，記憶や思考に影響を及ぼす。

	①	②	③	④
ア	外傷後ストレス障害	認知症	統合失調症	パニック症
イ	パニック症	外傷後ストレス障害	認知症	統合失調症
ウ	パニック症	統合失調症	外傷後ストレス障害	認知症
エ	統合失調症	認知症	外傷後ストレス障害	パニック症
オ	外傷後ストレス障害	パニック症	統合失調症	認知症

（☆☆☆○○○）

解答・解説

【中高共通】

【１】①　ベリーロール　　②　背面跳び　　③　はさみ跳び

〈解説〉①　「ベリー」とは「腹(おなか)」の意味である。1930年台に，米国のアルブリットン選手がバーの上で腹ばいになる跳躍法を編み出した。　②　背面跳びは学習指導要領上の取扱いとしては，中学校第1学年及び第2学年では認められておらず，第3学年から例示されている。しかし，全ての生徒を対象とした学習では，中学生の技能レベル，器具や用具等の面から危険な場合もあるので，指導に際しては個々の生徒の技能，器具や用具等の安全性などの条件が十分に整い，生徒が安全を考慮した段階的な学び方を身に付けている場合に限って実施することができる。　③　はさみ跳びは中学校第1学年及び第2学年の例示でも示されており，一般的な跳び方である。

【２】(1)　①　畳　　②　筋肉　　③　帯(の結び目)　　(2)　①　×　②　×　③　○　④　○

〈解説〉(1)　①　投げ技を身に付けるためには，まず安全に身をこなすための受け身をしっかりと身に付けることが大切である。取が正しく技をかけ，受をしっかりと保持し，受が自ら受け身を取るようにすることで，頭部を打つことなく安全に投げることができる。

(2)　①　剣道での座り方・立ち方の作法は「左座右起(さざうき)」である。座るときは左足を一歩引き，そのままの姿勢で左膝を床につけ片膝立になる。次に右膝をつけ，つま先を立てたまま中座になり，つま先をはずして身体を沈めて座る。　②　正座の姿勢で相手に注目する。背筋を伸ばしたまま腰から上体を前方に傾けつつ，両手を同時に床につける。肘を曲げながら静かに頭をさげる。およそ一呼吸程度その姿勢を保った後，静かに元の正座の姿勢に戻して相手に注目する。

【中学校】

【1】(1) ① A カ B チ C キ D サ E イ
F シ G セ H コ I ア J ヌ K ソ L テ
M ト N ク O エ ② する，みる，支える，知る
(2) ① 水泳 ② ダンス ③ 1 ④ マット ⑤ 2
⑥ 2 (①，②順不同)

〈解説〉(1) ① 今回の学習指導要領改訂にあたっては，中央教育審議会答申において，学校教育法第30条第2項の規定を一層明確化するため，全ての教科等において，資質・能力の三つの柱を踏まえ，各教科等に共通した目標の示し方とされた。まずリード文があり，その後に「知識及び技能」，「思考力，判断力，表現力等」，「学びに向かう力，人間性等」の資質・能力の3つの柱に対応した形で目標が示されている。 ② 旧学習指導要領では，「する，みる，支える」ことを主に体育理論のスポーツとの多様な関わり方を中心に指導することとなっていたが，改訂された学習指導要領では，スポーツとの多様な関わり方として，「する，みる，支える，知る」という4項目が示されている。
(2) 第3学年における領域選択では，水泳，陸上競技といったクローズドスキルと，球技，武道といったオープンスキルのまとまりからの選択とも捉えることができる。第1学年及び第2学年の器械運動においては，器械運動で必要な回転感覚，腕支持間隔等の全ての要素を含み持っているマット運動を必修としている。球技は，第1学年及び第2学年で3つの型が必修となっている。

【2】エ

〈解説〉①・⑤ 繰り返すことのできる最大の回数などを手がかりに，無理のない運動の強度と反復回数を選んで行う。 ② 体の各部位を前もって緊張したり，意識的に解緊したりして，可動範囲を広げる。 ③ 1つ又は複数の運動を一定の時間連続して行ったり，回数を反復したりして，動きを持続する能力を高める。 ④ 動きに対応してタイミングよく動く，バランスをとる，リズミカルに動く，力を調節し

て素早く動く能力を高める。

【３】(1)　①　○　　②　×　　③　○　　④　○　　(2)　①　事故
②　バディ　　③　見学　　④　ICT　　⑤　応急手当
〈解説〉(1)　②　両手のひらを下向きに揃え，腕の前，あごの下から水
面と平行に前方へ出す。両手のひらを斜め外向きにして左右に水を押
し開きながら腕を曲げ，手のひらと前腕を後方に向ける。両肘が肩の
横にくるまで手をかき進めたら，両腕で内側後方に水を押しながら胸
の前で揃える。　(2)　①　〔第1学年及び第2学年〕体の調子を確かめ
てから泳ぐ，プールなど水泳場での注意事項を守って泳ぐ，水深が浅
い場所での飛び込みは行わないなどの健康・安全の心得を示してい
る。　〔第3学年〕自己の体力や技能の程度に応じて泳ぐ，無理な潜水
は意識障害の危険があるため行わない，溺れている人を見付けたとき
の対処としての救助の仕方と留意点を確認するなどといった健康・安
全の心得を示している。　②　バディシステムは安全を確かめ合うこ
とだけが目的ではなく，互いに進歩の様子を確かめ合ったり，欠点を
矯正し合ったりする手助けとなることもねらいとしているが，その組
合せには十分な配慮が必要である。指導のねらいに応じて，泳力が同
じくらいの者，熟練者と初心者などの組合せを工夫することが大切で
ある。　③　解答参照。　④　ICTの活用については，ギガスクール
構想で1人1台端末があることから，個人の課題に合った調べ学習も可
能となる。　⑤　水泳と関連して，応急手当や心肺蘇生法の実習を取
り入れることが考えられる。

【４】(1)　①　○　　②　×　　③　×　　④　○　　⑤　○
(2)　①　スリングショット　　②　ウインドミル
〈解説〉(1)　②　ダブルスの時のサーブは自分のコートの右半面から，
相手のコートの右半面の範囲に入れなければならない。　③　ネット
アセンブリに触れて，あるいは支柱の外側を通して返球してもよい。
(2)　①　スリングショットは時計の振り子のように腕を下から振り上

80

げ，その反動を利用して前方に振り戻して投げる投法。ゴムのパチンコ(スリングショット)の動きに似ているのでこう呼ばれている。変化球を投げるには不向きであり，ボールの握りが常に打者に晒されてしまうため，現在ではほとんど見られなくなった。　②　ウインドミルはもっともポピュラーな投げ方で，風車のように腕を大きく1回転させ，その遠心力を利用して投げるため，大きなスピードを得ることができる。腕の回転は1回に制限されており，打者を幻惑させるために何度も腕を回すことは禁止されている。

【5】(1)　オ　(2)　①　オ　②　ア　③　キ　④　シ　⑤　ケ　(③，④順不同)

〈解説〉(1)　A　ランニングマンは，立ち位置を変えずに，走っているような動きをするステップ。　B　ナンバの動きは，右足と右手，左足と左手というふうに，同じ側の手足が出て歩く動作のこと。　C　ボックスは，箱を描くように足をクロスするステップ。　D　パドブレは，つま先立ちのルルベの状態で足を交互に動かすステップ。
(2)　シンコペーションとは，拍子の強弱を逆転させることである。アフタービートは，後拍を強調した弱起のリズムで，後打ちともいう。

【6】(1)　多世代…子どもから高齢者まで，全ての世代が参加できること。　　多志向…初心者からトップレベルまで，それぞれの志向・レベルに応じて参加できること。　(2)　①　コ　②　イ　③　ケ　④　キ　⑤　ク

〈解説〉(1)　総合型地域スポーツクラブとは，人々が，身近な地域でスポーツに親しむことのできる新しいタイプのスポーツクラブで，子どもから高齢者まで(多世代)，様々なスポーツを愛好する人々が(多種目)，初心者からトップレベルまで，それぞれの志向・レベルに合わせて参加できる(多志向)，という特徴を持ち，地域住民により自主的・主体的に運営されるスポーツクラブをいう。　(2)　第3学年で取り扱う「文化としてのスポーツの意義」の内容である。

【7】(1)　イ　　(2)　①　前立腺　　②　乳(乳房)　　③　5　　(3)　イ
ンフォームド・コンセント　　(4)　①　5　　②　30　　③　2
④　安静　　⑤　冷却　　⑥　圧迫　　⑦　挙上　　(5)　・人工呼吸
を上手く行う自信がない場合。　　　・手元に感染を防止するための道
具がなく，口と口を直接接触することがためらわれる場合。
・傷病者の口付近に傷や出血があり，感染の恐れがあると考えられる
場合。

〈解説〉(1)　適応機制とは，欲求不満や葛藤の状態をやわらげ，無意識
のうちに心の安定を保とうとする働きである。他の適応機制として，
以下の働きもおさえておきたい。補償：自分の不得意な面をほかの面
で補おうとする。同一化：自分にない名声や権威に自分を近づけるこ
とによって，自分を高めようとする。逃避：苦しくつらい現実から一
時的に逃れる。抑圧：実現困難な欲求や苦痛な体験などを心の中に押
さえ込んで忘れようとする。攻撃：他人のものを傷つけたり，規則を
破ったりして，欲求不満を解消しようとする。　　(2)　①　前立腺がん
は，前立腺の細胞が正常な細胞増殖機能を失い，無秩序に自己増殖す
ることにより発生する。早期の前立腺がんは，多くの場合自覚症状が
無い。しかし，尿が出にくい，排尿の回数が多いなどの症状が出るこ
ともある。　　②　乳がんが発生しやすい場所としては，乳首を中心に
乳房を4つに分けると，一番多いのは乳房の外側の上の方(全体の53％)，
次いで内側の上(19％)，外側の下(14％)，内側の下(6％)，乳首付近
(4％)の順である。多くは乳管で発生する乳管がんで，乳腺小葉で発生
する小葉がんが続く。乳がんは女性のがんというイメージが強いが，
まれに男性にも発生し，女性と比べて予後(治療の経過)が悪いことが
知られている。　　③　胃がん，肺がん，乳がん，大腸がん，子宮がん
の5種類である。　　(3)　インフォームド・コンセントとは，患者・家
族が病状や治療について十分に理解し，また，医療職も患者・家族の
意向や様々な状況や説明内容をどのように受け止めたか，どのような
医療を選択するか，患者・家族，医療職，ソーシャルワーカーやケア
マネジャーなど関係者と互いに情報共有し，皆で合意するプロセスで

ある。 (4) ①・② 傷病者が小児，乳児の場合は，胸骨圧迫は胸の厚さの約$\frac{1}{3}$で行う。 ③ 人工呼吸を行う場合は，感染防護具を使用する。 ④〜⑦ 打撲や捻挫の手当ては，安静(Rest)，冷却(Ice)，圧迫(Compression)，挙上(Elevation)を基本に進める。それぞれの頭文字をとって，RICEという。 (5) 倒れている人がマスクをしていたら外さずに胸骨圧迫を開始し，マスクをしていなければ口と鼻に布をかぶせてから開始する。新型コロナが流行していたら，成人には人工呼吸はせず，小児には，できる場合は人工呼吸を組み合わせる。

【高等学校】

【1】(1) ① A キ B ノ C ア D ナ E シ
F ネ G ト H ケ I ソ J イ K ニ L タ
M エ N テ O ク ② する，みる，支える，知る
(2) ① 全て ② 水泳 ③ ダンス ④ 2
⑤ 1 (②，③順不同)

〈解説〉(1) ① 今回の学習指導要領改訂にあたっては，中央教育審議会答申において，学校教育法第30条第2項の規定を一層明確化するため，全ての教科等において，資質・能力の三つの柱を踏まえ，各教科等に共通した目標の示し方とされた。まずリード文があり，その後に「知識及び技能」，「思考力，判断力，表現力等」，「学びに向かう力，人間性等」の資質・能力の3つの柱に対応した形で目標が示されている。 ② 小学校から高等学校までの12年間を見通して，4年毎に，各種の運動の基礎を培う時期，多くの領域の学習を経験する時期，卒業後も運動やスポーツに多様な形で関わることができるようにする時期といった発達の段階のまとまりを踏まえ，系統性を踏まえた指導を行うことが重要視されている。 (2) 体つくり運動(各年次で7〜10単位時間程度配当)と体育理論(各年次で6単位時間以上配当)は引き続き必修とされている。また，共通性の確保の観点から，義務教育段階での学習内容の確実な定着を図ることが，高等学校保健体育科で育成を目指す資質・能力を身に付ける視点からも重要であり，入学年次では，

　　中学校第3学年と同じ内容や選択の仕方が行われる。

【２】ア

〈解説〉アは、「運動を行うための体力の向上を図る運動の計画と実践」
　　の例示である。他に入学年次では「健康に生活するための体力の向上
　　を図る運動の計画と実践」の例示として、「運動不足の解消や体調維
　　持のために、食事や睡眠などの生活習慣の改善も含め、休憩時間や家
　　庭などで日常的に行うことができるよう効率のよい組合せやバランス
　　のよい組合せで運動の計画を立てて取り組むこと。」が示されている。
　　また、入学年次の次の年次以降の例示では「自己のねらいに応じた実
　　生活に生かす運動の計画と実践」として、「体調の維持などの健康の
　　保持増進をねらいとして、各種の有酸素運動や体操などの施設や器具
　　を用いず手軽に行う運動例や適切な食事や睡眠の管理の仕方を取り入
　　れて、卒業後も継続可能な手軽な運動の計画を立てて取り組むこと。」
　　が示されている。

【３】(1)　①　○　　②　×　　③　○　　④　○　　(2)　①　バディ
　　②　見学　　③　協力者　　④　視聴覚　　⑤　応急手当
〈解説〉(1)　②　両手のひらを下向きに揃え、腕の前、あごの下から水
　　面と平行に前方へ出す。両手のひらを斜め外向きにして左右に水を押
　　し開きながら腕を曲げ、手のひらと前腕を後方に向ける。両肘が肩の
　　横にくるまで手をかき進めたら、両腕で内側後方に水を押しながら胸
　　の前で揃える。　(2)　①　バディシステムは安全を確かめ合うことだ
　　けが目的ではなく、互いに進歩の様子を確かめ合ったり、欠点を矯正
　　し合ったりする手助けとなることもねらいとしているが、その組合せ
　　には十分な配慮が必要である。指導のねらいに応じて、泳力が同じく
　　らいの者、熟練者と初心者などの組合せを工夫することが大切である。
　　②・③　解答参照。　④　ICTの活用については、ギガスクール構想
　　で1人1台端末があることから、個人の課題に合った調べ学習も可能と
　　なる。　⑤　水泳と関連して、応急手当や心肺蘇生法の実習を取り入

れることが考えられる。

【4】(1)　①　イ　　②　カ　　③　ケ　　④　オ　　⑤　コ
　　　(2)　①　○　　②　×　　③　×　　④　○　　⑤　○
〈解説〉(1)　①　スローフォワードが取られた場合，プレーは一度中断
され，基本的にパスした選手の地点から相手ボールのスクラムで試合
が再開する。スローフォワードしたボールがタッチラインの外に出て
しまった場合は，相手チームは「ボールを前に投げた地点でのスクラ
ム」か「タッチラインを割った地点でのラインアウト」を選択するこ
とができる。　②　ボールを落とした位置が「真横」や「後ろ」であ
れば，ノックオンにはならずプレーは継続される。ボールを後方に落
とすことはノックバックという。　③　スクラムは，レフリーが示し
たマークにあるスクラムゾーンの中で形成される。レフリーは，ゴー
ルラインと平行に伸びるスクラムの中心線を作るマークを示す。両チー
ムは，マークが示されてから30秒以内にスクラムを形成する準備を
しなければならない。　④　バントキックとは，手から放したボール
を直接足の甲で蹴るキックのこと。試合中最も多く使われる。コント
ロールしやすく，相手チームの頭越しにボールを運べるため，相手の
ディフェンスの薄いスペースに蹴り込めば効果的に陣地に侵入するこ
とができる。また，相手チームがペナルティを犯したときや，自陣
22mラインより内側から蹴る場合は，蹴りだしたボールが直接タッチ
ラインを越えれば，その地点からのラインアウトとなり，キックだけ
で大きく前進することができる。　⑤　変換という意味の「コンバー
ジョン」が由来。今ではコンバージョンが決まれば追加で2点の考え
が常識であるが，以前は，コンバージョンが決まればトライの5点を7
点に変換すると考えられていた。　(2)　②　ダブルスの時のサーブは
自分のコートの右半面から，相手のコートの右半面の範囲に入れなけ
ればならない。　③　ネットアセンブリに触れて，あるいは支柱の外
側を通して返球してもよい。

【５】(1)　オ　　(2)　①　カ　　②　ウ　　③　ケ　　④　シ
　　⑤　キ

〈解説〉(1)　A　ランニングマンは，立ち位置を変えずに，走っているよ
　うな動きをするステップ。　　B　ナンバの動きは，右足と右手，左足
　と左手というふうに，同じ側の手足が出て歩く動作のこと。　　C　ボ
　ックスは，箱を描くように足をクロスするステップ。　　D　パドブレ
　は，つま先立ちのルルベの状態で足を交互に動かすステップ。
　(2)　入学年次の次の年次以降の現代的なリズムのダンスでは，「リズ
　ムの特徴を強調して全身で自由に踊ったり，変化とまとまりを付けて
　仲間と対応したりして踊ること。」が指導内容として示されている。
　指導に際しては，指導の段階に応じてグループごとに選曲し，リズム
　の特徴を捉えた独自な動きを楽しんで踊ることができるようにする。
　また，まとまりのある動きをグループで工夫するときは，一人一人の
　能力を生かす動きや相手と対応する動きなどを取り入れながら，仲間
　と関わりをもって踊ることに留意させたり，簡単な作品を見せ合う発
　表や一緒に踊り合う交流の活動を取り入れたりすることが大切であ
　る。

【６】(1)　ターゲット型　　(2)　オープンスキル…球技や武道といった
　対人的な競技など，絶えず変化する状況の中で用いられる技術のこと。
　クローズドスキル…陸上競技や器械運動といった個人的な競技など，
　状況の変化が少ない環境で用いられる技術のこと。　　(3)　①　カ
　②　オ　　③　キ　　④　イ

〈解説〉(1)　専門学科「体育科」の内容として，「スポーツⅡ」に「(4)タ
　ーゲット型球技への多様な関わり方」が示されており，ゴルフを適宜
　取り上げるものとしている。　　(2)　多くのスポーツには，オープンス
　キルとクローズドスキルのどちらの要素もある。例えば，テニスでは
　多くの場面がオープンスキルだが，サーブはクローズドスキルである。
　卓球やバドミントンなども同様である。　　(3)　スポーツ界において初
　めて禁止物質を規定したのは国際陸上競技連盟だった。1960年のロー

マ・オリンピック競技大会において，ドーピングによるアスリートの死亡事故が発生したことを受け，ドーピングを取り締まる動きが起こった。それにより，1966年には，サッカー，自転車競技の各世界選手権でドーピング検査が導入された。また，国際オリンピック委員会は，スポーツにおいて禁止する物質のリストを定め，1968年グルノーブル冬季オリンピック競技大会，メキシコ夏季オリンピック競技大会からドーピング検査を開始した。

【7】(1) イ (2) インフォームド・コンセント (3) ① 5 ② 30 ③ 2 ④ 安静 ⑤ 冷却 ⑥ 圧迫 ⑦ 挙上 (4) ・人工呼吸を上手く行う自信がない場合。 ・手元に感染を防止するための道具がなく，口と口を直接接触することがためらわれる場合。 ・傷病者の口付近に傷や出血があり，感染の恐れがあると考えられる場合。 (5) ウ

〈解説〉(1) 適応機制とは，欲求不満や葛藤の状態をやわらげ，無意識のうちに心の安定を保とうとする働きである。他の適応機制として，以下の働きもおさえておきたい。補償：自分の不得意な面をほかの面で補おうとする。同一化：自分にない名声や権威に自分を近づけることによって，自分を高めようとする。逃避：苦しくつらい現実から一時的に逃れる。抑圧：実現困難な欲求や苦痛な体験などを心のなかにおさえこんで忘れようとする。攻撃：他人のものを傷つけたり，規則を破ったりして，欲求不満を解消しようとする。 (2) インフォームド・コンセントとは，患者・家族が病状や治療について十分に理解し，また，医療職も患者・家族の意向や様々な状況や説明内容をどのように受け止めたか，どのような医療を選択するか，患者・家族，医療職，ソーシャルワーカーやケアマネジャーなど関係者と互いに情報共有し，皆で合意するプロセスである。 (3) ①・② 傷病者が小児，乳児の場合は，胸骨圧迫は胸の厚さの約$\frac{1}{3}$で行う。 ③ 人工呼吸を行う場合は，感染防護具を使用する。 ④〜⑦ 打撲や捻挫の手当ては，安静(Rest)，冷却(Ice)，圧迫(Compression)，挙上(Elevation)を基本

に進める。それぞれの頭文字をとって，RICEという。　(4)　倒れている人がマスクをしていたら，外さずに胸骨圧迫を開始し，マスクをしていなければ，口と鼻に布をかぶせてから開始する。新型コロナが流行していたら，成人には人工呼吸はせず，小児には，できる場合は人工呼吸を組み合わせる。　(5)　①　パニック発作は，死んでしまうのではないかと思うほど強く，自分ではコントロールできないと感じるため，また発作が起きたらどうしようかと不安になり，発作が起きやすい場所や状況を避けるようになる。特に，電車やエレベーターの中など閉じられた空間では「逃げられない」と感じて，外出ができなくなってしまうことがある。薬による治療とあわせて，少しずつ苦手なことに慣れていく心理療法が行われる。　②　統合失調症の治療は，薬を使った治療(薬物療法)と，専門家と話をしたりリハビリテーションを行ったりする治療(心理社会療法)を組み合わせて行う。　③　心的外傷後ストレス障害はPTSDともよばれる。Post-Traumatic Stress Disorderの略である。症状としては，眠りが浅くなる，怒りっぽくなる，警戒心が強くなる，集中力が欠けるなどの不安定な状態が続く。④　認知症は，様々な病気により脳の働きが低下して起こる一連の症状をさす言葉で，病名ではない。症状には，主に脳の働きの低下によって起こる症状(中核症状)と，環境や体験，気質によってあらわれる症状(周辺症状)がある。認知症の原因になる病気は，一般にはアルツハイマー病がよく知られているが，他にもたくさんあり，病気によって症状のあらわれ方や治療方法などが変わるため，早めに診断を受けることが重要である。

【中高共通】

【1】体育理論について，次の各問いに答えなさい。

(1) 次の各文章は，オリンピックに関する内容である。空欄(①)
～(⑤)に当てはまる最も適当な語句や数値をそれぞれ答えなさ
い。ただし，(②), (④)は西暦表記とする。

・ 近代オリンピックは，オリンピックの創始者である(①)が
設立した国際オリンピック委員会(IOC)の主導のもと，(②)年
にギリシャの(③)で第1回大会が開催された。

・ 夏季オリンピックの開催が予定されている東京は，(④)年
の第18回東京大会に続いて，2度目の開催となる。日本では，
(⑤)がアジアで最初のIOC委員となり，スポーツによる世界
平和の運動を日本に定着させた。

(2) 近代オリンピックの理念とされる，「スポーツによる青少年の健
全育成と世界平和の実現」のことを何というか。カタカナで答えな
さい。

(☆☆☆◎◎◎)

【2】次の表は，器械運動(マット運動)における主な技の体系を示してい
る。空欄(①)～(⑤)に当てはまる最も適当な語句を，それぞれ
答えなさい。

技	技 群	グループ	技 の 例
(①)系	(③)技群	前 転	倒立前転
		後 転	開脚後転
	(④)技群	倒立回転・倒立回転跳び	側方倒立回転
		はねおき	頭はねおき
(②)系	(⑤)技群	片足平均立ち	片足正面水平立ち
		倒 立	倒 立

(☆☆☆◎◎◎)

【３】武道(剣道)について，次の各問いに答えなさい。

(1)　剣道の基本となるお互いの距離のことで，その場から一歩踏み込めば相手の打突部を打つことができ，また，一歩退けば相手の打突を外すことができる距離のことを何というか，答えなさい。

(2)　次の図のような，竹刀のつば付近で相手と接し，相手の出方を探りあう状態を何というか，答えなさい。

(☆☆☆◎◎◎)

【４】サッカーについて，次の図はフィールド内外におけるボールの位置を表している。次の①〜⑤について，インプレイのものにはア，アウトオブプレイのものにはイとして，答えなさい。ただし，すべての位置にあるボールは，地面に接しているものとする。

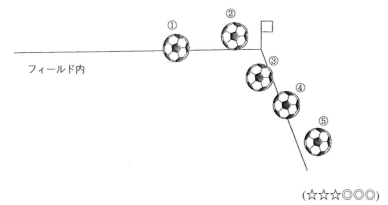

フィールド内

(☆☆☆◎◎◎)

【5】 バドミントンについて，次の各問いに答えなさい。

(1) 次の①〜③の図が表しているプレイ中のフォルトについて，それぞれの名称を答えなさい。

①「インプレー」のとき，プレーヤーのラケット，体，着衣がネットやそれを支えるものに触れる。

②同じプレーヤーが2回連続でシャトルを打つ。

③シャトルが体や衣服に当たる。

(2) 次の①〜③の図は，プレイ中のシャトルとラケットの位置についてネットの横から見た様子を表している。オーバーザネットとなるものには○，ならないものには×として，それぞれ記号で答えなさい。

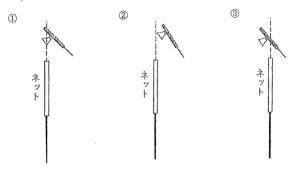

①　②　③

ネット　ネット　ネット

(☆☆☆◎◎◎)

【6】 ソフトボールについて，次の各問いに答えなさい。

(1) 次の①〜⑤の図は，打者の打球の行方を表している。それぞれの図中のボールの行方について，フェアボールになるものにはア，ファウルボールになるものにはイとして，記号で答えなさい。ただし，——はゴロ，--------はフライ，●は打球が地面に触れた地点，◎は打球が止まった地点を示している。

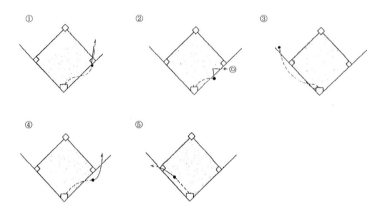

(2)　試合における先発メンバーは，試合から退いても，一度にかぎり再び選手として試合に出場できる。このルールを何というか，カタカナで答えなさい。

(☆☆☆◎◎◎)

【7】ソフトテニスにおける次の①〜③の打法について，その名称をそれぞれ答えなさい。
①　ネット近くのポジションで，相手からのロビングに対して頭上から強くたたき込む打法
②　地面に一度バウンドした相手からのボールを打つ打法
③　ネット近くのポジションで，相手からの比較的直線的なボールに対してノーバウンドで打つ打法

(☆☆☆◎◎◎)

【中学校】

【1】「中学校学習指導要領解説　保健体育編」(平成29年7月)の内容について，次の各問いに答えなさい。
(1)　次の各文は，保健体育科における学習指導要領の改訂の基本的な考え方を示したものである。空欄(　①　)〜(　⑥　)に当てはまる

最も適当な語句をそれぞれ答えなさい。ただし, (②)〜
(④)は順不同とする。

・　小学校, 中学校及び高等学校を通じて, 体育科, 保健体育科で
は, 心と体を一体としてとらえ, 生涯にわたって健康を保持増進
し, 豊かな(①)を実現する資質・能力を育成することを重視
する観点から, 運動や健康に関する課題を発見し, その解決を図
る主体的・協働的な学習活動を通して, 『(②)』, 『(③)』,
『(④)』を育成することを目標として示すとしている。

・　体育については, 児童生徒の発達の段階を踏まえて, 学習した
ことを(⑤)や実社会に生かし, 豊かな(①)を継続するこ
とができるよう, 小学校, 中学校, 高等学校を通じて(⑥)の
ある指導ができるように示す必要があるとしており, 保健におい
ては, 健康な生活と疾病の予防, 心身の発育・発達と心の健康等
の保健の基礎的な内容について, 小学校, 中学校, 高等学校を通
じて(⑥)のある指導ができるように示す必要があるとしてい
る。

(2)　次の文は, 学習指導要領に示されている集団行動の指導に関する
箇所の抜粋である。空欄(①)〜(⑤)に当てはまる語句をそ
れぞれ答えなさい。

> 　集合, (①), 列の(②), 方向(③)などの行動の
> 仕方を身に付け, (④)で(⑤)な集団としての行動がで
> きるようにするための指導については, 内容の「A体つくり運
> 動」から「Gダンス」までの領域において適切に行うものとす
> る。

(3)　次の各文章は, 保健体育科の指導計画作成上の配慮事項について
示したものである。空欄(①)〜(⑩)に当てはまる最も適当
な語句を, あとのア〜ナからそれぞれ1つずつ選び, 記号で答えな
さい。

・　障害者の権利に関する条約に掲げられた(①)教育システム

93

の構築を目指し，生徒の自立と社会参加を一層推進していくためには，一人一人の生徒の障害の(　②　)や発達の段階に応じた指導や支援を一層充実させていく必要がある。

・　特に，保健体育科においては，(　③　)を伴うことから，全ての生徒に対する(　④　)の確保に細心の配慮が必要である。そのため，生徒の障害に起因する困難さに応じて，(　⑤　)による指導や個別指導を行うなどの配慮をすることが大切である。

・　指導に当たっては，生徒の障害の種類と程度を(　⑥　)，専門医等と連絡を密にしながら的確に把握し，生徒の(　④　)の確保に十分留意するとともに，個別の課題設定をしたり，(　⑦　)，練習やゲーム及び試合や発表の仕方等を検討し，障害の有無にかかわらず，参加可能な学習の機会を設けたりするなど，生徒の実態に応じたきめ細やかな指導に配慮することが大切である。

・　見えにくさのため活動に制限がある場合には，不安を軽減したり安全に実施したりすることができるよう，(　⑧　)や動きを事前に確認したり，音が出る用具を使用したりするなどの配慮をする。

・　勝ち負けや記録にこだわりすぎて，感情をコントロールすることが難しい場合には，事前に活動の(　⑨　)を立てたり，勝ったときや負けたとき等の感情の表し方について確認したりするなどの配慮をする。

・　保健の学習で，実習などの学習活動に参加することが難しい場合には，実習の手順や方法が理解できるよう，それらを(　⑩　)に示したり，一つ一つの技能を個別に指導したりするなどの配慮をする。

ア　地域　　　　　　イ　家庭
ウ　全部　　　　　　エ　一部
オ　活動場所　　　　カ　一方
キ　一斉　　　　　　ク　提出
ケ　健康・安全　　　コ　複数教員

サ　バリアフリー　　シ　ノーマライゼーション
ス　インクルーシブ　　セ　視覚的
ソ　意図的　　　　　　タ　状態
チ　見通し　　　　　　ツ　様子
テ　実技　　　　　　　ト　教材
ナ　予定

(4) 次の各文は，保健体育科の授業時数について示したものである。空欄(①)～(⑧)に当てはまる最も適当な数値を答えなさい。ただし，同じ数値が入ることもある。

・　保健体育の年間標準授業時数は，第1学年(①)単位時間，第2学年(②)単位時間，第3学年(③)単位時間，計3学年間(④)単位時間とされている。

・　3学年間(④)単位時間を各分野に当てる授業時数は，体育分野(⑤)単位時間程度，保健分野(⑥)単位時間程度を配当することとされている。

・　体育分野の授業時数は，各学年にわたって適切に配当することとし，その際，体育分野の内容の「A体つくり運動」については，各学年で(⑦)単位時間以上を，「H体育理論」については，各学年で(⑧)単位時間以上を配当することとされている。

(☆☆☆◎◎◎)

【2】保健分野について，次の各問いに答えなさい。

(1) 次の①～③の各文が示す，薬物を禁止する法律の名称をそれぞれ答えなさい。

① ヘロイン・コカイン・モルヒネ・MDMAやメチルフェニデートなどの依存性の強い薬物について，研究者や医療関係者以外の人が輸入・輸出・所持・製造・譲渡・譲受・使用することを禁止している。

② マリファナ・ハッパとも呼ばれる薬物について，無資格者による輸出入・栽培や譲渡・譲受・所持について取り締まる。

③　シャブ・エス・スピードなどと呼ばれる，フェニルアミノプロパン，フェニルメチルアミノプロパンという成分を含んだ薬物について，輸出入や製造，譲渡・譲受・所持・使用等の行為について取り締まる。

(2)　生涯を通じて，健全な食生活の実現や健康の確保などができるよう，食に関する正しい知識と，望ましい食習慣を身につけることができるようにする取り組みを何というか，漢字2字で答えなさい。

(3)　体調の良し悪しは，感情や意欲など，精神活動に大きな影響を与え，また，精神的な不安や悩み等があると，胃腸の調子を崩して腹痛や下痢等を発症することがある。このような心とからだの密接な関わりを何というか，漢字4字で答えなさい。

(4)　日本の国民皆保険制度について，簡潔に説明しなさい。

(5)　感染症について書かれた次の文について，(　①　)～(　③　)にあてはまる最も適当な語句を答えなさい。

感染症の発症や感染拡大のリスクを軽減するためには，(　①　)(病原体)をなくすこと，マスクを着用したり，社会的距離をとったりして(　②　)を断つこと，体に備わる(　③　)を高めることが大切です。

(6)　多くの要因や条件が同時に作用して，どのような選択をしたらよいか戸惑い，自分の感情が矛盾・対立し，悩まされるというような心理的な緊張状態を何というか，答えなさい。

(7)　健康寿命について，簡潔に説明しなさい。

(☆☆☆◎◎◎)

【３】陸上競技(リレー)について，次の各問いに答えなさい。

(1)　次の図はリレーのバトンパスを表している。　A　が示している，バトン自体は移動しているが選手は走らずにすむ距離のことを何というか，漢字4字で答えなさい。

(2) 「中学校学習指導要領解説　保健体育編」(平成29年7月)に示されているリレー指導における技能の例示について，第3学年での指導の例示として最も適当なものを，次のア〜ウから1つ選び，記号で答えなさい。

　ア　リレーでは，次走者がスタートするタイミングやバトンを受け渡すタイミングを合わせること。

　イ　リレーでは，呼吸を楽にしたり，走りのリズムを作ったりする呼吸法を取り入れて走ること。

　ウ　リレーでは，次走者はスタートを切った後スムーズに加速して，スピードを十分に高めること。

(☆☆☆◎◎◎)

【4】水泳について，次の各問いに答えなさい。

(1) 泳法のルールに関する次の①〜⑤の文章について，正しいものには○，誤っているものには×として，記号で答えなさい。

　① 平泳ぎにおけるターン及びゴールタッチは，両手同時に，かつ左右の手が離れた状態で行わなければならない。また，タッチは水中に入っていなければならない。

　② バタフライにおいて，スタート，ターン後のサイドキックは認められるが，あお向けになってはいけない。ただし，壁に手をついた後の折り返し動作中はあお向けになってもよい。

　③ 背泳ぎにおいて，ターンの間，スタート及びターン後の壁から

20m以内の距離では，からだが完全に水没してもよい。

④ 自由形において，スタートやターンの後でからだが完全に水没していてもよい距離を除き，競技中は常にからだの一部が水面上に出ていなくてはならない。

⑤ 個人メドレー，メドレーリレーにおいて自由形を泳ぐ場合，平泳ぎ，背泳ぎ以外の泳法を用いてもよい。

(2) 「中学校学習指導要領解説 保健体育編」(平成29年7月)に示されている泳法指導における平泳ぎの技能の例示について，第3学年での指導の例示として最も適当なものを，次のア～エから1つ選び，記号で答えなさい。

ア 手を前方に大きく伸ばした後に肘を曲げ，加速させながら内側にかき込み，抵抗を減らすために素早く手を前に戻すストロークの動きをすること。

イ 腕を前方に伸ばし，手のひらが胸の前を通るようなキーホールの形を描くようにして腰や太ももくらいまで大きくかく動き(ロングアームプル)で進むこと。

ウ プルのかき終わりと同時に，顎(あご)を引いて口を水面上に出して息を吸い，キックの蹴り終わりに合わせて，流線型の姿勢を維持して大きく伸びること。

エ プルのかき終わりに合わせて顔を水面上に出して呼吸を行い，キックの蹴り終わりに合わせて伸び(グライド)をとり，1回のストロークで大きく進むこと。

(☆☆☆◎◎◎)

【5】ダンスについて，次の各問いに答えなさい。

(1) 次の①～③は，「中学校学習指導要領解説 保健体育編」(平成29年7月)に示されている，創作ダンス指導における第3学年での表したいテーマの例示である。それぞれのテーマに関係する展開例として適当なものを，あとのア～カからそれぞれ1つずつ選び，記号で答えなさい。

① 多様な感じ　② 対極の動きの連続　③ 群(集団)の動き
　ア 「大回り－小回り」では，個や群で大きな円や小さな円を描くなどを通して，ダイナミックに空間が変化するように動くこと。
　イ 「ねじる－回る－見る」では，ゆっくりギリギリまでねじって力をためておき，素早く振りほどくように回って止まり，視線を決めるなどの変化や連続のあるひと流れの動きで表現すること。
　ウ 「椅子」では，椅子にのぼる，座る，隠れる，横たわる，運ぶなどの動きを繰り返して，「もの」との関わり方に着目して表現すること。
　エ 「出会いと別れ」では，すれ違ったりくっついたり離れたりなどの動きを，緩急強弱を付けて繰り返して表現すること。
　オ 「力強い感じ」では，力強く全身で表現するところを盛り上げて，その前後は弱い表現にして対照を明確にするような簡単な構成で表現すること。
　カ 気に入ったテーマを選び，ストーリー性のあるはこびで，一番表現したい中心の場面をひと流れの動きで表現して，はじめとおわりを付けて簡単な作品にまとめて踊ること。
(2) 「中学校学習指導要領解説　保健体育編」(平成29年7月)に示されている，現代的なリズムのダンス指導における技能の例示について，第3学年での指導の例示として最も適当なものを，次のア～エから1つ選び，記号で答えなさい。
　ア 軽快なロックでは，全身でビートに合わせて弾んだり，ビートのきいたヒップホップでは膝の上下に合わせて腕を動かしたりストップするようにしたりして踊ること。
　イ リズムの取り方や床を使った動きなどで変化を付けたり，身体の部位の強調などで動きにメリハリを付けて，二人組や小グループで掛け合って全身で自由に踊ること。
　ウ 自然な弾みやスイングなどの動きで気持ちよく音楽のビートに

　　　乗れるように，簡単な繰り返しのリズムで踊ること。

　　エ　ロックでは，軽快なリズムに乗って全身を弾ませながら，後打
　　　ち(アフタービート)のリズムの特徴を捉えたステップや体幹部を
　　　中心とした弾む動きで自由に踊ること。

（☆☆☆◎◎◎）

【高等学校】

【１】「高等学校学習指導要領解説　保健体育編・体育編」(平成30年7月)
　の内容について，次の各問いに答えなさい。

　(1)　次の各文は，保健体育科における学習指導要領の改訂の基本的な
　　考え方を示したものである。空欄(　①　)～(　⑥　)に当てはまる
　　最も適当な語句をそれぞれ答えなさい。ただし，(　②　),
　　(　③　),(　④　)は順不同とする。

　　・　小学校，中学校及び高等学校を通じて，体育科，保健体育科で
　　　は，心と体を一体としてとらえ，生涯にわたって健康を保持増進
　　　し，豊かな(　①　)を実現する資質・能力を育成することを重視
　　　する観点から，運動や健康に関する課題を発見し，その解決を図
　　　る主体的・協働的な学習活動を通して，『(　②　)』,『(　③　)』,
　　　『(　④　)』を育成することを目標として示すとしている。

　　・　体育については，児童生徒の発達の段階を踏まえて，学習した
　　　ことを(　⑤　)や実社会に生かし，豊かな(　①　)を継続するこ
　　　とができるよう，小学校，中学校，高等学校を通じて(　⑥　)の
　　　ある指導ができるように示す必要があるとしており，保健におい
　　　ては，健康な生活と疾病の予防，心身の発育・発達と心の健康等
　　　の保健の基礎的な内容について，小学校，中学校，高等学校を通
　　　じて(　⑥　)のある指導ができるように示す必要があるとしてい
　　　る。

　(2)　次の文は，学習指導要領に示されている保健体育科の集団行動の
　　指導に関する箇所の抜粋である。空欄(　①　)～(　⑤　)に当ては
　　まる語句をそれぞれ答えなさい。

> 　集合，（　①　），列の（　②　），方向（　③　）などの行動の仕方を身に付け，（　④　）で（　⑤　）な集団としての行動ができるようにするための指導については，内容の「A体つくり運動」から「Gダンス」までの領域において適切に行うものとする。

(3)　次の各文章は，保健体育科の指導計画を作成する上で，障害のある生徒などへの指導についての配慮事項を示したものである。空欄（　①　）～（　⑩　）に当てはまる最も適当な語句を，あとのア～ナからそれぞれ1つずつ選び，記号で答えなさい。

・　障害者の権利に関する条約に掲げられた（　①　）教育システムの構築を目指し，生徒の自立と社会参加を一層推進していくためには，一人一人の生徒の障害の（　②　）や発達の段階に応じた指導や支援を一層充実させていく必要がある。

・　特に，保健体育科においては，（　③　）を伴うことから，全ての生徒に対する（　④　）の確保に細心の配慮が必要である。そのため，生徒の障害に起因する困難さに応じて，（　⑤　）による指導や個別指導を行うなどの配慮をすることが大切である。

・　指導に当たっては，生徒の障害の種類と程度を（　⑥　），専門医等と連絡を密にしながら的確に把握し，生徒の（　④　）の確保に十分留意するとともに，個別の課題設定をしたり，（　⑦　），練習やゲーム及び試合や発表の仕方等を検討し，障害の有無にかかわらず，参加可能な学習の機会を設けたりするなど，生徒の実態に応じたきめ細やかな指導に配慮することが大切である。

・　見えにくさのため活動に制限がある場合には，不安を軽減したり安全に実施したりすることができるよう，（　⑧　）や動きを事前に確認したり，音が出る用具を使用したりするなどの配慮をする。

・　勝ち負けや記録にこだわりすぎて，感情をコントロールすることが難しい場合には，事前に活動の（　⑨　）を立てたり，勝った

ときや負けたとき等の感情の表し方について確認したりするなどの配慮をする。

・　保健の学習で，実習などの学習活動に参加することが難しい場合には，実習の手順や方法が理解できるよう，それらを(⑩)に示したり，一つ一つの技能を個別に指導したりするなどの配慮をする。

ア　地域	イ　家庭
ウ　全部	エ　一部
オ　活動場所	カ　一方
キ　一斉	ク　提出
ケ　健康・安全	コ　複数教員
サ　バリアフリー	シ　ノーマライゼーション
ス　インクルーシブ	セ　視覚的
ソ　意図的	タ　状態
チ　見通し	ツ　様子
テ　実技	ト　教材
ナ　予定	

(4) 次の各文は，保健体育科の授業時数等について示したものである。空欄(①)～(⑦)に当てはまる最も適当な数値や語句をそれぞれ答えなさい。

・　保健体育の標準単位数について，「体育」は(①)～(②)単位，「保健」は(③)単位とされている。

・　各領域配当する「体育」の授業時数は，「A体つくり運動」については，各年次で(④)単位時間～(⑤)単位時間程度を，「H体育理論」については，各年次で(⑥)単位時間以上を配当することとし，指導内容の確実な定着を図ることとされている。

・　「保健」の履修学年について，原則として(⑦)年次及びその次の年次の2か年にわたり履修させることとされている。

(☆☆☆◎◎◎)

【2】保健分野について，次の各問いに答えなさい。

(1) 次の①～③の各文が示す，薬物を禁止する法律の名称をそれぞれ答えなさい。

① ヘロイン・コカイン・モルヒネ・MDMAやメチルフェニデートなどの依存性の強い薬物について，研究者や医療関係者以外の人が輸入・輸出・所持・製造・譲渡・譲受・使用することを禁止している。

② マリファナ・ハッパとも呼ばれる薬物について，無資格者による輸出入・栽培や譲渡・譲受・所持について取り締まる。

③ シャブ・エス・スピードなどと呼ばれる，フェニルアミノプロパン，フェニルメチルアミノプロパンという成分を含んだ薬物について，輸出入や製造，譲渡・譲受・所持・使用等の行為について取り締まる。

(2) 生涯を通じて，健全な食生活の実現や健康の確保などができるよう，食に関する正しい知識と，望ましい食習慣を身につけることができるようにする取り組みを何というか，漢字2字で答えなさい。

(3) 体調の良し悪しは，感情や意欲など，精神活動に大きな影響を与え，また，精神的な不安や悩み等があると，胃腸の調子を崩して腹痛や下痢等を発症することがある。このような心とからだの密接な関わりを何というか，漢字4字で答えなさい。

(4) 日本の国民皆保険制度について，簡潔に説明しなさい。

(5) 結核やマラリア等，その発生が一時期は減少したものの近年再び増加している再興感染症について，治療の過程で医薬品等に対して抵抗力をもつ菌があらわれたことが原因の1つとされているが，そのような菌を何というか，答えなさい。

(6) 多くの要因や条件が同時に作用して，どのような選択をしたらよいか戸惑い，自分の感情が矛盾・対立し，悩まされるというような心理的な緊張状態を何というか，答えなさい。

(7) 健康寿命について，簡潔に説明しなさい。

(☆☆☆◎◎◎)

【3】陸上競技(リレー)について，次の各問いに答えなさい。

(1) 次の図はリレーのバトンパスを表している。　Ａ　が示している，バトン自体は移動しているが選手は走らずにすむ距離のことを何というか，漢字4字で答えなさい。

(2) 「高等学校学習指導要領解説　保健体育編・体育編」(平成30年7月)に示されているリレー指導における技能の例示について，入学年次での指導の例示として最も適当なものを，次のア～ウから1つ選び，記号で答えなさい。

ア　リレーでは，次走者がスタートするタイミングやバトンを受け渡すタイミングを合わせること。

イ　リレーでは，呼吸を楽にしたり，走りのリズムを作ったりする呼吸法を取り入れて走ること。

ウ　リレーでは，次走者はスタートを切った後スムーズに加速して，スピードを十分に高めること。

(☆☆☆◎◎◎)

【4】水泳について，次の各問いに答えなさい。

(1) 泳法のルールに関する次の①～⑤の文章について，正しいものには〇，誤っているものには×として，記号で答えなさい。

① 平泳ぎにおけるターン及びゴールタッチは，両手同時に，かつ左右の手が離れた状態で行わなければならない。また，タッチは水中に入っていなければならない。

② バタフライにおいて，スタート，ターン後のサイドキックは認

められるが，あお向けになってはいけない。ただし，壁に手をついた後の折り返し動作中はあお向けになってもよい。

③　背泳ぎにおいて，ターンの間，スタート及びターン後の壁から20m以内の距離では，からだが完全に水没してもよい。

④　自由形において，スタートやターンの後でからだが完全に水没していてもよい距離を除き，競技中は常にからだの一部が水面上に出ていなくてはならない。

⑤　個人メドレー，メドレーリレーにおいて自由形を泳ぐ場合，平泳ぎ，背泳ぎ以外の泳法を用いてもよい。

(2)　「高等学校学習指導要領解説　保健体育編・体育編」(平成30年7月)に示されている泳法指導における平泳ぎの技能の例示について，入学年次での指導の例示として最も適当なものを，次のア～エから1つ選び，記号で答えなさい。

ア　手を前方に大きく伸ばした後に肘を曲げ，加速させながら内側にかき込み，抵抗を減らすために素早く手を前に戻すストロークの動きをすること。

イ　腕を前方に伸ばし，手のひらが胸の前を通るようなキーホールの形を描くようにして腰や太ももくらいまで大きくかく動き(ロングアームプル)で進むこと。

ウ　プルのかき終わりと同時に，顎(あご)を引いて口を水面上に出して息を吸い，キックの蹴り終わりに合わせて，流線型の姿勢を維持して大きく伸びること。

エ　プルのかき終わりに合わせて顔を水面上に出して呼吸を行い，キックの蹴り終わりに合わせてグライドをとり，1回の腕の動き(ストローク)で大きく進むこと。

(☆☆☆◎◎◎)

【5】ダンスについて，次の各問いに答えなさい。

(1)　次の①～③は，「高等学校学習指導要領解説　保健体育編・体育編」(平成30年7月)に示されている，創作ダンス指導における入学年

次での表したいテーマの例示である。それぞれのテーマに関係する展開例として適当なものを，下のア～カからそれぞれ1つずつ選び，記号で答えなさい。

①　多様な感じ　　②　対極の動きの連続　　③　群(集団)の動き

ア　「大回り－小回り」では，個や群で大きな円や小さな円を描くなどを通して，ダイナミックに空間が変化するように動くこと。

イ　「ねじる－回る－見る」では，ゆっくりギリギリまでねじって力をためておき，素早く振りほどくように回って止まり，視線を決めるなどの変化や連続のあるひと流れの動きで表現すること。

ウ　「椅子」では，椅子にのぼる，座る，隠れる，横たわる，運ぶなどの動きを繰り返して，「もの」との関わり方に着目して表現すること。

エ　「出会いと別れ」では，すれ違ったりくっついたり離れたりなどの動きを，緩急強弱を付けて繰り返して表現すること。

オ　「力強い感じ」では，力強く全身で表現するところを盛り上げて，その前後は弱い表現にして対照を明確にするような簡単な構成で表現すること。

カ　気に入ったテーマを選び，ストーリー性のあるはこびで，一番表現したい中心の場面をひと流れの動きで表現して，はじめとおわりを付けて簡単な作品にまとめて踊ること。

(2)　「高等学校学習指導要領解説　保健体育編・体育編」(平成30年7月)に示されている，現代的なリズムのダンス指導における技能の例示について，入学年次での指導の例示として最も適当なものを，次のア～エから1つ選び，記号で答えなさい。

ア　軽快なロックでは，全身でビートに合わせて弾んだり，ビートのきいたヒップホップでは膝の上下に合わせて腕を動かしたりストップするようにしたりして踊ること。

イ　リズムの取り方や床を使った動きなどで変化を付けたり，身体

の部位の強調などで動きにメリハリを付けて，二人組や小グルー
プで掛け合って全身で自由に踊ること。
ウ　自然な弾みやスイングなどの動きで気持ちよく音楽のビートに
乗れるように，簡単な繰り返しのリズムで踊ること。
エ　ロックでは，軽快なリズムに乗って全身を弾ませながら，後打
ち(アフタービート)のリズムの特徴を捉えたステップや体幹部を
中心とした弾む動きで自由に踊ること。

(☆☆☆○○○)

解答・解説

【中高共通】

【1】(1)　①　クーベルタン　②　1896　③　アテネ　④　1964
⑤　嘉納治五郎　(2)　オリンピズム
〈解説〉(1)　①　1894年のパリの万国博覧会に際して開催されたスポー
ツ競技者連合の会議で，クーベルタンはオリンピック復興計画を議題
に挙げ，可決された。　②・③　第1回大会は欧米先進国14か国が参
加し，選手は男子のみで280人だった。　④　1940年の第12回大会は
東京で開催される予定だったが，日中戦争が勃発したことで中止とな
っている。　⑤　クーベルタンの呼びかけによりアジアで最初のIOC
委員となった嘉納治五郎は，教育家，講道館柔道の創始者，大日本体
育協会(現・日本スポーツ協会)の設立者であり，日本の体育・スポー
ツの振興に力を尽くした。　(2)　クーベルタンが唱えた「オリンピズ
ム」とは，「スポーツを通じて心身を向上させ，さらには文化・国籍
など様々な差異を超え，友情，連帯感，フェアプレーの精神をもって
理解しあうことで，平和でより良い世界の実現に貢献すること」であ
る。

【2】①　回転　　②　巧技　　③　接転　　④　ほん転　　⑤　平均立ち

〈解説〉マット運動の技は，大きく回転系と巧技系に分けられ，学校体育では回転系では接転技群とほん転技群，巧技系では平均立ち技群が取り上げられる。　①　回転系は前方や後方，側方に回転する技。
②　巧技系は倒立したりバランスをとったり，巧みにジャンプする技。
③　接転技群は背中をマットに接して回転する技で，回転方向によって前転グループと後転グループに分けられる。　④　ほん転技群は手や足の支えで回転する技で，接転技群と同じように回転方向によって分けられる。　⑤　平均立ち技群はバランスをとりながら静止する技で，片足で立つ技と逆位になってバランスをとる倒立のグループに分けられる。

【3】(1)　一足一刀の間合い(間)　　(2)　つばぜり(鍔競り)合い

〈解説〉(1)　一足一刀の間合いは剣道の基本となる間合いで，中段の構えのときに互いの剣先が軽く交差する程度(約10cm)の間合いである。
(2)　つばぜり合いとは，お互いに体が接近して竹刀をやや右側に傾けて，つばとつばが競り合う状態をいう。互いに手元を下げて，背筋を伸ばした姿勢になる。

【4】①　ア　　②　ア　　③　ア　　④　ア　　⑤　イ

〈解説〉サッカーでは，地上，空中を問わずにボールがゴールライン又はタッチラインを完全に越えた場合にアウトオブプレイになり，ライン上にボールが少しでもかかっていればインプレーである。①～④はボールがラインの内側又はラインにかかっているのでインプレイ(出ていない)であり，⑤は完全にラインより外にあるのでアウトオブプレイ(出ている)である。

【5】(1)　①　タッチザネット　　②　ドリブル　　③　タッチザボディ　　(2)　①　○　　②　×　　③　○

〈解説〉(1)　①　ラケット，身体または着衣で，ネットまたはその支持物に触れたときの反則はタッチザネットである。　②　一人のプレーヤーがシャトルを2回連続して打つ反則はドリブル，ダブルスの際に片方が触ってしまったシャトルをもう一人が打つ反則はダブルタッチである。　③　シャトルがプレーヤーのユニフォームを含む体に当たってしまう反則はタッチザボディである。　(2)　オーバーネットは，ラケットまたは身体で，ネットの上を越えて，少しでも相手のコートを侵したときである。また，ラケットとシャトルとの最初の接触点が，ネットより打者側でなかったときである。

【6】(1)　①　ア　②　イ　③　ア　④　イ　⑤　ア
　　 (2)　リエントリー(リエントリールール)

〈解説〉フェアボールになるときは，1：本塁と一塁，または三塁の間でフェア地域に止まったとき，2：一塁・三塁を含むフェア地域の地面，またはその上方空間をバウンドしながら外野に飛んだとき，3：一塁・二塁・三塁のいずれかに触れたとき，4：フェア地域および上方空間で審判員・プレイヤーの身体や衣服に触れたとき，である。
　　①　一塁に触れているのでフェアボール。　②　本塁と一塁の間のファール地域に止まっているのでファウルボール。　③　最初の落下地点がフェア地域なのでフェアボール。　④　バウンドした後に一塁の外側を通過しているのでファウルボール。　⑤　三塁を含むフェア地域の地面，またはその上方空間をバウンドしながら外野に飛んでいるのでフェアボール。　(2)　ソフトボールでは，1979年のISF(国際ソフトボール連盟)ルール改正で，「リエントリー(再出場)」が採用され，スターティングプレーヤーはいったん試合から退いても，一度に限り再出場することが認められた。ただし，自己の元の打順を受け継いだプレイヤーと交代しなければならない。

【7】①　スマッシュ　②　ストローク(グラウンドストローク)
　　③　ボレー

〈解説〉①　スマッシュは，ボールを上からたたき込むように強く打つこと。　②　グラウンドストロークは，ボールがワンバウンドしてから打つこと。省略してストロークとも呼ばれる。　③　ボレーは，ボールがバウンドする前に直接打つこと。

【中学校】

【1】(1)　①　スポーツライフ　②　知識・技能　③　思考力・判断力・表現力等　④　学びに向かう力・人間性等　⑤　実生活　⑥　系統性（②，③，④順不同）　(2)　①　整頓　②　増減　③　変換　④　能率的　⑤　安全　(3)　①　ス　②　タ　③　テ　④　ケ　⑤　コ　⑥　イ　⑦　ト　⑧　オ　⑨　チ　⑩　セ　(4)　①　105　②　105　③　105　④　315　⑤　267　⑥　48　⑦　7　⑧　3

〈解説〉(1)　①　「豊かなスポーツライフ」は，保健体育科の目標の柱書に「豊かなスポーツライフを実現するための資質・能力を次の通り育成することを目指す」と示している通り，今回の学習指導要領から用いられた体育分野における重要なキーワードである。　②〜④　資質・能力を育成する三つの柱である。　⑤　第3学年では，体つくり運動の指導事項の一つとして「実生活に生かす運動の計画」がある。(2)　体育分野の「内容の取扱い　(5)」に示された内容である。集団行動の指導の効果を上げるためには，保健体育科だけでなく，学校の教育活動全体において指導するよう配慮する必要がある。　(3)　学習指導要領解説(平成29年7月)の保健体育科の指導計画の作成と内容の取扱いにおける指導計画作成上の障害のある生徒への配慮事項に関する解説からの出題である。　①　共生社会の形成に向けて，障害者の権利に関する条約に基づくインクルーシブ教育システムの理念が重要であり，その構築のため，特別支援教育を着実に進めていく必要があるとされている。　②　中学校学習指導要領(平成29年告示)の総則には，「個々の生徒の障害の状態等に応じた指導内容や指導方法の工夫を組織的かつ計画的に行うものとする」ことが示されている。

③〜⑩　通常の学級においても，発達障害を含む障害のある生徒が在籍している可能性があることを前提に，全ての教科等において，一人一人の教育的ニーズに応じたきめ細かな指導や支援ができるよう，障害種別の指導の工夫のみならず，各教科等の学びの過程において考えられる困難さに対する指導の工夫の意図，手立てを明確にすることが重要である。　(4)　①〜④　各学年の年間標準授業時数は，従前どおり105時間とされた。　⑤・⑥　体育分野及び保健分野は，従前どおり，3学年間を通して，体育分野は267単位時間程度，保健分野は48単位時間程度とされた。　⑦・⑧　体つくり運動と体育理論はそれぞれ全ての学年で履修させることとし，体つくり運動は各学年で7単位時間以上，体育理論は各学年で3単位時間以上が配当された。

【2】(1)　①　麻薬及び向精神薬取締法　　②　大麻取締法　　③　覚醒剤取締法　　(2)　食育　　(3)　心身相関　　(4)　原則として全ての国民が公的医療保険に加入しなければならない制度であり，低額の医療費で高度な医療が受けられるなど，いつでも必要な医療を受けることができる。　　(5)　①　感染源　　②　感染経路　　③　抵抗力　(6)　葛藤(コンフリクト)　　(7)　平均寿命から寝たきりや認知症など介護状態の期間を差し引いた期間。(健康上の問題で日常生活が制限されることなく生活できる期間)

〈解説〉(1)　①　麻薬及び向精神薬取締法は，麻薬及び向精神薬の輸入，輸出，製造，製剤，譲渡し等について必要な取締りを行うとともに，麻薬中毒者について必要な医療を行う等の措置を講ずること等により，麻薬及び向精神薬の濫用による保健衛生上の危害を防止し，公共の福祉の増進を図ることを目的とする。麻薬にはモルヒネ，ヘロイン，LSD，MADAなどが，向精神薬には鎮静剤，睡眠薬などがある。
②　大麻取締法第4条には，何人も次に掲げる行為をしてはならないとして，大麻を輸入又は輸出することのほか，大麻から製造された医薬品の施用や，大麻に関する広告を行うことなどが挙げられている。
③　覚醒剤取締法は，覚醒剤の濫用による保健衛生上の危害を防止す

るため，覚醒剤及び覚醒剤原料の輸入，輸出，所持，製造，譲渡，譲受及び使用に関して必要な取締りを行うことを目的とする。覚せい剤にはアンフェタミン，メタンフェタミンがあり，俗称はスピード，エス等と呼ばれる。なお，薬物取締法令の「麻薬及び向精神薬取締法」・「大麻取締法」・「覚醒剤取締法」・「あへん法」を薬物四法といい，そこに「麻薬特例法」を加えた五つの法律を薬物五法という。

(2)　中学校学習指導要領(平成29年告示)の総則の「第1　2　(3)」に健やかな体に関わって，「食育の推進」について示されている。また，保健体育科の指導計画の作成と内容の取扱いに「食育の推進」の指導を適切に行うことが示され，それに関して学習指導要領解説(平成29年7月)には，食育の推進においては，生涯にわたって健やかな心身と豊かな人間性を育んでいくための基礎が培われるよう，栄養のバランスや規則正しい食生活，食品の安全性などの指導が一層重視されなければならないことが解説されている。　(3)　心身相関は，思考や言語活動等の高度な精神機能をつかさどる大脳新皮質が働いて欲求や情動をつかさどる大脳辺縁系に影響を及ぼし，心の働きが体に，体の働きが心に互いに影響を与え合う現象をいう。　(4)　昭和33(1958)年に国民健康保険法が制定され，全国民が何らかの医療保険に入ることが義務付けられ，昭和36(1961)年に国民皆保険制度が実現した。なお，被用者が入る医療保険には，健康保険，船員保険，共済組合があり，被用者以外は国民健康保険に入ることになる。　(5)　感染症の防止には，消毒や殺菌などにより病原体そのものをなくす「感染源の排除」，手洗いやマスク着用などにより病原体が体に入らないようにする「感染経路の遮断」，予防接種を受けたり食事や休養に気を配ったりして免疫の働きを高めて病原体への抵抗力をつける「感受性者の抵抗力の向上」がある。　(6)　人間は様々な欲求をもつが，その欲求が満たされない状態を欲求不満，二つ以上の欲求が対立したり拮抗したりして選択に悩む状態を葛藤という。また，欲求不満や葛藤の状態をやわらげ，無意識のうちに心の安定を保とうとする働きを適応機制という。

(7)　健康寿命は，健康上の問題で日常生活に制限されることなく生活

できる期間であり，平均寿命から事故や病気による寝たきりや認知症等の介護状態の期間を差し引いて，健康的に過ごせる期間を表している。日本の健康寿命は74.8歳で世界2位である(2018年WHO資料より)。

【3】(1) 利得距離 (2) ウ

〈解説〉(1) 陸上競技のリレーで，バトンパスにおける前走者と次走者の両走者間の距離を利得距離という。リレーのパスの方法にはオーバーハンドパスとアンダーハンドパスがあり，オーバーハンドパスは利得距離が大きいが，もらい手が窮屈な姿勢で走り出すというデメリットがある。一方のアンダーハンドパスは，利得距離は小さいが疾走フォームを崩すことなく，もらい手がスムーズに加速することができる利点がある。 (2) アは第1学年及び第2学年におけるリレーの指導の例示であり，イは中学校第3学年及び高等学校入学年次における長距離走の指導の例示である。

【4】(1) ① × ② ○ ③ × ④ ○ ⑤ ×

(2) エ

〈解説〉(1) ① 平泳ぎのターン及びゴールタッチは，水面の上下どちらでもよい。 ② バタフライの折り返し動作中は，うつぶせでなくてもよい。 ③ 背泳ぎのスタート及びターンの後は，15mの地点までに頭を水面に出さなければならない。 ④ 自由形のスタート及びターンの後は，15mの地点までは水没をしていてもよいが，それ以外は体の一部が水面上に出ていなければならない。 ⑤ 個人メドレー及びメドレーリレーの自由形の泳法は，背泳ぎ，平泳ぎ，バタフライの3泳法以外の泳法で泳がなければならない。 (2) ア・ウは高等学校の入学年次の次の年次以降における平泳ぎの指導の例示，イは中学校第3学年及び高等学校入学年次におけるバタフライの指導の例示である。

【5】(1)　①　オ　②　イ　③　ア　(2)　ア

〈解説〉(1)　創作ダンスでは表したいテーマについて，「身近な生活や日常動作」，「対極の動きの連続」，「多様な感じ」，「群(集団)の動き」，「もの(小道具)を使う」，「はこびとストーリー」が例示として示されている。ウは「もの(小道具)を使う」，エは「身近な生活や日常動作」，カは「はこびとストーリー」にそれぞれ関連する展開例である。

(2)　いずれもリズムダンスの指導の例示だが，ウは中学校第1学年及び第2学年における指導の例示，イ・エは高等学校の入学年次の次の年次以降における指導の例示である。

【高等学校】

【1】(1)　①　スポーツライフ　②　知識・技能　③　思考力・判断力・表現力等　④　学びに向かう力・人間性等　⑤　実生活　⑥　系統性　(②，③，④順不同)　(2)　①　整頓　②　増減　③　変換　④　能率的　⑤　安全　(3)　①　ス　②　タ　③　テ　④　ケ　⑤　コ　⑥　イ　⑦　ト　⑧　オ　⑨　チ　⑩　セ　(4)　①　7　②　8　③　2　④　7　⑤　10　⑥　6　⑦　入学

〈解説〉(1)　①　「豊かなスポーツライフ」は，保健体育科の目標の柱書に「豊かなスポーツライフを継続するための資質・能力を次の通り育成することを目指す」と示している通り，今回の学習指導要領から用いられた体育分野における重要なキーワードである。　②～④　資質・能力を育成する三つの柱である。　⑤　体つくり運動の指導事項の一つとして，「実生活に生かす運動の計画」がある。　⑥　今回の学習指導要領の改訂の要点の一つとして，カリキュラムマネジメントの実現及び主体的・対話的で深い学びの実現に向けた授業改善を推進する観点から，各領域で身に付けさせたい具体的内容の系統性を踏まえた指導内容の充実を図ることが挙げられている。　(2)「体育」の内容の取扱い(5)に示された内容である。集団行動の指導の効果を上げるためには，保健体育科だけでなく，学校の教育活動全体において指導

するよう配慮する必要がある。 (3) 学習指導要領解説(平成30年7月)の「第3章 各科目にわたる指導計画の作成と内容の取扱い 第1節 指導計画の作成上の配慮事項 3 「体育」及び「保健」 (2) 障害のある生徒などへの指導」からの出題である。 ① 共生社会の形成に向けて，障害者の権利に関する条約に基づくインクルーシブ教育システムの理念が重要であり，その構築のため，特別支援教育を着実に進めていく必要があるとされている。 ② 高等学校学習指導要領(平成30年告示)の総則には，「個々の生徒の障害の状態に応じた指導内容や指導方法の工夫を組織的かつ計画的に行うものとする」ことが示されている。 ③〜⑩ 通常の学級においても，発達障害を含む障害のある生徒が在籍している可能性があることを前提に，全ての教科等において，一人一人の教育的ニーズに応じたきめ細かな指導や支援ができるよう，障害種別の指導の工夫のみならず，各教科等の学びの過程において考えられる困難さに対する指導の工夫の意図，手立てを明確にすることが重要である。 (4) ①〜③ 「体育」及び「保健」を必履修科目として履修させるそれぞれの標準単位数を，下ってはならないこととされている。 ④・⑤ 体つくり運動の授業時数が7〜10単位時間程度とされているのは，授業時数が2単位の学年については7単位時間程度，3単位の学年については10単位時間を目安として配当することが示されたものである。 ⑥ 体育理論の授業時数を各年次6単位時間以上としたのは，主体的・対話的で深い学びの実現に向けて事例などを用いたディスカッションや課題学習などを各学校の実態に応じて取り入れることができるように配慮したためであるとしている。 ⑦ 「保健」を「入学年次及びその次の年次の2か年にわたり履修させる」こととしたのは，高等学校においてもできるだけ長い期間継続して学習し，健康や安全についての興味・関心や意欲を持続させ，生涯にわたって健康で安全な生活を送るための基礎となるよう配慮したものであるとしている。

【2】(1)　①　麻薬及び向精神薬取締法　　②　大麻取締法　　③　覚醒剤取締法　　(2)　食育　　(3)　心身相関　　(4)　原則として全ての国民が公的医療保険に加入しなければならない制度であり，低額の医療費で高度な医療が受けられるなど，いつでも必要な医療を受けることができる。　　(5)　薬剤耐性菌　　(6)　葛藤(コンフリクト)

(7)　平均寿命から寝たきりや認知症など介護状態の期間を差し引いた期間。(健康上の問題で日常生活が制限されることなく生活できる期間)

〈解説〉(1)　①　麻薬及び向精神薬取締法は，麻薬及び向精神薬の輸入，輸出，製造，製剤，譲渡し等について必要な取締りを行うとともに，麻薬中毒者について必要な医療を行う等の措置を講ずること等により，麻薬及び向精神薬の濫用による保健衛生上の危害を防止し，公共の福祉の増進を図ることを目的とする。麻薬にはモルヒネ，ヘロイン，LSD，MADAなどが，向精神薬には鎮静剤，睡眠薬などがある。

②　大麻取締法第4条には，何人も次に掲げる行為をしてはならないとして，大麻を輸入又は輸出することのほか，大麻から製造された医薬品の施用や，大麻に関する広告を行うことなどが挙げられている。

③　覚醒剤取締法は，覚醒剤の濫用による保健衛生上の危害を防止するため，覚醒剤及び覚醒剤原料の輸入，輸出，所持，製造，譲渡，譲受及び使用に関して必要な取締りを行うことを目的とする。覚醒剤にはアンフェタミン，メタンフェタミンがあり，俗称はスピード，エス等と呼ばれる。なお，薬物取締法令の「麻薬及び向精神薬取締法」・「大麻取締法」・「覚醒剤取締法」・「あへん法」を薬物四法といい，そこに「麻薬特例法」を加えた五つの法律を薬物五法という。

(2)　高等学校学習指導要領(平成30年告示)の総則の「第1款　2　(3)」には，健やかな体に関わって「食育の推進」について示されている。そして，学習指導要領解説総則編(平成30年7月)では，食育の推進においては，生涯にわたって健やかな心身と豊かな人間性を育んでいくための基礎が培われるよう，栄養のバランスや規則正しい食生活，食品の安全性などの指導が一層重視されなければならないことが解説され

ている。　　(3)　心身相関は，思考や言語活動等の高度な精神機能をつかさどる大脳新皮質が働いて欲求や情動をつかさどる大脳辺縁系に影響を及ぼし，心の働きが体に，体の働きが心に互いに影響を与え合う現象をいう。　　(4)　1958年に国民健康保険法が制定され，全国民が何らかの医療保険に入ることが義務付けられ，1961年に国民皆保険制度が実現した。なお，被用者が入る医療保険には，健康保険，船員保健，共済組合があり，被用者以外は国民健康保険に入ることになる。

(5)　薬剤に対して耐性を獲得した菌を薬剤耐性菌という。従来の薬剤(抗生物質)が効きにくくなるために，感染して発病した場合には症状が重くなり，命を落としてしまうこともある。薬剤耐性の拡大を防ぐためには，医療現場ではウイルスによる感染症をはじめとして，必要のない抗菌薬を処方しないという取り組みが重要である。　　(6)　人間は様々な欲求をもつが，その欲求が満たされない状態を欲求不満，二つ以上の欲求が対立したり拮抗したりして選択に悩む状態を葛藤という。また，欲求不満や葛藤の状態をやわらげ，無意識のうちに心の安定を保とうとする働きを適応機制という。　　(7)　健康寿命は，健康上の問題で日常生活に制限されることなく生活できる期間であり，平均寿命から事故や病気による寝たきりや認知症等の介護状態の期間を差し引いて，健康的に過ごせる期間を表している。日本の健康寿命は74.8歳で世界2位である(2018年WHO資料より)。

【3】(1)　利得距離　　(2)　ウ

〈解説〉(1)　陸上競技のリレーで，バトンパスにおける前走者と次走者の両走者間の距離を利得距離という。リレーのパスの方法にはオーバーハンドパスとアンダーハンドパスがあり，オーバーハンドパスは利得距離が大きいが，もらい手が窮屈な姿勢で走り出すというデメリットがある。一方のアンダーハンドパスは，利得距離は小さいが疾走フォームを崩すことなく，もらい手がスムーズに加速することができる利点がある。　　(2)　アは中学校第1学年及び第2学年におけるリレーの指導の例示であり，イは中学校第3学年及び高等学校入学年次におけ

る長距離走の指導の例示である。

【4】(1)　①　×　　②　○　　③　×　　④　○　　⑤　×
(2)　エ
〈解説〉(1)　①　平泳ぎのターン及びゴールタッチは，水面の上下どち
らでもよい。　②　バタフライの折り返し動作中は，うつぶせでなく
てもよい。　③　背泳ぎのスタート及びターンの後は，15mの地点ま
でに頭を水面に出さなければならない。　④　自由形のスタート及び
ターンの後は，15mの地点までは水没をしていてもよいが，それ以外
は体の一部が水面上に出ていなければならない。　⑤　個人メドレー
及びメドレーリレーの自由形の泳法は，背泳ぎ，平泳ぎ，バタフライ
の3泳法以外の泳法で泳がなければならない。　(2)　ア・ウは高等学
校の入学年次の次の年次以降における平泳ぎの指導の例示，イは中学
校第3学年及び高等学校入学年次におけるバタフライの指導の例示で
ある。

【5】(1)　①　オ　②　イ　③　ア　(2)　ア
〈解説〉(1)　創作ダンスでは表したいテーマについて，「身近な生活や日
常動作」，「対極の動きの連続」，「多様な感じ」，「群(集団)の動き」，
「もの(小道具)を使う」，「はこびとストーリー」が例示として示されて
いる。ウは「もの(小道具)を使う」，エは「身近な生活や日常動作」，
カは「はこびとストーリー」にそれぞれ関連する展開例である。
(2)　いずれもリズムダンスの指導の例示だが，イ・エは高等学校の入
学年次の次の年次以降における指導の例示，ウは中学校第1学年及び
第2学年における指導の例示である。

2020年度　実施問題

【中高共通】

【1】バレーボールについて，次の各問いに答えなさい。

(1) 守備専門のプレーヤーを何というか，答えなさい。また，そのプレーヤーの説明として正しいものを，次のア～ウからすべて選び，記号で答えなさい。

ア　チームの他のプレーヤーと形の異なるユニフォームを着用しなければならない。

イ　サービスやブロック，アタックのプレイはできない。

ウ　チームキャプテンにはなれないが，ゲームキャプテンにはなれる。

(2) 次の①～③の文が示しているルールの名称を，それぞれ答えなさい。

① 相手サービスが打たれた瞬間，各プレーヤーが定められたポジションに位置していない場合の反則

② レシーブ側のチームがサービス権を得たとき，そのチームのプレーヤーは時計回りに1つずつポジションを移動すること

③ サービス側チームのプレーヤーが壁を形成して，相手チームがサーバーやボールの進路を見るのを妨害する反則

(☆☆◎◎◎◎)

【2】バスケットボールについて，次の各問いに答えなさい。

(1) 次の図は，制限区域での攻撃側のプレーヤーの位置を表している。3秒ルールが適用される位置にいるプレーヤーを，次のア～オからすべて選び，記号で答えなさい。ただし，プレーヤーの足の位置を表す黒色はコートに接地しているものとし，白色はコートに接地していないものとする。

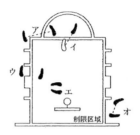

制限区域

(2)　次の①〜④の図は，ボールを扱うプレーヤーを表している。それぞれについて，↑が示す最終の足がコートとの接地後，ピボットができるものには○，できないものには×として，答えなさい。ただし，ピボットフットは右足とする。

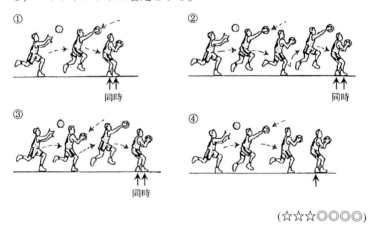

(☆☆☆◎◎◎◎)

【３】ソフトボールについて，次の各問いに答えなさい。

(1)　次の図は，投手の投球時のプレートの踏み方を表したものである。不正になるものについて，次のア〜オからすべて選び，記号で答えなさい。ただし，右投げ投手の場合とする。

本塁方向

(2) 次の図は，ストライクゾーンを表したものである。①〜③の軌道を通るボールの判定について，ストライクになるものには○，ボールになるものには×として，記号で答えなさい。

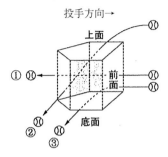

(3) 「フォースアウト」とはどのようなことか，説明しなさい。

(☆☆☆◎◎◎◎)

【4】ハンドボールについて，次の各問いに答えなさい。
(1) 次の図が表すセットオフェンスのシステムを何というか，答えなさい。ただし，——→はプレーヤーの動き，---→はボールの動きとする。

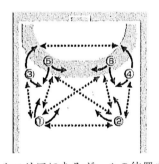

(2) 次の図は，ゴールエリアにあるボールの位置を表している。次の①〜⑤について，コートプレーヤーが触れることができるものにはア，防御側ゴールキーパーだけが触れることができるものにはイ，コートプレーヤーも防御側ゴールキーパーも触れることができるものにはウとして，答えなさい。

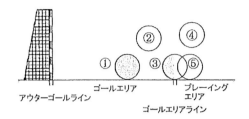

（☆☆☆◎◎◎◎）

【5】柔道について，次の各問いに答えなさい。

(1) 進退動作においてすり足を用いるが，次の図1，図2が表している歩き方を何というか，それぞれ答えなさい。ただし，──→から---→へ移動するものとする。

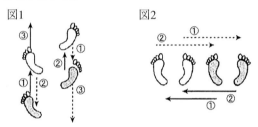

(2) 投げ技の練習において，かかり練習や約束練習で身につけた技を，実際の攻防の中で使えるようにする練習を何というか，答えなさい。

（☆☆☆◎◎◎◎）

【6】卓球における返球(リターン)を説明する次のア〜オの文について，正規の返球となるものをすべて選び，記号で答えなさい。

ア ラケットを持っている手の手首から先で打球した。

イ 打ったボールがテーブル側面(サイド)に触れた。

ウ フリーハンドがコートに触れて打球した。

エ 打ったボールがネット支柱の外側を通過した。

オ 打ったボールが自力で自コートに戻った。

（☆☆◎◎◎◎）

【7】 次の①~④の図は，陸上競技における走り幅跳びの着地を表している。着地の判定が有効のものには○，無効になるものには×として，答えなさい。ただし，●は着地時，○は着地後に触れた位置及び場所とする。

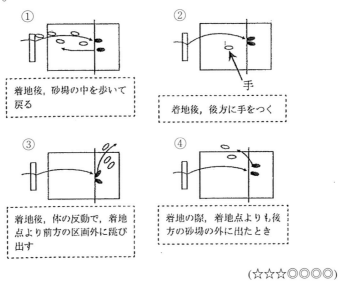

①

着地後，砂場の中を歩いて戻る

②

手

着地後，後方に手をつく

③

着地後，体の反動で，着地点より前方の区画外に跳び出す

④

着地の際，着地点よりも後方の砂場の外に出たとき

(☆☆☆◎◎◎◎)

【8】 器械運動における跳び箱運動について，次の図が表している技の名称を答えなさい。

(☆☆◎◎◎◎)

【9】 体育理論について，次の各問いに答えなさい。
　(1)　フェアプレイの精神やスポーツマンシップ，マナーなど，スポー

123

ツを行ったり，見たり，支えたりする中で求められる行為の規準となるものを何というか，答えなさい。

(2)　次の①・②は，運動やスポーツ中に起こるけがについてのものである。①・②の名称を答えなさい。

①　関節症や疲労骨折など，身体の機能に対して運動が過剰になり，疲労と回復のバランスのくずれが慢性化したために起こるもの。

②　打撲，脱臼や肉離れなど，運動やスポーツをしている時に転倒や衝突などで身体に大きな力が加わることで，突発的に起こるもの。

(☆☆☆☆◎◎◎◎)

【10】保健分野について，次の各問いに答えなさい。

(1)　性感染症の1つであるエイズの正式名称を日本語で答えなさい。また，エイズはまだ完全に治す方法が開発されていないため，早期に治療を開始し，感染を広めないようにするために検査を受けることが重要です。この検査を何というか，答えなさい。

(2)　直射日光下や高温多湿の環境で過ごしたり，環境条件は悪くなくても，過酷な運動などにより体温調節機能や血液循環機能が十分に働かなくなったりすることによって生じる様々な障害の総称を何というか，答えなさい。また，症状から見た診断名のうち，2つを答えなさい。

(3)　日常生活の中で排出されるごみを処理する方法の1つである「コンポスト化」について，簡潔に説明しなさい。

(4)　次の各文は，がん医療に関する内容である。空欄(①)〜(⑨)に当てはまる最も適当な語句を，下のア〜ツからそれぞれ1つずつ選び，記号で答えなさい。

・(①)療法：(①)の作用で，がん細胞を(②)させる治療法で，(③)の機能を保ちながらの治療や再発防止が可能になってきている。

・(④)療法：がん細胞を(⑤)によって取り除く治療法。患

者の(⑥)負担が大きい。

・(⑦)療法：(⑧)などの薬物を使った治療で，(④)療法
とあわせて行うこともある。副作用として，(⑨)な細胞を傷
つけることがある。

ア	PET－CT	イ	科学	ウ	化学	エ	医科学
オ	増殖	カ	外科的	キ	放射線	ク	正常
ケ	異常	コ	手術	サ	損傷	シ	意識
ス	身体的	セ	臓器	ソ	運動	タ	抗がん剤
チ	弛緩剤	ツ	麻酔				

(5) 職場において，会社，労働組合，健康保険組合が協力して行う厚
生労働省が進めている健康保持増進措置は何か，その名称を答えな
さい。またその中で，ストレス問題に対して，それに気づき，解消
することを支援する取組を何というか，答えなさい。

(☆☆☆☆◎◎◎◎)

【中学校】

【1】「中学校学習指導要領」(平成29年3月)及び「中学校学習指導要領解
説　保健体育編」(平成29年7月)の内容について，次の各問いに答えな
さい。

(1) 次の文章は，この学習指導要領に示されている保健体育科の目標
に関する箇所の抜粋である。空欄(①)〜(⑩)に当てはまる
語句を答えなさい。

第1　目標
　体育や保健の(①)・考え方を働かせ，課題を発見し，
(②)的な解決に向けた学習過程を通して，心と体を(③)
として捉え，(④)にわたって心身の健康を保持増進し豊か
な(⑤)を実現するための資質・能力を次のとおり育成する
ことを目指す。
(1)　各種の運動の特性に応じた(⑥)等及び個人生活におけ
　る健康・安全について理解するとともに，基本的な(⑥)

を身に付けるようにする。

(2)　運動や健康についての(⑦)の課題を発見し，(②)的な解決に向けて思考し判断するとともに，(⑧)に伝える力を養う。

(3)　(④)にわたって運動に親しむとともに健康の保持増進と体力の向上を目指し，(⑨)豊かな生活を営む(⑩)を養う。

(2)　次の文章は，体育分野における球技領域の取扱いについて示したものである。空欄(①)〜(⑩)に当てはまる最も適当な語句を答えなさい。ただし，(③)と(④)，また(⑤)と(⑥)と(⑦)は順不同とする。

・球技については，第1学年及び第2学年のうちに，ゴール型，(①)型，ベースボール型の3つの型を(②)の生徒に履修させること。第3学年においては，3つの型の中から2つの型を選択して履修できるようにすること。また，ゴール型については，(③)，(④)，サッカーの中から，(①)型については，バレーボール，(⑤)，(⑥)，(⑦)の中から，ベースボール型については，(⑧)を適宜取り上げることとし，学校や地域の実態に応じて，その他の運動についても履修させることができることとする。

・武道については，柔道，(⑨)，相撲，空手道，なぎなた，弓道，合気道，少林寺拳法，銃剣道などを通して，日本固有の(⑩)と文化により一層触れることができるようにすること。

(3)　次の文章は，この学習指導要領解説に示されている保健分野の指導に関する箇所の抜粋である。空欄(①)〜(⑩)に当てはまる語句として最も適当なものを，あとのア〜ネからそれぞれ1つずつ選び，記号で答えなさい。

　　指導に当たっては，生徒の内容への興味・関心を高めたり，思考を深めたりする(①)を工夫すること，(②)の日常生活に関連が深い教材・教具を活用すること，事例などを用いたディスカッション，(③)，(④)法などの実習，実験，課題学習などを取り入れること，また，必要に応じて(⑤)等を活用すること，学校や地域の実情に応じて，保健・(⑥)機関等の参画を推進すること，必要に応じて(⑦)教諭や(⑧)教諭，学校(⑧)職員などとの連携・協力を推進することなど，多様な指導方法の工夫を行うよう配慮することを示したものである。

　　実習を取り入れる際には，応急手当の技能の習得だけでなく，その(⑨)や手順など，該当する指導内容を(⑩)できるようにすることに留意する必要がある。

ア　教育　　　　　　　　　　イ　医療
ウ　行政　　　　　　　　　　エ　質問
オ　発問　　　　　　　　　　カ　発表
キ　意義　　　　　　　　　　ク　意味
ケ　理論　　　　　　　　　　コ　理解
サ　ブレイントーキング　　　シ　ブレイントーミング
ス　ブレインストーミング　　セ　自他
ソ　自己　　　　　　　　　　タ　栄養
チ　技術　　　　　　　　　　ツ　事務
テ　養護　　　　　　　　　　ト　コミュニケーション
ナ　プロジェクター　　　　　ニ　コンピュータ
ヌ　ホワイトボード　　　　　ネ　心肺蘇生

(☆☆○○○○○)

【2】水泳について，次の各問いに答えなさい。

(1)　「中学校学習指導要領解説　保健体育編」(平成29年7月)に示され

127

ている各泳法におけるスタート及びターンについて，どこからのスタートとしているか，答えなさい。

(2)　次の①～③は水泳中における推進力を得るための技術や姿勢を示している。それぞれの名称を答えなさい。

①　モーターボートのようにスクリューで進む要領で，水を横方向へ押して進む揚力推進の技術

②　手こぎボートをオールで漕いで進む要領で，水を後方へ押して進む抗力推進の技術

③　小さな力を加えるだけで推進力を最大限に維持するための流線形の姿勢

(☆☆◎◎◎◎)

【3】ダンスについて，次の各問いに答えなさい。

(1)　次の各文は，「中学校学習指導要領解説　保健体育編」(平成29年7月)に示された第3学年のフォークダンス指導における，曲目とその動きである。空欄(①)～(④)に当てはまる日本の民謡や外国の踊りとして最も適当なものを，下のア～クからそれぞれ1つずつ選び，記号で答えなさい。

・(①)などの力強い踊りでは，腰を低くして踊ること。

・(②)などの労働の作業動作に由来をもつ踊りでは，種まきや稲刈りなどの手振りの動きを強調して踊ること。

・(③)などの独特のリズムの踊りでは，リズムに合わせたスタンプやミクサーして踊ること。

・(④)などのゲーム的な要素が入った踊りでは，グランド・チェーンの行い方を覚えて次々と替わる相手と合わせて踊ること。

ア　よさこい鳴子踊り　　　　　　　イ　越中おわら節

ウ　こまづくり唄　　　　　　　　　エ　大漁唄い込み

オ　ヒンキー・ディンキー・パーリ・ブー　カ　ハーモニカ

キ　ラ・クカラーチャ　　　　　　　ク　オスローワルツ

(2)　ダンスにおける群(集団)の動きや空間の使い方を表す「カノン」

128

について，簡潔に説明しなさい。

(☆☆☆◎◎◎◎)

【高等学校】

【1】「高等学校学習指導要領」(平成30年3月)及び「高等学校学習指導要領解説　保健体育編・体育編」(平成30年7月)の内容について，次の各問いに答えなさい。

(1)　次の文章は，この学習指導要領に示されている保健体育科の目標に関する箇所の抜粋である。空欄(①)～(⑩)に当てはまる語句を答えなさい。

> 　体育や保健の(①)・考え方を働かせ，課題を発見し，(②)的，計画的な解決に向けた学習過程を通して，心と体を(③)として捉え，(④)にわたって心身の健康を保持増進し豊かな(⑤)を継続するための資質・能力を次のとおり育成することを目指す。
>
> (1)　各種の運動の特性に応じた(⑥)等及び社会生活における健康・安全について理解するとともに，(⑥)を身に付けるようにする。
>
> (2)　運動や健康についての(⑦)や社会の課題を発見し，(②)的，計画的な解決に向けて思考し判断するとともに，(⑧)に伝える力を養う。
>
> (3)　(④)にわたって継続して運動に親しむとともに健康の保持増進と体力の向上を目指し，(⑨)豊かで活力ある生活を営む(⑩)を養う。

(2)　次の文章は，体育における球技領域の取扱いについて示したものである。空欄(①)～(⑩)に当てはまる最も適当な語句を答えなさい。ただし，(③)と(④)，また(⑤)と(⑥)と(⑦)は順不同とする。

　・球技については，入学年次においては，ゴール型，(①)型，

ベースボール型の3つの型の中から(②)を，その次の年次以降においては，3つの型から1つを選択して履修できるようにすること。また，ゴール型については，(③)，(④)，サッカー，ラグビーの中から，(①)型については，バレーボール，(⑤)，(⑥)，(⑦)の中から，ベースボール型については，(⑧)を適宜取り上げることとし，学校や地域の実態に応じて，その他の運動についても履修させることができることとする。

・武道については，柔道，(⑨)，相撲，空手道，なぎなた，弓道，合気道，少林寺拳法，銃剣道などを通して，日本固有の(⑩)と文化により一層触れることができるようにすること。

(3) 次の文章は，この学習指導要領解説に示されている保健の指導に関する箇所の抜粋である。空欄(①)～(⑩)に当てはまる語句として最も適当なものを，下のア～ネからそれぞれ1つずつ選び，記号で答えなさい。ただし，(③)と(④)，また(⑦)と(⑧)は順不同とする。

指導に当たっては，生徒の内容への興味・関心を高めたり，思考を深めたりする(①)を工夫すること，(②)の健康やそれを支える環境づくりと日常生活との関連が深い教材・教具を活用すること，ディスカッション，(③)，(④)，(⑤)法などの実習，実験，課題学習などを取り入れること，また，学校や地域の実情に応じて，保健・(⑥)機関等の参画を推進すること，必要に応じて(⑦)教諭や(⑧)教諭などとの連携・協力を推進することなど，多様な指導方法の工夫を行うよう配慮することを示したものである。

実習を取り入れるねらいは，技能を習得することだけでなく，実習を自ら行う(⑨)を重視し，概念や原則といった指導内容を(⑩)できるようにすることに留意する必要がある。

ア　教育　　　　　　　　　　イ　医療

ウ	行政	エ	質問
オ	発問	カ	発表
キ	活動	ク	行動
ケ	理論	コ	理解
サ	ブレイントーキング	シ	ブレイントーミング
ス	ブレインストーミング	セ	自他
ソ	自己	タ	栄養
チ	技術	ツ	事務
テ	養護	ト	コミュニケーション
ナ	RICE	ニ	心肺蘇生
ヌ	トークプレイング	ネ	ロールプレイング(役割演技法)

(☆☆○○○○○)

【2】水泳について，次の各問いに答えなさい。

(1) 「高等学校学習指導要領解説　保健体育編・体育編」(平成30年7月)に示されている各泳法における入学年次のスタート及びターンについて，どこからのスタートとしているか，答えなさい。

(2) 次の①～③は水泳中における推進力を得るための技術や姿勢を示している。それぞれの名称を答えなさい。

① モーターボートのようにスクリューで進む要領で，水を横方向へ押して進む揚力推進の技術

② 手こぎボートをオールで漕いで進む要領で，水を後方へ押して進む抗力推進の技術

③ 小さな力を加えるだけで推進力を最大限に維持するための流線形の姿勢

(☆☆○○○○)

【3】ダンスについて，次の各問いに答えなさい。

(1) 次の各文は，「高等学校学習指導要領解説　保健体育編・体育編」(平成30年7月)に示された入学年次のフォークダンス指導における，

曲目とその動きである。空欄(　①　)～(　④　)に当てはまる日本の民謡や外国の踊りとして最も適当なものを，下のア～クからそれぞれ1つずつ選び，記号で答えなさい。

・(　①　)などの力強い踊りでは，腰を低くして踊ること。

・(　②　)などの労働の作業動作に由来をもつ踊りでは，種まきや稲刈りなどの手振りの動きを強調して踊ること。

・(　③　)などの独特のリズムの踊りでは，リズムに合わせたスタンプやミクサーして踊ること。

・(　④　)などのゲーム的な要素が入った踊りでは，グランド・チェーンの行い方を覚えて次々と替わる相手と合わせて踊ること。

ア　よさこい鳴子踊り　　　　　　　　イ　越中おわら節

ウ　こまづくり唄　　　　　　　　　　エ　大漁唄い込み

オ　ヒンキー・ディンキー・パーリ・ブー　　カ　ハーモニカ

キ　ラ・クカラーチャ　　　　　　　　ク　オスローワルツ

(2)　ダンスにおける群(集団)の動きや空間の使い方を表す「カノン」について，簡潔に説明しなさい。

(☆☆☆◎◎◎◎)

解答・解説

【中高共通】

【1】(1)　プレーヤー名称…リベロ　　説明…イ　　(2)　①　ポジショナルフォルト(アウトオブポジション)　　②　ローテーション

③　スクリーン

〈解説〉(1)　リベロは1998年から国際ルールに採用されている。基本的に攻撃的なプレーは禁止されており，他のプレーヤーと異なる色のユニフォーム(形ではない)を着用することとなっている。　(2)　いずれもサーブ時にかかわるルールである。反則となった場合は，相手チー

ムにサーブ権と1点が加算される。審判が笛を鳴らしてから8秒以内に
サーブを打たなければならない等，他のルールについても確認してお
きたい。

【2】(1)　イ，ウ，エ　　(2)　①　○　　②　×　　③　×　　④　○
〈解説〉(1)　3秒ルールが適用されるのは制限区域と呼ばれる四角いエリ
　　アである。3秒以上，片足でもエリア内に入っていてはならない。
　　(2)　ボール保持から1歩目がピボットフット(軸足)となる。なおルール
　　改正により，ゼロステップが認められることになったことにも注意し
　　たい。

【3】(1)　エ　　(2)　①　○　　②　×　　③　×　　(3)　打者が打っ
　　て走者となったとき，すでに塁に出ていた走者(前の打者走者)が(もと
　　の塁(ベース)の占有権を失い)次塁(ベース)に着く前に，野手がボール
　　を持って走者あるいは次塁(ベース)に触れてアウトにすること
〈解説〉(1)(2)　ソフトボールでは2018年に，投球時のプレートの踏み方
　　やストライクの取り方について改正されており，今回は改正点から出
　　題されている。このように各種目ではルール改正が出題されやすいの
　　で，最新のルールをチェックしておくとよい。なお，(1)については自
　　由足はプレートの後方にあれば，プレートに触れずに投球しても不正
　　投球とはならない，としている。　　(3)　打者が打つことで，塁上の走
　　者が次の塁に進まなくてはならない状態を「フォースの状態」という。
　　その状態でアウトになる(野手が走者，または次塁に触れる)ことをい
　　う。

【4】(1)　ダブルポスト　　(2)　①　イ　　②　ウ　　③　イ
　　④　ウ　　⑤　ア
〈解説〉(1)　攻撃の起点となるポストプレーヤーを2人配置するシステム
　　である。　　(2)　コートプレーヤーは，ゴールエリア内であってもボー
　　ルが空中にあれば触れることができる。つまり，ジャンプシュートな

ど，ゴールエリア空中でのプレーは認められており，ラインクロスは
適用されない。

【5】(1)　図1…歩み足　　図2…継(つ)ぎ足　　(2)　自由練習(乱取り)
〈解説〉(1)　進退動作では，体の重心を低くし姿勢を安定させるため足
　を畳から離さないようにすり足を用いる。「相手の動きの変化に応じ
　た基本動作」の例示として，学習指導要領解説に示されているので十
　分に学習すること。　　(2)　自由練習は，相手との動きの中で相手を崩
　して自由に技をかけるようにすることが大切であるが，生徒の技能や
　安全を十分に確保することが最重要である。安全配慮の手立てについ
　ても答えられるようにしておきたい。

【6】ア，エ，オ
〈解説〉イ　なお，テーブルの角(エッジ)に触れた場合(エッジボール)は
　正規の返球となる。　　ウ　フリーハンド以外であれば，体が台に触れ
　ても台を動かさなければ違反にはならない。

【7】①　×　　②　○　　③　○　　④　×
〈解説〉「着地場所を離れる際，競技者の足が砂場との境界線上または砂
　場外の地面へ最初に触れる位置は，踏切線に最も近い痕跡よりも踏切
　線から遠くなくてはならない」(日本陸上競技連盟競技規則　2019年4
　月)から，①④は無効試技となる。なお，②は試技自体は有効だが，計
　測は踏切板から手をついた箇所までとなる。

【8】屈身跳び
〈解説〉屈身跳びは，切り返し系切り返し跳びグループの発展技である。
　学習指導要領解説で示されている技については，名称や技の詳細を
　文・イラストで確認するだけでなく，指導法や生徒がつまずきやすい
　点も学習すること。

【9】(1)　スポーツ倫理　　(2)　①　スポーツ障害　　②　スポーツ外傷

〈解説〉(1)　スポーツに関する倫理問題が取り上げられることが多い昨今，指導者の高い倫理観やそれに基づく言動が求められている。スポーツにおいて倫理的問題が生じやすい環境や背景について理解し，その対応策や指導方法についても答えられるようにしておきたい。
(2)　なお，繰り返しの運動負荷で組織が弱っている際に，過度な外力や負荷で発症することもあり，その場合，障害と外傷の判別が困難になる。

【10】(1)　正式名称…後天性免疫不全症候群　　検査名…HIV抗体(検査)
(2)　総称…熱中症　　分類…熱ストレス，熱失神，熱けいれん，熱疲労(熱ひはい)，熱射病　から2つ　　(3)　動植物など生物の廃棄物を，そのまま，または適当な資材を加えて積み重ね発酵させ，堆肥(肥料)を作ること　　(4)　①　キ　　②　サ　　③　セ　　④　カ
⑤　コ　　⑥　ス　　⑦　ウ　　⑧　タ　　⑨　ク　　(5)　名称…心とからだの健康づくり(トータル・ヘルスプロモーション・プラン)
取組…メンタルヘルスケア

〈解説〉(1)　HIV抗体検査は，最初に「スクリーニング検査」を行う。スクリーニング検査が，陰性の場合は感染なしと認められるが，陽性の場合には「確認検査」を行い，実際にHIVに感染しているかを判定する。　(2)　熱中症については，状況によって症状が分類される。場合によっては，生命に関わる場合もあるので，適切な対応が求められる。
(3)　他に，有機ごみの処理としては飼料化，バイオマス化，炭化などがある。コンポスト化は，家庭でも取り組める最も安価で簡易な方法といえる。　(4)　がん治療は状況に合わせてメリット，デメリットを考慮して治療法を選択していくことになる。生命に関わる治療になるので，担当医や医療者から，十分な説明を受けて患者本人が十分に納得した治療を選択できることが大切である。「セカンドオピニオン」や「インフォームドコンセント」という用語についても説明できるよ

うにしておくこと。　(5)　1988年，労働安全衛生法の改正で企業の努力義務として厚生労働省が策定した。THP(total health promotion plan)と略称で呼ばれることもある。

【中学校】

【1】(1)　①　見方　　②　合理　　③　一体　　④　生涯　　⑤　スポーツライフ　　⑥　技能　　⑦　自他　　⑧　他者　　⑨　明るく　　⑩　態度　(2)　①　ネット　　②　全て　　③　バスケットボール　④　ハンドボール　　⑤　卓球　　⑥　テニス　　⑦　バドミントン　⑧　ソフトボール　　⑨　剣道　　⑩　伝統　(※③と④及び⑤と⑥と⑦は順不同)　(3)　①　オ　　②　セ　　③　ス　　④　ネ　⑤　ニ　　⑥　イ　　⑦　テ　　⑧　タ　　⑨　キ　　⑩　コ

〈解説〉(1)　教科の目標は，保健体育科の特性を総括的に示すものであるから，全文暗記が望ましい。また，文言だけでなく，文言の意義も学習指導要領でおさえておくこと。　(2)　球技領域については3つの型とそれぞれの種目について確実に答える必要がある。なお，学習内容等が第1〜2学年と第3学年で分かれていることについて，保健体育科では小学校から高等学校までの12年間を各種の運動の基礎を培う時期，多くの領域の学習を経験する時期，卒業後も運動やスポーツに多様な形で関わることができるようにする時期の3つに大別してとらえていることが関連していることもおさえておきたい。　(3)　なお，ブレインストーミングや心肺蘇生法については内容を問われることもあるので，学習しておくこと。

【2】(1)　水中　(2)　①　スカーリング　　②　パドリング　③　ストリームライン

〈解説〉(1)　安全確保の重要性から，水中からのスタートとしている。また，リレーにおいても「リレーを行う場合は，水中からのスタートとの関連から，引継ぎは水中で行わせるようにする」とされていることをおさえておくこと。　(2)　なお，一般的にスカーリングは平泳ぎ，

パドリングはクロールで用いられる技術である。

【3】(1) ① エ ② イ ③ キ ④ オ (2) 順番に追いかける動き
〈解説〉(1) アは昭和29年，高知県発祥の踊り。踊りや楽曲に制限が少ないため，いろいろな形でアレンジされた踊りが生み出されている。ウは神奈川県の民踊，カはイスラエルのフォークダンス，クはイギリスのワルツの一つである。 (2) もともとは音楽用語として使われた言葉で，ダンスでは数人が1つのステップを数拍ずつずらしながら踊ることを意味する。

【高等学校】

【1】(1) ① 見方 ② 合理 ③ 一体 ④ 生涯 ⑤ スポーツライフ ⑥ 技能 ⑦ 自他 ⑧ 他者 ⑨ 明るく ⑩ 態度 (2) ① ネット ② 二つ ③ バスケットボール ④ ハンドボール ⑤ 卓球 ⑥ テニス ⑦ バドミントン ⑧ ソフトボール ⑨ 剣道 ⑩ 伝統 (※③と④，⑤と⑥と⑦は順不同) (3) ① オ ② セ ③ ス ④ ネ ⑤ ニ ⑥ イ ⑦ テ ⑧ タ ⑨ キ ⑩ コ (※③と④，⑦と⑧は順不同)
〈解説〉(1) 教科の目標は，保健体育科の特性を総括的に示すものであるから，全文暗記が望ましい。また，文言だけでなく，文言の意義も学習指導要領でおさえておくこと。 (2) 球技領域については3つの型とそれぞれの種目について確実に答える必要がある。また，武道領域では，従前のなぎなたに加え空手道，弓道，合気道，少林寺拳法，銃剣道などについても履修させることができることが示された。
(3) 保健指導における，内容の取扱いに関する解説文からの出題。学習指導要領では「自他の健康やそれを支える環境づくりに関心をもてるようにし，健康に関する課題を解決する学習活動を取り入れるなどの指導方法の工夫を行う」としており，資質・能力の三つの柱をバラ

ンスよく育成していくことを目指したものである。ブレインストーミ
ングやロールプレイングについては内容を問われることもあるので，
学習しておくこと。

【2】(1)　水中　　(2)　①　スカーリング　　②　パドリング　　③　ス
　　トリームライン
〈解説〉(1)　安全確保の重要性から，水中からのスタートとしている。
　　また，リレーにおいても「リレーを行う場合は，水中からのスタート
　　との関連から，引継ぎは水中で行わせるようにする」とされているこ
　　とをおさえておくこと。　　(2)　なお，一般的にスカーリングは平泳ぎ，
　　パドリングはクロールで用いられる技術である。

【3】(1)　①　エ　　②　イ　　③　キ　　④　オ　　(2)　順番に追い
　　かける動き
〈解説〉(1)　アは昭和29年，高知県発祥の踊り。踊りや楽曲に制限が少
　　ないため，いろいろな形でアレンジされた踊りが生み出されている。
　　ウは神奈川県の民踊，カはイスラエルのフォークダンス，クはイギリ
　　スのワルツの一つである。　　(2)　もともとは音楽用語として使われた
　　言葉で，ダンスでは数人が1つのステップを数拍ずつずらしながら踊
　　ること，を意味する。

2019年度 実施問題

【中高共通】

【1】保健分野について，次の各問いに答えなさい。

(1) 私たちの体には，病原体が体内に侵入したときにそれを排除する働きが起こる免疫と呼ばれる反応があるが，人が生まれてからの経験によって，特定の病原体を記憶し，抗体を作成し，病原体を排除することを何というか，答えなさい。

(2) 女性の性周期の説明として正しいものを，次のア～オからすべて選び，記号で答えなさい。

　ア　排卵後は，卵胞ホルモンの影響で基礎体温が下がる。

　イ　基礎体温とは，通常，35～37℃を平熱として一定に保たれている体温のことをいう。

　ウ　排卵があると基礎体温がストンと下がる。

　エ　子宮内膜は，月経後，黄体ホルモンの影響でしだいに厚くなり充血する。

　オ　排卵期から分泌期へ移行しても，卵子が受精卵へと変化しなかった場合は，基礎体温が下がり月経期に移る。

(3) 過剰なやせ願望からの極端なダイエットや様々なストレス等が要因となって起こる，拒食症や過食症の2つの病状からなる食行動異常ともいわれる障害を何というか，答えなさい。

(4) 抗菌薬(抗生物質)などに対する抵抗性を獲得した細菌を何というか，答えなさい。

(5) 次の各文は，労働者の健康・安全を守るしくみに関する内容である。空欄（　①　）～（　⑥　）に当てはまる語句や数値として最も適当なものを，下のア～コからそれぞれ1つずつ選び，記号で答えなさい。

　・（　①　）法では，労働時間の規制，休憩や休暇の保障，母性や年

少者の保護規定などの(　②　)の最低基準が定められている。また，1994(平成6)年から，週(　③　)時間労働制が実施されるようになった。

・(　④　)法では，職場の健康・安全を維持し，(　⑤　)に対処するための具体的な内容と，労働者の(　⑥　)に関する対策が定められている。

ア　健康管理	イ　労働条件	ウ　労働災害
エ　労働安全衛生	オ　労働健康安全	カ　働き方改革
キ　労働基準	ク　35	ケ　40
コ　45		

(6)　近年の自転車事故を巡る高額賠償事例が増えている実態を踏まえ，自転車利用者の自転車保険加入を義務とする自治体が増えてきている。京都府でも「京都府自転車の安全な利用の促進に関する条例」の改正により，自転車利用者の自転車保険加入が義務化されたが，その開始日を次のア～エから1つ選び，記号で答えなさい。

ア　平成29年10月1日	イ　平成29年2月1日
ウ　平成30年4月1日	エ　平成30年6月1日

(7)　次のア～カは応急手当の内容である。ア～カを一般的な正しい手順に並べ替え，記号で答えなさい。

ア　救急車にて病院へ搬送する。

イ　傷病者を仰向けに寝かせ，呼吸が正常かどうかを10秒以上かけずに確認する。

ウ　大きな声で呼びかけ，反応を確認し，反応がなければ，119番通報とAEDの手配を行う。

エ　周囲の状況が安全かどうかを確認する。

オ　人工呼吸ができる場合，胸骨圧迫を行った後に気道確保を行い，胸骨圧迫30回と人工呼吸2回の組み合わせを繰り返す。

カ　胸骨圧迫を行う。AEDが手元にあれば，普段どおりの呼吸がないことを確認したらただちに使用し，AEDの指示に従う。

(8) 次の①～⑤の薬物の特徴として適当なものを，下のア～オからそれぞれ1つずつ選び，記号で答えなさい。

① 大麻　　② コカイン　　③ MDMA　　④ 覚せい剤

⑤ LSD

〔特徴〕

ア　本来は白色粉末。様々な着色がされ，文字や絵柄の刻印が入った錠剤。代表的な心身への影響としては，「錯乱状態になる」，「腎・肝障害」，「記憶障害」などがある。

イ　主に白色の粉末や無色透明の結晶。無臭でやや苦みがあり，俗に「S(エス)」等と呼ばれる。代表的な心身への影響としては，「幻覚」，「妄想」，「大量摂取で死に至る」などがある。

ウ　水溶液をしみこませた紙片，錠剤，カプセル，ゼラチン状等で，代表的な心身への影響としては，「幻覚(幻聴，幻視)」などがある。

エ　茶色または草色の葉や暗緑色の棒状又は板状等のもの，粘着性のある暗緑色又は黒色のタール状の液体のものがある。代表的な心身への影響としては，「味覚や触覚等が敏感になる」「暴力的・挑発的になる」などがある。

オ　南米産の木の葉を原料とした無色の結晶又は白色の結晶性粉末で，無臭で苦みがある。代表的な心身への影響としては，「皮膚内を虫が這うような体感幻覚に襲われる」等がある。

(☆☆☆◎◎◎)

【2】バスケットボールについて，次の各問いに答えなさい。

(1) 次の図はフリースロー時におけるプレーヤーの並び方を表している。フリースローの方法について誤っているものを，あとのア～オからすべて選び，記号で答えなさい。

141

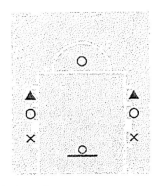

　ア　定位置に入れないプレーヤーは，フリースローラインの延長線
　　の下方で，かつ3ポイントエリアの外にいなければならない。
　イ　○印はシューター側のプレーヤーが，×印はシューターの相手
　　側のプレーヤーが，それぞれ1名ずつ入ることができる。
　ウ　エンドラインの審判からボールを渡されてから7秒以内にバス
　　ケットに向かってショットする。
　エ　○，×，▲印に該当するチームのプレーヤーは，入っても入ら
　　なくてもよい。
　オ　▲印は，シューターの相手側のプレーヤーが2名入ることがで
　　きる。
(2)　競技規則に違反すると与えられる(禁止されている行為等)罰則は，
　2つに分類される。その2つを答えなさい。

(☆☆☆◎◎◎)

【3】陸上競技について，次の各問いに答えなさい。
(1)　次の文章は，グラウンドに200mトラックを作る手順について説
　明したものである。空欄(　①　)～(　⑤　)に当てはまる語句や数
　値として最も適当なものを，あとのア～チからそれぞれ1つずつ選
　び，記号で答えなさい。
　　200mのうち直線部の全長を90m(一方を45m)とすれば，残り
　(　①　)mが曲線部分となり，単心円トラックの場合はその半円を

142

トラックの(②)側に描けばよい。

　半円を描く場合の半径は，直径×円周率(3.1416)＝(①)の式から直径を2分する(③)mとなる。

　ただし，トラック一周の長さは，実際に描くライン(ライン形境界)の外側(④)cmの距離になるので，半径を描く場合は，それより(④)cm引いた半径(⑤)mで描けばよい。

ア　15.61	イ　15.71	ウ　15.91	エ　17.20	オ　17.30
カ　17.40	キ　17.50	ク　90	ケ　100	コ　110
サ　両	シ　片	ス　内	セ　外	ソ　10
タ　20	チ　30			

(2) 競技規則に関する次の①〜⑤の文について，正しいものには○，誤っているものには×として，答えなさい。

① 中・長距離走では，「位置について」「用意」の合図あと，ピストルの出発合図でスタートする。

② 走競技では，胴体(トルソー)の全部がフィニッシュラインに到達したときゴールとなる。

③ 走り幅跳びにおける順位決定について，同記録の場合は2番目の記録，それでも決まらないときは3番目の記録で決定する。

④ リレーにおけるバトンの受け渡し時の次の走者は，テークオーバーゾーンの手前10m以内の地点からスタートしてもよい。

⑤ 三段跳びは，ホップとステップは逆足，ジャンプはホップと同じ足とする。

(☆☆☆◎◎◎)

【4】武道について，次の各問いに答えなさい。

(1) 柔道について，次の①〜⑤の禁止事項を犯した場合，指導となるものにはア，反則負けとなるものにはイとして，答えなさい。

① かわづがけで投げる。

② 固め技で，相手の帯や襟に足をかける。

③ 相手の顔面に直接手や足をかける。

④　立ち姿勢のとき，手や腕で相手の帯より下を，直接攻撃・防御する。

⑤　帯の端または上衣の袖を利用して絞め，あるいは指で直接絞める。

(2)　剣道の有効打突の説明について，次のア〜オから正しいものを1つ選び，記号で答えなさい。

ア　充実した気勢，適正な姿勢をもって，竹刀の打突部で打突部位を刃先正しく打突し，残心あるもの。

イ　充実した気合，適正な姿勢をもって，竹刀の剣先で打突部位を刃筋正しく打突し，残心あるもの。

ウ　充実した気合，適正な姿勢をもって，竹刀の剣先で打突部位を刃筋正しく打突し，残形あるもの。

エ　充実した気勢，適正な姿勢をもって，竹刀の打突部で打突部位を刃筋正しく打突し，残心あるもの。

オ　充実した気合，適正な姿勢をもって，竹刀の打突部で打突部位を刃先正しく打突し，残形あるもの。

(☆☆☆◎◎◎)

【5】卓球について，次の各問いに答えなさい。

(1)　次の①〜④の打法の説明として適当なものを，下のア〜オからそれぞれ1つずつ選び，記号で答えなさい。

①　ブロック　　②　ドライブ　　③　ツッツキ

④　スマッシュ

〔説明〕

ア　相手からの下回転のボールを下回転で返球する打法

イ　相手コートに2バウンド以上する程度の，小さく返す打法

ウ　相手の強打に対し，安定した返球をする技で，ボールの勢いを利用したり，吸収したりして返球する打法

エ　最高のスピードボールを打ち出す打法

オ　ボールに強い前進回転を与える打法

144

(2) ショートサービスのレシーブやストップに対し攻撃する技で，肘を高くしてラケットを脇の下に構え，ボールの右側(右利きの場合)をこすり打つ打法を何というか，答えなさい。

(☆☆☆◎◎◎)

【6】ソフトボールについて，次の各問いに答えなさい。

(1) 次の図の投手の投球動作は，審判員から不正投球(イリーガルピッチ)を宣告されるが，その理由を簡潔に説明しなさい。

(2) 守備において，それぞれの守備位置を数字で表し，5－4－3や4－6－3などのように表されるアウトを取るプレーを何というか，答えなさい。

(☆☆☆◎◎◎)

【7】バドミントンのサービスについて，次の各問いに答えなさい。

(1) 次の図のシャトルを打つ瞬間のラケットシャフト状態はフォルトとなるが，サービスにおけるラケットシャフトの正しい向きを答えなさい。なお，図中の横線は水平を示している。

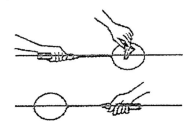

(2)　次の①～③の戦術に当てはまるサービスを，下のア～オからそれ
ぞれ1つずつ選び，記号で答えなさい。

①　相手をネットから遠ざけて，レシーブさせる

②　相手の意表をつく

③　相手にネットの上端よりも下で，レシーブさせる

　　ア　クリアーサービス　　　イ　ショートサービス

　　ウ　ロングサービス　　　　エ　スマッシュサービス

　　オ　ドライブサービス

(☆☆☆◎◎◎)

【8】サッカーについて，次の各問いに答えなさい。

(1)　次の①～④の図はオフサイドに関するプレーを表している。それ
ぞれについてオフサイドになる場合は○，オフサイドにならない場
合は×として，答えなさい。

　　ただし，□は攻撃側プレーヤー，■は守備側プレーヤー，→は
ボールの動き，‥‥▶はプレーヤーの動きとする。

①
Aがシュートした際，
Bはゴールキーパーに
干渉した

②
Aがシュートした際，Bは
ゴールキーパーには干渉して
いない

③
BはAがパスを出してから
動き始め，パスを受け取る

④
BにAがパスをした

(2)　次のア・イはスローインにおける両手のボールの扱い方を，ウ～
オは両足とタッチラインとの位置関係を表したものである。反則に
なるものをすべて選び，記号で答えなさい。

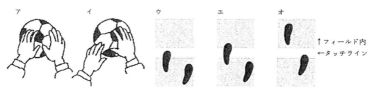

(☆☆☆◎◎◎)

146

【9】水泳について，次の各問いに答えなさい。

(1) クロールにおけるストロークの流れについて，正しいものを次の
ア～オから1つ選び，記号で答えなさい。

ア　グライド　　→　エントリー　→　プッシュ　→　プル
　　→　リカバリー

イ　エントリー　→　プル　　　　→　グライド　→　プッシュ
　　→　リカバリー

ウ　エントリー　→　グライド　　→　プル　　　→　プッシュ
　　→　リカバリー

エ　グライド　　→　エントリー　→　プル　　　→　プッシュ
　　→　リカバリー

オ　エントリー　→　グライド　　→　プッシュ　→　プル
　　→　リカバリー

(2) 個人メドレーにおける正規の泳法順序を答えなさい。

(☆☆☆◎◎◎)

【10】体育理論について，次の各問いに答えなさい。

(1) 様々なスポーツにおいて，参加者が体力や障害の種類や程度に応
じ，条件やルールを創造するなど，障害の有無にかかわらず，一人
ひとりの体力や能力に応じて誰でも楽しめるという考え方に基づい
て行われるスポーツを何というか，答えなさい。

(2) メンタルプラクティスについて，簡潔に説明しなさい。

(☆☆☆◎◎◎)

【中学校】

【1】「中学校学習指導要領解説　保健体育編」(平成29年7月)の内容につ
いて，次の各問いに答えなさい。

(1) 次の文章は，保健体育科の目標に関するものである。空欄
(①)～(⑤)に当てはまる最も適当な語句を答えなさい。

・保健体育科の目標は，「(①)及び技能」，「思考力，判断力，表

現力等」,「(　②　)に向かう力,(　③　)等」を育成することを目指すとともに,生涯にわたって心身の健康を保持増進し豊かなスポーツライフを実現することを目指すものである。この目標を達成するためには,運動する子供とそうでない子供の(　④　)化傾向が見られることや社会の変化に伴う新たな健康課題に対応した教育が必要との指摘を踏まえ,引き続き,心と体をより(　⑤　)として捉え,健全な心身の発達を促すことが求められることから,体育と保健を一層関連させて指導することが重要である。

(2)　次の文章は,体育分野の内容の取扱いについての内容である。空欄(　①　)～(　⑥　)に当てはまる語句として最も適当なものを,下のア～コからそれぞれ1つずつ選び,記号で答えなさい。ただし,(　①　)と(　②　),また(　③　)と(　④　)と(　⑤　)は順不同とする。

・第3学年においては,「(　①　)」及び「(　②　)」については,全ての生徒に履修させること。「(　③　)」,「(　④　)」,「水泳」及び「(　⑤　)」についてはいずれかから一以上を,「球技」及び「(　⑥　)」についてはいずれか一以上をそれぞれ選択して履修できるようにすること。

ア　体操　　　イ　ダンス　　　　ウ　陸上競技　　　　エ　武道
オ　球技　　　カ　器械運動　　　キ　体つくり運動　　　ク　水泳
ケ　保健　　　コ　体育理論

(3)　集団として必要な行動の仕方を身に付け,能率的で安全な集団としての行動ができるようにするための指導については,体つくり運動からダンスまでの各運動に関する領域の学習との関連を図って適切に行うこととしています。集団行動の指導の効果を上げるためにどのような配慮をする必要があると示しているか,答えなさい。

(4)　次の文章は,体育理論における文化としてのスポーツの意義に関する内容である。空欄(　①　)～(　⑤　)に当てはまる最も適当な語句を答えなさい。ただし,(　③　)と(　④　)は順不同とする。

・オリンピック・(　①　)競技大会や国際的なスポーツ大会などは，国際親善や世界(　②　)に大きな役割を果たしていること。また，スポーツには民族や(　③　)，(　④　)や性，障害の有無，年齢や地域，風土といった違いを超えて人々を結び付ける(　⑤　)的な働きがあることを理解できるようにする。

(☆☆☆◎◎◎)

【2】次の各文は，「中学校学習指導要領解説　保健体育編」(平成29年7月)に示された現代的なリズムのダンス指導における，リズムと動きの例である。空欄(　①　)〜(　⑤　)に当てはまる語句を正しく組み合わせているものはどれか，下のア〜オから1つ選び，記号で答えなさい。

・簡単な(　①　)の取り方や(　②　)で，音楽の(　①　)に同調したり，体幹部を中心としたシンプルに弾む(　②　)をしたりして自由に踊ること。

・軽快なロックでは，全身で(　③　)に合わせて弾んだり，(　③　)のきいたヒップホップでは(　④　)の上下に合わせて腕を動かしたり(　⑤　)するようにしたりして踊ること。

	①	②	③	④	⑤
ア	動き	ビート	リズム	膝	ステップ
イ	ビート	動き	リズム	頭	ステップ
ウ	ビート	動き	リズム	頭	ストップ
エ	リズム	動き	ビート	頭	ステップ
オ	リズム	動き	ビート	膝	ストップ

(☆☆☆◎◎◎)

【高等学校】

【1】「高等学校学習指導要領解説　保健体育編・体育編」(平成21年7月)の内容について，次の各問いに答えなさい。

(1)　次の文章は保健体育科の目標に関するものである。空欄(　①　)

149

〜(　⑤　)に当てはまる最も適当な語句を答えなさい。

・保健体育科の目標は，高度な普通教育としての保健体育科の
(　①　)的な目標である「明るく豊かで(　②　)ある生活を営む
態度を育てる」ことを目指すものである。この目標を達成するた
めには，運動に興味をもち活発に運動をする者とそうでない者と
に(　③　)傾向が見られたり，生活習慣の乱れや(　④　)及び不
安感が高まったりしている現状があるといった指摘を踏まえ，引
き続き，心と体をより(　⑤　)としてとらえ，体育と保健を一層
関連させて指導することが重要である。

(2)　次の文章は科目「体育」の内容の取扱いについての内容である。
空欄(　①　)〜(　⑥　)に当てはまる語句として最も適当なものを，
下のア〜コからそれぞれ1つずつ選び記号で答えなさい。ただし，
(　①　)と(　②　)，また(　③　)と(　④　)と(　⑤　)は順不同とす
る。

・「(　①　)」及び「(　②　)」については，各年次においてすべ
ての生徒に履修させること。入学年次においては，「(　③　)」，
「(　④　)」，「水泳」及び「(　⑤　)」についてはこれらの中から
一つ以上を，「球技」及び「(　⑥　)」についてはこれらの中から
一つ以上をそれぞれ選択して履修できるようにすること。

　　ア　体操　　イ　ダンス　　　ウ　陸上競技　　　エ　武道
　　オ　球技　　カ　器械運動　　キ　体つくり運動　　ク　水泳
　　ケ　保健　　コ　体育理論

(3)　集団として必要な行動の仕方を身に付け，能率的で安全な集団と
しての行動ができるようにするための指導については，体つくり運
動からダンスまでの各運動に関する領域の学習との関連を図って適
切に行うこととしています。集団行動の指導の効果を上げるために
どのような配慮をする必要があると示しているか，答えなさい。

(4)　次の文章は，体育理論におけるスポーツの歴史，文化的特性や現
代のスポーツの特徴に関する内容である。空欄(　①　)〜(　⑤　)
に当てはまる最も適当な語句を答えなさい。

・現代のスポーツは，国際親善や世界(①)に大きな役割を果たしており，その代表的なものにオリンピック(②)があること，オリンピック(②)は，オリンピック競技大会を通じて，人々の友好を深め世界の(①)に貢献しようとするものであることを理解できるようにする。

・競技会での勝利によって賞金などの報酬が得られるようになると(③)が起こるようになったこと，(③)は不当に勝利を得ようとする(④)の精神に反する不正な行為であり，能力の限界に挑戦するスポーツの(⑤)的価値を失わせる行為であることを理解できるようにする。

(☆☆☆◎◎◎)

【2】次の各文は，「高等学校学習指導要領解説　保健体育編・体育編」(平成21年7月)に示された入学年次の現代的なリズムのダンス指導における，リズムと動きの例である。空欄(①)～(⑤)に当てはまる語句を正しく組み合わせているものはどれか，下のア～オから1つ選び，記号で答えなさい。

・簡単な(①)の取り方や(②)で，音楽の(①)に同調したり，体幹部を中心としたシンプルに弾む(②)をしたりして自由に踊ること。

・軽快なロックでは，全身で(③)に合わせて弾んだり，(③)のきいたヒップホップでは(④)の上下に合わせて腕を動かしたり(⑤)するようにしたりして踊ること。

	①	②	③	④	⑤
ア	動き	ビート	リズム	膝	ステップ
イ	ビート	動き	リズム	頭	ステップ
ウ	ビート	動き	リズム	頭	ストップ
エ	リズム	動き	ビート	頭	ステップ
オ	リズム	動き	ビート	膝	ストップ

(☆☆☆◎◎◎)

解答・解説

【中高共通】

【1】(1) 獲得(適応，後天性)免疫　　(2) ウ，オ　　(3) 摂食障害
(4) 薬剤耐性菌　　(5) ① キ　　② イ　　③ ケ
④ エ　⑤ ウ　⑥ ア　　(6) ウ　　(7) エ→ウ→イ→カ→オ
→ア　　(8) ① エ　② オ　③ ア　④ イ　⑤ ウ

〈解説〉(1)　獲得免疫とは，生後に，感染，予防接種などによって得た
免疫のことである。自ら抗体を作る能動免疫と他個体の作った抗体に
よる受動免疫とがある。　　(2)　ア　排卵後は，基礎体温が約2週間高
くなる。　　イ　基礎体温とは，必要最低限のエネルギーしか使ってい
ない時，つまり眠っている時の体温のことである。実際の測定は，女
性が朝，目が覚めたときに起き上がらず，寝たままの状態で舌の下に
婦人体温計を入れて5分間測定する。　　エ　子宮内膜を厚くさせる働
きは，卵胞ホルモン(エストロゲン)によるものである。　　(3)　摂食障
害は，食行動を中心にさまざまな問題が生じる病気である。単なる食
欲や食行動の異常ではなく，体重に対する過剰なこだわりや，自己評
価への体重・体型の過剰な影響など，心理的要因が根底に存在してい
ることが特徴である。摂食障害のなかには，短時間のうちに大量に食
事摂取を行う「神経性過食症」や，自分自身の体型に対して歪んだ認
識をもつ「神経性食欲不振症」が含まれる。　　(4)　薬剤耐性菌には，
MRSA(メチシリン耐性黄色ぶどう球菌)やバンコマイシン耐性腸球菌，
多剤耐性結核菌などがある。従来の抗生物質が効きにくいため，感染
し発病した場合の症状は重く，場合によっては命を落とすこともある。
(5)　労働基準法は，労働者の保護を目的とし，賃金や労働時間，休暇
などの最低限の労働条件を定めた法律である。平成22(2010)年には，
時間外労働の削減，有給休暇の有効活用を目指して改正された。労働
安全衛生法は「職場における労働者の安全と健康を確保」するととも
に，「快適な職場環境を形成する」目的で，昭和47(1972)年に制定され

た。労働安全衛生法では，労働者が50人以上の全事業所には衛生管理者及び産業医を，建設業やガス・水道業など特定の業種には安全管理者を置くことが義務づけられている。　(6)　公布日は平成29(2017)年7月7日である。義務化の対象は，自転車を利用する者の他，自転車を利用する未成年者の保護者，レンタサイクル等自転車貸し出し業者などである。　(7)　心停止や窒息という生命の危機的状況に陥った傷病者や，これらが切迫している傷病者を救命し，社会復帰に導くためには，「救命の連鎖」が必要となる。日本蘇生協議会(JRC)は救命の連鎖について次の4つの要素を挙げている。　①心停止の予防，②心停止の早期認識と通報，③一次救命処置(心肺蘇生と AED)，④二次救命処置と心拍再開後の集中治療。　(8)　薬物を法律で大別すると，「大麻」「麻薬」「覚醒剤」の3つに分類される。コカイン，MDMA，LSDは麻薬に含まれる。コカイン，覚醒剤，大麻は興奮性，LSDは幻覚性，MDMAは抑制性である。

【2】(1)　ア，ウ，オ　(2)　バイオレーション，ファウル
〈解説〉(1)　ア　フリースロー延長戦の上方である。　ウ　5秒以内である。　オ　シューターの相手側のプレーヤーが1人だけ入ることができる。　(2)　バイオレーションは，ファウル以外のすべての違反をいう。トラベリング，ダブルドリブルなどがある。ファウルには，コート上のプレーヤー同士の接触によるパーソナル・ファウルと，審判への暴言や，ベンチにいるコーチやプレーヤーなどによる違反行為などのテクニカル・ファウルがある。パーソナル・ファールには，チャージングやプッシング，ホールディングなどがある。

【3】(1)　①　コ　②　サ　③　キ　④　タ　⑤　オ
(2)　①　×　②　×　③　○　④　○　⑤　×
〈解説〉(1)　トラックについては，内側のラインを競技者が踏むと違反となり，トラックを示す内側のラインの外端から20cmのところで測ることになっている。ただし，ある一定以上の高さの縁石がある場合に

は，ラインの外側から30cmのところで測る。　(2)　①　中・長距離走
では，「用意」の合図がなくスタートになる。　②　胴体(トルソー)の
一部が到達すればゴールである。　⑤　ホップとステップは同じ足で，
ジャンプはホップと逆足である。

【4】(1)　①　イ　　②　ア　　③　ア　　④　イ　　⑤　ア
　(2)　エ
〈解説〉(1)　罰則は，軽微な違反行為に対する「指導」，重大な違反行為
に対する「反則負け」の2つに分類される。ひとつの試合において，3
つの「指導」があり，4つ目の「指導」は「反則負け」となる。
　(2)　竹刀の打突部は，物打を中心とした刃部(弦の反対側)を指す。打
突部位は，面部(正面および左右面)，小手部(右小手および左小手)，胴
部(右胴および左胴)と突部(突き垂れ)の4つである。

【5】(1)　①　ウ　　②　オ　　③　ア　　④　エ　　(2)　チキータ
〈解説〉(1)　イ　主に相手の短い下回転系のボールに対し，バウンド直
後の打球を捉えて相手コートに2バウンド以上するように小さく返す
打法を「ストップ」という。ツッツキよりも打球点が速いので，台上
の短いサーブに対するレシーブなどで主に使われる。　(2)　ピータ
ー・コルベル(チェコ)が発案した打法で，バックハンドの横回転系の
フリックのことをいう。チキータという名前は，ボールがバナナのよ
うな形の軌道を横回転で描くカーブになることから名付けられた。

【6】(1)　・腕と体側が開いているから　　・手と手首は腰よりも低い位
置で，体側線を通して前へ通過させなくてはならないから　　・手首
は肘よりも体から遠く離れてはいけないから　から1つ　　(2)　ダブ
ルプレー(ゲッツー，併殺)
〈解説〉(1)　ソフトボールでは投手は打者に対して，野球でいうアンダ
ースローに近い形で投球するが，野球のアンダースローとの違いは，
手と手首が必ず体側線を通過しながら球を離さなければならないとい

う点である。平成30(2018)年にはオフィシャルルールが改正され，今
までは両足がピッチャープレートについた状態から投球したが，前に
ステップする自由足は，プレートの後方にあればプレートに触れずに
投球しても不正投球とはならないようになった。　(2)　ダブルプレー
とは，守備側の選手が，連続した動作で二人の走者，または打者と一
人の走者をアウトにすることである。

【7】(1)　下向き　　(2)　①　ウ　　②　オ　　③　イ
〈解説〉(1)　フォルトをすると相手側に1ポイントが与えられる。
(2)　ロングサービスは長く高く，ショートサービスは短く低く打つサ
ービスである。ドライブサービスは，ドライブのように早いスピード
で床と平行にシャトルが飛んでいくサービスである。ドライブサービ
スは，サービスの中で最も攻撃的で，相手が警戒していなければ，1
球で得点を狙うことができる。バドミントンのサービスは大きく分け
て，この3種類である。

【8】(1)　①　○　　②　×　　③　×　　④　○　　(2)　イ，オ
〈解説〉(1)　①は，ゴールキーパーに干渉し，プレーを妨害しているの
でオフサイドになる。④は，オフサイドポジションにいるプレーヤー
にパスを出しているのでオフサイドになる。他に，ゴールポストに当
たって跳ね返ったボールをオフサイドポジションにいるプレーヤーが
受けてもオフサイドになる。　(2)　スローインは，必ず両手で，両手
とも同じくらいの力で投げなければならない。また，両足がタッチラ
インの外側にあるか，またはその一部がタッチライン上になければな
らない。

【9】(1)　ウ　　(2)　バタフライ　→　背泳ぎ(背泳)　→　平泳ぎ　→
自由形(×クロール)
〈解説〉(1)　エントリーは，入水で，手が水中に入る時のことを指す。
グライドは，手の入水後，前に腕を伸ばす動作である。プルは，ひじ

を中心にして，手のひらで実際に水を掻いてきて推進力を得る動作である。プッシュは，手の平を後方に向け，太ももの外側方向へ水を押し出す動作である。リカバリーは，空中で腕を前に持ってくる動作である。　(2)　メドレーリレーは，背泳ぎ→平泳ぎ→バタフライ→自由形の順になる。メドレーリレーの順番が個人メドレーと違うのは，リレーの際，背泳ぎのスタート時に飛び込み台が使えないためである。

【10】(1)　アダプテッドスポーツ(ユニバーサルスポーツ)　(2)　実際には体を動かさず，頭の中で運動をしているイメージを思い描くことにより，技能を高める練習法

〈解説〉(1)　アダプテッドスポーツは，スポーツのルールや用具を障害の種類や程度に適合(adapt)させることによって，障害をもつ人や，幼児から高齢者，体力の低い人でも参加することが可能になるスポーツを指す。本来は一人一人の発達状況や身体条件に適応させたスポーツという意味である。　(2)　メンタルプラクティスとは，さらに改善したい技能を想像し，技能の向上を図るトレーニング法である。イメージトレーニングはそれとは少し異なり，自分の行動を想像し，その結果どうなったか，どのような感情になったかまで細かく想像して集中力や気分を高めるトレーニング法である。良いイメージを高めることによって，自信がつき，良い結果にも繋がる可能性が上がる。

【中学校】

【1】(1)　①　知識　②　学び　③　人間性　④　二極　⑤　一体　(2)　①　キ　②　コ　③　カ　④　ウ　⑤　イ　⑥　エ　(3)　保健体育科だけでなく，学校教育(学校の教育活動)全体において指導するよう配慮する必要がある　(4)　①　パラリンピック　②　平和　③　国　④　人種　⑤　文化

〈解説〉(1)　運動する子供とそうでない子供の二極化傾向については，全国体力・運動能力，運動習慣等調査報告書(スポーツ庁)に示されている，保健体育授業以外の1週間の総運動時間の調査結果から伺える。

平成29(2017)年度調査の報告書では，中学校第2学年において，保健体育の授業を除く1週間の総運動時間が，60分未満の割合は男子6.5％，女子19.4％であった。特に，女子の運動習慣がない生徒の割合が全体の約2割となっていることが課題となっている。 (2) 履修については，現行の学習指導要領(平成20年3月)と同様である。授業時数についても従前通り，「体つくり運動」は各学年で7単位時間以上を，「体育理論」は各学年で3単位時間以上を，それぞれ配当することになる。
(3) 集団行動の指導とは，集合，整頓，列の増減，方向変換などの行動の仕方を身に付け，能率的 で安全な集団としての行動ができるようにするための指導である。内容については，学校体育実技指導資料第5集「体育(保健体育)における集団行動指導の手引」を参照のこと。
(4) 第3学年で取り扱う「文化としてのスポーツの意義 (イ)国際的なスポーツ大会などが果たす文化的な役割スポーツの意義」の内容である。指導に際しては，その他にも，メディアの発達によって，スポーツの魅力が世界中に広がり，オリンピック・パラリンピック競技大会や国際的なスポーツ大会の国際親善や世界平和などに果たす役割が一層大きくなっていることについても触れるようにする。

【2】オ
〈解説〉これらは，第3学年における「リズムと動きの例示」の内容である。他に，次の2点が例示されている。「リズムの取り方や動きの連続のさせ方を組み合わせて，動きに変化を付けて踊ること。」「リズムや音楽に合わせて，独自のリズムパターンや動きの連続や群の構成でまとまりを付けて踊ること。」。中学校第3学年の指導内容は，高等学校入学年次と同様の内容である。

【高等学校】

【1】(1) ① 究極　② 活力　③ 分散　④ ストレス
⑤ 一体　(2) ① キ　② コ　③ カ　④ ウ　⑤ イ
⑥ エ　(3) 保健体育科だけでなく，学校教育(学校の教育活動)全

体において指導するよう配慮する必要がある　　(4)　①　平和
②　ムーブメント　　③　ドーピング(禁止薬物使用等)　　④　フェ
アプレイ　　⑤　文化

〈解説〉(1)　現行の高等学校学習指導要領解説(平成21年7月)においては，
教科の目標は，「心と体を一体としてとらえ，健康・安全や運動につ
いての理解と運動の合理的，計画的な実践を通して，生涯にわたって
豊かなスポーツライフを継続する資質や能力を育てるとともに健康の
保持増進のための実践力の育成と体力の向上を図り，明るく豊かで活
力ある生活を営む態度を育てる。」である。新学習指導要領解説(平成
30年7月)において改訂した目標は，育成を目指す資質・能力を踏まえ
つつ，引き続き，体育と保健を関連させていく考え方を強調したもの，
としている。教科の目標は，保健体育科の特性や果たすべき役割を総
括的に示すとともに，高等学校教育としての重点や基本的な指導の方
向を示したものである。出題頻度が非常に高いので，全文を暗記して
おきたい。　　(2)　新学習指導要領においても，現行の学習指導要領に
おける履修の仕方を踏襲している。　　(3)　集団行動の指導とは，集合，
整頓，列の増減，方向変換などの行動の仕方を身に付け，能率的で安
全な集団としての行動ができるようにするための指導である。内容に
ついては，学校体育実技指導資料第5集「体育(保健体育)における集団
行動指導の手引」を参照のこと。　　(4)　入学年次で取り扱う「1 スポ
ーツの歴史，文化的特性や現代のスポーツの特徴　(1)ウ」の「オリン
ピックムーブメントとドーピング」の内容である。ドーピングについ
ては，世界的機関として「WADA(世界アンチ・ドーピング機関)」が
ある。日本では「JADA(日本アンチ・ドーピング機構)」が，日本国内
のドーピング検査やドーピングに関する啓発活動を行い，スポーツの
コアバリューを守り，発展させるためのアンチ・ドーピング活動を推
進している。

【2】オ

〈解説〉これらは，入学年次における「リズムと動きの例示」の内容である。他に，次の2点が例示されている。「リズムの取り方や動きの連続のさせ方を組み合わせて，動きに変化を付けて踊ること。」「リズムや音楽に合わせて，独自のリズムパターンや動きの連続や群の構成でまとまりを付けて踊ること。」　高等学校入学年次の指導内容は，中学校第3学年と同様の内容である。

【中高共通】

【1】次の表は「子どもの体力向上のための取組ハンドブック」(平成24年3月　文部科学省)に基づき，新体力テストのテスト項目と運動特性の関連をまとめたものである。空欄(　①　)～(　④　)に当てはまる語句を，下のア～エから選び，記号で答えなさい。

テスト項目	運動特性	
50 m 走	すばやさ	(　②　)
持久走・20 m シャトルラン	(　①　)	
立ち幅とび	(　②　)	(　④　)
ボール投げ	(　②　)	(　④　)
握力	(　②　)	
上体起こし	(　②　)	(　①　)
長座体前屈	(　③　)	
反復横とび	すばやさ	(　④　)

ア　力強さ　　イ　ねばり強さ　　ウ　タイミングの良さ
エ　体の柔らかさ

(☆☆☆◎◎◎)

【2】水泳について，次の各問いに答えなさい。

(1)　次のア～エの各文は，「学校体育実技指導資料第4集　水泳指導の手引(三訂版)」(平成26年3月　文部科学省)に基づき，クロールの脚の動作について説明したものである。誤っているものを，次のア～エから1つ選び，記号で答えなさい。

ア　左右の脚の幅は，親指が触れ合う程度にし，踵を10cm程度離す。

イ　上下動の幅は，30～40cm程度に動かす。

ウ　けり下ろし動作は，膝を柔らかく曲げ，足先から徐々に太ももへ力が加わるように力強く打つようにする。

160

エ　けり終わった後，上方に戻す動作は，脚を伸ばして太ももから上げるようにする。

(2)　二人一組をつくり，互いに相手の安全を確かめさせる方法を何というか，答えなさい。

(☆☆☆◎◎◎)

【3】次の図はバスケットボールコートの半面を示したものである。図を見て，下の各問いに答えなさい。

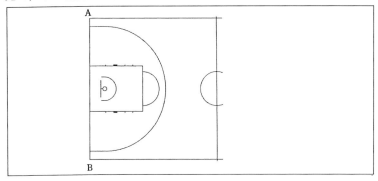

(1)　制限区域を▨▨▨で示しなさい。

(2)　線ABの名称を答えなさい。

(☆☆☆◎◎◎)

【4】サッカーについて，次の各問いに答えなさい。

(1)　次の文章が示すキックの種類を答えなさい。

・このキックは，距離が長く，強いボールを蹴る際に有効。ボールの横に立ち足を踏み込み，つま先を下向きに足首を伸ばして固定し，足の甲にボールをのせる感覚で蹴る。膝から下をするどく振り出すように蹴るとよい。

(2)　競技規則として誤っているものを，次のア〜エから1つ選び，記号で答えなさい。

ア　競技者が危険な方法でプレーした場合，相手チームに直接フリ

ーキックが与えられる。

イ　競技者が，身体的接触を伴わずに，相手競技者の進行を妨げた場合，相手チームに間接フリーキックが与えられる。

ウ　オフサイドの反則があった場合，相手チームに間接フリーキックが与えられる。

エ　同じ試合で2つ目の警告を受けた競技者は退場を命じられる。

(☆☆☆◎◎◎)

【5】ハンドボールについて，次の各問いに答えなさい。

(1)　攻撃側の一人が防御側の選手の間に走り込むことで防御者を引きつけ，それによって空いたスペースに走り込んでいるチームメイトにパスしてシュートにつなげるプレイを何というか，次のア～エから1つ選び，記号で答えなさい。

ア　パッシブプレイ　　イ　スクリーンプレイ　　ウ　カットイン
エ　ポストプレイ

(2)　試合において許されない行為を，次のア～エから1つ選び，記号で答えなさい。

ア　3秒間ボールを持つこと

イ　ボールを持って3歩動くこと

ウ　大腿を使ってボールを止めること

エ　シュートしようという意図を示さないでチームがボールを所持し続けること

(☆☆☆◎◎◎)

【6】次の図は，バレーボールにおいて対戦している選手(●印)とBチームの選手(①～⑥)の配置を示している。図の選手の配置のときに，あとの各問いに答えなさい。

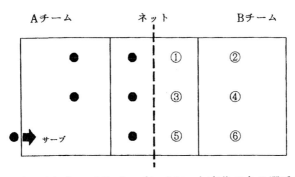

(1) Bチームにおいてリベロプレイヤーと交代できる選手を，①〜⑥からすべて選び，番号で答えなさい。

(2) Aチームのサービスで始まったラリーがサイドアウトとなりサービス権がBチームに移った。この場合，次にサービスを打つ選手は①〜⑥の誰か選び，番号で答えなさい。ただし，選手の交代はないものとする。

(☆☆☆◎◎◎)

【7】卓球について，次の各問いに答えなさい。

(1) ボールがプレーイングサーフェス(卓球台の表面)の縁にあたった打球を何というか，答えなさい。

(2) サービスについて，打球時のボール位置について2つの条件が定められている。どのような条件か，簡潔に説明しなさい。

(☆☆☆◎◎◎)

【8】テニス(硬式)について，次の各問いに答えなさい。

(1) サービスがフォールトになるものを，次のア〜エから1つ選び，記号で答えなさい。

　ア　ボールがポストにあたったあと，相手方のサービスコートに正しく入ったとき

　イ　ボールがネットにあたったあと，地面に触れる前にレシーバーのラケットに触れたとき

ウ　サーバーがトスを上げたが打たなかったとき

エ　レシーブの準備ができていないため，「ナットレディ」をレシーバーが表現したとき

(2)　ネットに前進してきた相手の脇を抜くショットを何というか，次のア～エから1つ選び，記号で答えなさい。

ア　ドロップショット　　イ　ポーチ　　ウ　パッシングショット
エ　ロブ

(☆☆☆◎◎)

【9】バドミントンについて，次の各問いに答えなさい。

(1)　次の図中のア～オはドロップ，スマッシュ，クリアー，ハイクリアー，ドライブクリアーの各軌道を表したものである。ドライブクリアーの軌道はどれか，ア～オから選び，記号で答えなさい。

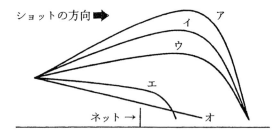

(2)　次の図はバドミントン競技規則(公益財団法人日本バドミントン協会採択)に示されているラケットの図である。①部分の名称を答えなさい。

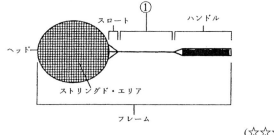

(☆☆☆◎◎)

164

【10】 ソフトボールについて，次の各問いに答えなさい。

(1)　次の図は投手が投げたボールの軌道を真上からみて示したものである。ストライクと判定されるものを，ア～オからすべて選び，記号で答えなさい。ただしボールの軌道の高低は考慮しないものとする。

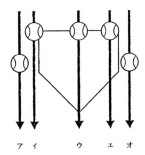

(2)　タッチアップとはどのようなプレーか，簡潔に説明しなさい。

(☆☆☆◎◎◎)

【11】 柔道について，次の各問いに答えなさい。

(1)　打ち込みとも呼ばれ，主に投げ技に入るまでの動き(崩し，体さばき，かけ)を繰り返し反復して正しい技の形を身に付ける練習を何というか，答えなさい。

(2)　次のア～エは柔道における投げ技の連絡を示している。二つの技を同じ方向にかける技の連絡を，ア～エからすべて選び，記号で答えなさい。

　　ア　大内刈りから大外刈りへの連絡

　　イ　大内刈りから背負い投げへの連絡

　　ウ　釣り込み腰から大内刈りへの連絡

　　エ　釣り込み腰から払い腰への連絡

(☆☆☆◎◎◎)

【12】剣道について，次の各問いに答えなさい。

(1)　次の文章は「新しい学習指導要領に基づく剣道指導に向けて(学校体育実技指導資料第1集「剣道指導の手引」参考資料)」(平成22年3月　文部科学省)における中段の構えについての説明である。空欄(①)〜(③)に当てはまる語句の組み合わせとして正しいものを，下のア〜クから選び，記号で答えなさい。

・自然体より(①)足を少し前に出し，竹刀の弦を(②)にして，左拳は下腹部より約一握り前に出し，常に正中線上に置き，右拳は鍔よりわずかに離して握る。剣先は，およそ自分の(③)の高さになるようにする。目の付け方は，相手の目を中心に，身体全体を見る。

ア　① 右　　② 真上　　③ 目
イ　① 左　　② 真上　　③ 目
ウ　① 右　　② 真上　　③ 喉
エ　① 左　　② 真上　　③ 喉
オ　① 右　　② 真下　　③ 目
カ　① 左　　② 真下　　③ 目
キ　① 右　　② 真下　　③ 喉
ク　① 左　　② 真下　　③ 喉

(2)　充実した気勢での打突動作が，体の動きと一致して行われることを何というか，答えなさい。

(☆☆☆◎◎◎)

【13】次の(1)〜(4)の文章中の①・②の(　　)の中に示されたア・イから適切なものを選び，記号で答えなさい。

(1)　オリンピックの創始者クーベルタンは，スポーツによる青少年の健全育成と世界平和の実現を理念として掲げた。この理念を①(ア：オリンピズム　イ：オリンピックムーブメント)と呼ぶ。日本では②(ア：福沢諭吉　イ：嘉納治五郎)がクーベルタンの呼びかけによってアジアで最初のIOC委員となり，スポーツによる世界平

和の運動を日本に定着させた。

(2) 日本における四大公害病の一つとして，富山県で発生し①(ア：イタイイタイ病　イ：水俣病)をあげることができる。この公害病の原因物質は②(ア：カドミウム　イ：メチル水銀)である。

(3) 心のなかにいくつかの欲求が同時に存在し，そのどちらかを選択するのに思い悩むことを①(ア：拮抗　イ：葛藤)といい，この状態をやわらげ，無意識のうちに心の安定を保とうとする働きを②(ア：耐性　イ：適応機制)という。

(4) 高齢化が進む社会において，介護を国民のみんなで支え合う仕組みとして①(ア：介護保険制度　イ：国民皆保険制度)が平成12年にスタートした。このような制度の整備に加えて，高齢者も障害のある人も家庭や地域において普通の生活をおくることができるようにすべきであるという②(ア：バリアフリー　イ：ノーマライゼーション)の理念をふまえた環境の整備必要である。

(☆☆☆◎◎◎)

【14】「受動喫煙」とはどのようなことか，簡潔に説明しなさい。

(☆☆☆◎◎◎)

【15】環境省が推進する環境政策手法の総称である「3R」について，簡潔に説明しなさい。

(☆☆☆◎◎◎)

【16】「ロコモティブシンドローム」とはどのような状態のことか，簡潔に説明しなさい。

(☆☆☆◎◎◎)

【中学校】

【1】「中学校学習指導要領解説　保健体育編」(平成20年7月)の内容について，次の各問いに答えなさい。

(1) 次の文は球技について示された部分の抜粋である。空欄(①)〜(③)に当てはまる語句を答えなさい。

・球技は,(①),(②)及び(③)などから構成され,個人やチームの能力に応じた作戦を立て,集団対集団,個人対個人で勝敗を競うことに楽しさや喜びを味わうことのできる運動である。

(2) 次の文は武道の内容の取扱いについて示された部分の抜粋である。空欄(①)に当てはまる語句を答えなさい。

・地域や学校の実態に応じて,(①)などのその他の武道についても履修させることができることとしている

(3) 次の文章は体育理論における「運動やスポーツの学び方」について示された部分の抜粋である。空欄(①)〜(③)に当てはまる語句を答えなさい。

・運動やスポーツには,その領域や種目に応じた特有の(①)や(②),(③),表現の仕方があり,特に運動やスポーツの課題を解決するための合理的な体の動かし方などを(①)といい,競技などの対戦相手との競争において,(③)は(①)を選択する際の方針であり,(②)は試合を行う際の方針であることを理解できるようにする。

(☆☆☆◎◎◎)

【2】次の文章は「評価規準の作成,評価方法等の工夫改善のための参考資料(中学校 保健体育)」(平成23年7月 国立教育政策研究所教育課程研究センター)からの抜粋である。あとの各問いに答えなさい。

・体育分野では「内容のまとまりごとの評価規準」はA〜Hの各領域ごとに作成することとし,評価の観点は「運動への関心・意欲・態度」「運動についての思考・判断」「運動の技能」「運動についての知識・理解」の4観点で評価することとなる。

　　ただし,「A体つくり運動」は,指導内容に「(①)」が示されておらず(運動と示されている),「運動」の内容は「(②)」で評

168

価することから，「(③)」を除いた3観点で評価することとなる。
(1) 空欄(①)に当てはまる語句を答えなさい。
(2) 空欄(②)・(③)に当てはまる語句を，次のア〜エから選び，それぞれ記号で答えなさい。
ア 運動への関心・意欲・態度
イ 運動についての思考・判断
ウ 運動の技能
エ 運動についての知識・理解

(☆☆☆◎◎◎)

【3】器械運動について，「中学校学習指導要領解説 保健体育編」(平成20年7月)に基づき，次の各問いに答えなさい。
(1) 鉄棒運動の技は支持系の技と懸垂系の技に分類して示されている。支持系の技を，次のア〜エから2つ選び，記号で答えなさい。
ア 懸垂振動 イ 前振り跳び下り ウ 膝かけ上がり
エ 踏み越し下り
(2) マット運動の技は回転系の技と巧技系の技に分類して示されている。回転系の技を，次のア〜エから2つ選び，記号で答えなさい。
ア 倒立ブリッジ イ 倒立前転 ウ 倒立ひねり
エ 片足正面水平立ち

(☆☆☆◎◎◎)

【4】陸上競技について，次の各問いに答えなさい。
(1) 長距離走について，「中学校学習指導要領解説 保健体育編(平成20年7月)」で示されている走る距離の目安を，次のア〜エから1つ選び，記号で答えなさい。
ア 1,000〜1,500m程度 イ 1,000〜3,000m程度
ウ 1,000〜5,000m程度 エ 1,000〜10,000m程度
(2) 競技規則として誤っているものを，次のア〜エから1つ選び，記号で答えなさい。

　　ア　リレーにおけるバトンパスは，受け取る走者の手にバトンが触
　　　れた時点から完全に渡った瞬間までである。この動作中にバトン
　　　を落とした場台は，受け取る走者・渡す走者のどちらが拾っても
　　　よい。
　　イ　ハードル走においてわざとハードルを倒しても失格とはならな
　　　い。
　　ウ　走り幅跳びにおいて，跳躍後，砂場の中を歩いて戻ると無効試
　　　技となる。
　　エ　走り高跳びにおいて，両足で踏み切ると無効試技となる。

(☆☆☆◎◎◎)

【5】ダンスについて，次の各問いに答えなさい。
　(1)　次の文章は「学校体育実技指導資料第9集　表現運動系及びダン
　　ス指導の手引」(平成25年3月　文部科学省)からの抜粋である。空欄
　　(　①　)・(　②　)に当てはまる語句を答えなさい。
　　・中学校・高等学校の「ダンス」領域は，「創作ダンス」「フォーク
　　ダンス」「現代的なリズムのダンス」の三つの内容で構成されてい
　　ます。これらの内容は，(　①　)をとらえた表現や踊りを通した交
　　流によって仲間との(　②　)を豊かにすることを重視する運動で，
　　仲間とともに感じを込めて踊ったり，(　①　)をとらえて自己を表
　　現したりすることに楽しさや喜びを味わうことのできる運動です。
　(2)　日本の民謡における「ナンバ」とはどのような動きのことか，簡
　　潔に説明しなさい。

(☆☆☆◎◎◎)

【高等学校】

【1】「高等学校学習指導要領解説　保健体育・体育編」(平成21年7月)の
　内容について，次の各問いに答えなさい。
　(1)　次の文は球技について示された部分の抜粋である。空欄(　①　)
　　～(　③　)に当てはまる語句を答えなさい。

170

・球技は，(①)，(②)及び(③)などから構成され，個人
やチームの能力に応じた作戦を立て，集団対集団，個人対個人で勝
敗を競うことに楽しさや喜びを味わうことのできる運動である。

(2) 次の文は武道の内容の取扱いについて示された部分の抜粋であ
る。空欄(①)に当てはまる語句を答えなさい。

・地域や学校の実態に応じて，(①)，なぎなた，弓道などのそ
の他の武道についても履修させることができることとしている

(3) 次の文章は体育理論における「運動やスポーツの技術と技能」に
ついて示された部分の抜粋である。空欄(①)～(③)に当て
はまる語句を答えなさい。

・個々の運動やスポーツを特徴付けている技術は，練習を通して身
に付けられた合理的な動き方としての技能という状態で発揮される
こと，技術には，絶えず変化する状況の下で発揮される(①)型
と状況の変化が少ないところで発揮される(②)型があること，
その型の違いによって学習の仕方が異なることを理解できるように
する。

その際，中学校の「運動やスポーツの学び方」で示した作戦や戦
術の考え方に加え，(③)が長期的展望における練習や戦い方の
方針であることなども含めて，体系的にとらえることが効果的な学
習を進める上で有効であることについても触れるようにする。

(☆☆☆◎◎◎)

【2】次の文章は「評価規準の作成，評価方法等の工夫改善のための参考
資料(高等学校　保健体育)」(平成24年7月　国立教育政策研究所教育
課程研究センター)からの抜粋である。あとの各問いに答えなさい。

・体育では「内容のまとまりごとの評価規準」はA～Hの各領域ごと
に作成することとし，評価の観点は「関心・意欲・態度」，「思考・判
断」，「運動の技能」，「知識・理解」の4観点で評価することとなる。
ただし，「A体つくり運動」は，指導内容に「(①)」が示されてお
らず(運動と示されている)，「運動」の内容は「(②)」で評価する

ことから,「(③)」を除いた3観点で評価する。

(1) 空欄(①)に当てはまる語句を答えなさい。

(2) 空欄(②)・(③)に当てはまる語句を,次のア～エから選び,それぞれ記号で答えなさい。

　ア　関心・意欲・態度　　イ　思考・判断　　ウ　運動の技能

　エ　知識・理解

(☆☆☆◎◎◎)

【3】器械運動について,「高等学校学習指導要領解説　保健体育編・体育編」(平成21年7月)に基づき,次の各問いに答えなさい。

(1) 鉄棒運動の技は支持系の技と懸垂系の技に分類して示されている。支持系の技を,次のア～エから2つ選び,記号で答えなさい。

　ア　懸垂振動　　イ　前振り跳び下り　　ウ　膝かけ上がり

　エ　踏み越し下り

(2) マット運動の技は回転系の技と巧技系の技に分類して示されている。回転系の技を,次のア～エから2つ選び,記号で答えなさい。

　ア　倒立ブリッジ　　イ　倒立前転　　ウ　倒立ひねり

　エ　片足正面水平立ち

(☆☆☆◎◎◎)

【4】陸上競技について,次の各問いに答えなさい。

(1) 長距離走について,「高等学校学習指導要領解説　保健体育編・体育編(平成21年7月)」で示されている走る距離の目安を,次のア～エから1つ選び,記号で答えなさい。

　ア　1,000～1,500m程度　　イ　1,000～3,000m程度

　ウ　1,000～5,000m程度　　エ　1,000～10,000m程度

(2) 競技規則則として誤っているものを,次のア～エから1つ選び,記号で答えなさい。

　ア　リレーにおけるバトンパスは,受け取る走者の手にバトンが触れた時点から完全に渡った瞬間までである。この動作中にバトン

を落とした場合は，受け取る走者・渡す走者のどちらが拾っても
よい。
イ　ハードル走においてわざとハードルを倒しても失格とはならな
い。
ウ　走り幅跳びにおいて，跳躍後，砂場の中を歩いて戻ると無効試
技となる。
エ　走り高跳びにおいて，両足で踏み切ると無効試技となる。

(☆☆☆◎◎◎)

【5】ダンスについて，次の各問いに答えなさい。
(1)　次の文章は「学校体育実技指導資料第9集　表現運動系及びダン
ス指導の手引」(平成25年3月　文部科学省)からの抜粋である。空欄
(　①　)・(　②　)に当てはまる語句を答えなさい。
・中学校・高等学校の「ダンス」領域は，「創作ダンス」「フォーク
ダンス」「現代的なリズムのダンス」の三つの内容で構成されて
います。これらの内容は，(　①　)をとらえた表現や踊りを通し
た交流によって仲間との(　②　)を豊かにすることを重視する運
動で，仲間とともに感じを込めて踊ったり，(　①　)をとらえて
自己を表現したりすることに楽しさや喜びを味わうことのできる
運動です。
(2)　「高等学校学習指導要領解説　保健体育編・体育編(平成21年7月)」
において，ロックやヒップホップのリズムの例として示されている，
拍子の強弱を逆転させたり変化させるリズムのことを何というか，
答えなさい。

(☆☆☆◎◎◎)

173

解答・解説

【中高共通】

【1】① イ　　② ア　　③ エ　　④ ウ

〈解説〉文部科学省では，1964(昭和39)年から「体力・運動能力調査」を実施している。1999(平成11)年度からは，スポーツ医・科学の進歩などを踏まえて，これまでのテストを全面的に見直し，「新体力テスト」が導入された。小学生から中学生にかけては体格や体力・運動能力が著しく発達するので，この時期に体力を向上させることは，生涯に渡る体力・運動能力の維持においても重要な意味を持つ。「子どもの体力向上のための取組ハンドブック」によれば，「新体力テスト」の体力評価では，50m走はスピード，持久走・20mシャトルランは全身持久力，立ち幅跳びは瞬発力，ボール投げは巧緻性と瞬発力，握力は筋力，上体起こしは筋力と筋持久力，長座体前屈は柔軟性，反復横跳びは敏捷性，というように8つの体力要因について評価する。

【2】(1)　ウ　　(2)　バディシステム

〈解説〉(1)　学習指導要領解説では，中学校の水泳は「泳法を身に付け，効率的に泳ぐことができるようにすることが求められる」とされている。クロールは，第1・第2学年で「手と足，呼吸のバランスをとり速く泳ぐこと」，第3学年では「手と足，呼吸のバランスを保ち，安定したペースで長く泳いだり速く泳いだりすること」としている。手の動き(プル)や足の動き(キック)と，呼吸のバランスを取ることが必要である。　(2)　バディシステムは常に二人が組になって行動するので，お互いの安全を確かめ合うだけでなく，相手の欠点を矯正したり進歩を確認したりして，学習効果を高める手段としても有効である。水泳実習のみならず，海浜実習やダイビングなどにおいても取り入れられている。

【3】(1)

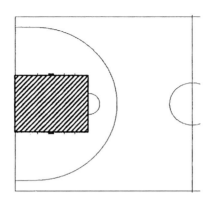

(2)　エンドライン

〈解説〉(1)　制限区域は，コートの他の床面と比べて違う色を使用され

ることがあり，ペイントエリアと呼ばれる場合もある。また，制限区

域にフリースローを行う半円を足した区域をフリースローレーンと呼

ぶ。オフェンス側のプレーヤーが相手チームの制限区域に3秒以上と

どまると，バイオレーションとなり，ペナルティが課される。

(2)　相手にシュートが決められた後は，自陣のエンドライン外からス

ローインする。スローインするプレーヤーは，エンドライン沿いであ

れば，自由に移動することができる。

【4】(1)　インステップキック　　(2)　ア

〈解説〉(1)　サッカーのキックには，設問のほかに，インサイドキック

とアウトサイドキック，インフロントキックとアウトフロントキック

などがある。インサイドキックは，足の内側のくるぶしあたりで蹴る

方法。コントロールしやすいため，正確性が期待できる。アウトサイ

ドキックは，足の外側で蹴る方法。インフロントキックは，インサイ

ドキックよりも足の前側を使い，親指の内側で蹴る。カーブをつけて

長い距離を飛ばすのに適している。アウトフロントキックは，小指の

外側あたりで蹴る。このほかにも，つま先で蹴るトゥキックや，ボー

ルを高く上げるチップキックなどがある。 (2) 危険な方法でプレーをした場合は，直接フリーキックではなく，間接フリーキックが与えられる。直接フリーキックが与えられるのは，相手プレーヤーから蹴られたり倒されたりするなど，相手から受けたファウルの場合である。また，意図的に手や腕でボールに触れるハンドリングでも，直接フリーキックとなる。

【5】(1) ウ (2) エ

〈解説〉(1) アの「パッシブプレイ」は，攻撃やシュートの意図を示さないでオフェンス側がボールを保持して，時間を稼ぐような遅延行為のことを指す。パッシブプレイは審判の予告合図があり，これを受けたにもかかわらず，オフェンス側が攻撃の姿勢を見せない場合に反則が取られる。イの「スクリーンプレイ」は，ディフェンダーの動きを封じて味方プレーヤーがスムーズに通れるフリースペースを作り出すこと。エの「ポストプレイ」は，ディフェンスの陣営内を動き，味方にチャンスを与えたり，自らもシュートチャンスを得たりすること。(2) ハンドボールのルールでは，ボールの保持時間は3秒まで，ステップの範囲は3歩までとなっている。ジャンプして着地した足は0歩とカウントする。身体の使用部分は，膝から上とされている。エは(1)のアで解説した「パッシブプレイ」で反則行為である。

【6】(1) ②，④，⑥ (2) ①

〈解説〉(1) リベロ制は，背の低い選手にも活躍の場を与えることを目的に，1998(平成10)年に国際ルールとして正式採用された。リベロは守備専門のポジションで，後衛としてのみ試合に参加する。アタックやブロックなど攻撃的なプレーを行うことは禁止されている。リベロプレイヤーには独自のルールがあり，後衛の選手とならいつでも誰とでも，何度でも交代できる。また，他の選手とは異なる色のユニフォームを着用することなどが決められている。 (2) サーブ権を獲得したら，選手はローテーションをしなければならない。ローテーション

では，6つのポジションを時計回りに1つ移動する。サーブは，バック
ライト(後衛の右側)のポジション(設問の図上では②)に入る人の役割な
ので，時計回りで1つ動く①の人が次のサーブを打つ。

【7】(1)　エッジボール　　(2)　・プレーイングサーフェスよりも高い
　位置　・サーバー側のエンドラインの後方
〈解説〉(1)　打ったボールがネット(ネットを支える支柱も含む)に触れて，
　相手コートに入った場合は「ネットイン」となり，有効な返球となる。
　ただし，サービスがネットインした場合は，ノーカウントでやり直し
　になる。「エッジボール」は，縁や角でも卓球台の表面に当たったと
　見なされるので，有効な返球である。ただし，ボールが卓球台の表面
　ではなく側面に当たった場合は「サイドボール」で無効となり，相手
　の得点となる。　(2)　サーブ区域はエンドライン後方で，サイドライ
　ンから出ない範囲と定められている。サーブのルールは，相手に見え
　るように，ボールを広げた手のひらに乗せて静止させ，卓球台(プレー
　イングサーフェス)よりも高い位置で，ボールを16cm(ネットの高さ)以
　上垂直に投げ上げて打つ。

【8】(1)　ア　　(2)　ウ
〈解説〉(1)　サーブは，手で空中に投げ上げた(トス)ボールを，サービス
　コート内にノーバウンドで打ち込まなければならない。この条件が満
　たせなかった場合は「フォールト」となる。1回目のフォールトではサ
　ーブを打ち直すが，2回目のサーブも「フォールト」だと，サービスコ
　ート内に入っても，フォールトとなる。ネットに当たってサービスコ
　ート内に入った場合は「レット」となり，ノーカウントでやり直しと
　なる。　(2)　アの「ドロップショット」は，ボールに逆回転をかけて，
　相手コートのネット際に落とす打法。イの「ポーチ」は，ダブルスで
　後衛が打つと思われるボールを，前衛がボレーでカットすること。エ
　の「ロブ」は，相手コートの後方へ落ちるように，高くゆるいボール
　を返すこと。

【9】(1)　ウ　　(2)　シャフト

〈解説〉(1)　アがハイクリアー，イがクリアー，エがドロップ，オがス
マッシュの軌道となる。　　(2)　ラケットは大きさが規定されており，
フレームの全長は680mm以内，幅は230mm以内とされている。ヘッド
部分は長さ330mm以内，幅230mm以内となっている。シャトルは，天
然素材と合成素材，またその両者を組み合わせたものがある。ただし，
どの素材でも天然の羽根をつけたシャトルと同様の飛行性が必要であ
る。天然素材のシャトルは，16枚の水鳥の羽根をコルクの台に取り付
けたもので，重さは4.74gから5.50gと規定されている。

【10】(1)　イ，ウ，エ　　(2)　フライボール(飛球)が守備側競技者に触れ
た直後，走者が進塁のためにスタートを起こすこと

〈解説〉(1)　ソフトボールのストライクゾーンは，打者が攻撃しようと
するときの脇の下から膝頭の上部の範囲の，ホームベース上の空間と
決められている。このストライクゾーンにボール全体が入っているこ
とが必要となる。野球では，膝頭の下部までがストライクゾーンで，
ボールが一部でもこの範囲にかかっていればストライクとなる。ただ，
ソフトボールにおいても，ホームベース上を通過するときは，ボール
がベースをかすめるように入っていればストライクなので，イの軌道
でもストライクとなる。　　(2)　ソフトボールでは，野球と違って，塁
上でリードを取ることはできない。塁上のランナーは，フライを捕ら
れた後なら進塁することができる。

【11】(1)　かかり練習　　(2)　ア，エ

〈解説〉(1)　中学校において武道が必修となり，授業で柔道を指導する
際には，安全に充分配慮する必要がある。基本動作，特に受け身の習
得は，事故を未然に防ぐうえでも大切である。「かかり練習(打込み)」
で個々の技の形が身に付いたら，次に「約束練習」に進む。これは，
2人1組となって相手とかける技を約束して，実際に投げたり投げられ
たりする練習である。その次は「乱取り」とも呼ばれる「自由練習」

で，実際に相手と格闘する実践的な練習に進む。　(2)　同じ方向にかける技の連絡として，ほかには「内股から体落とし」がある。イとウは，違う方向にかける技の連絡である。イとウのほかには「内股から大内刈り」がある。

【12】(1)　ウ　(2)　気剣体一致

〈解説〉(1)　参考資料「新しい学習指導要領に基づく剣道指導に向けて」では，構えについて「心(無形)と身体(有形)が一体となり，心構えと身構えとが兼ね備わった，隙のない状態のこと」と示している。構えには上段，中段，下段などがあるが，中学校，高等学校の体育の授業で主に用いられるのは，基本となる「中段の構え」である。　(2)　剣道の試合で，いわゆる「一本」となるポイントのことを「有効打突」という。剣道審判規則では，この「有効打突」を「充実した気勢，適正な姿勢をもって，竹刀の打突部で打突部位を刃筋正しく打突し，残心あるものとする」と規定している。残心とは，相手の反撃に備えて心を緩めず，身構えすることである。気合(気勢)，体さばき，竹刀の動きを一つにして打突するのが「気剣体一致」であり，有効打突の判定の要となる。

【13】(1)　①　ア　②　イ　(2)　①　ア　②　ア　(3)　①　イ　②　イ　(4)　①　ア　②　イ

〈解説〉(1)　フランスのクーベルタン男爵は，普仏戦争の敗戦で混乱していたフランスの発展のために，スポーツを取り入れた教育改革を目指す過程で「国際的競技会」を構想し，近代オリンピックを計画した。第1回大会は，1896年にギリシャで開催されている。クーベルタンは，オリンピックのあるべき姿を「スポーツを通して心身を向上させ，さらには文化・国籍など様々な差異を超え，友情，連帯感，フェアプレーの精神をもって理解し合うことで，平和でよりよい世界の実現に貢献する」と述べており，この精神は「オリンピズム」として，オリンピック憲章の基本原則に受け継がれている。この「オリンピズム」を

推し進める運動が「オリンピック・ムーブメント」である。嘉納治五郎は，1860(万延元)年，兵庫県生まれ。さまざまな流派の柔術を集大成して近代柔道を創始し，講道館を設立した。東京高等師範学校(現・筑波大学)の校長も務め，大日本体育協会(現・日本体育協会)を創設するなど，体育教育全般の発展にも貢献した。　(2)　1950年代から60年代にかけて起こった四大公害病には，設問の「イタイイタイ病」のほかに，「水俣病」，「第二水俣病(新潟水俣病)」，「四日市ぜんそく」がある。「水俣病」は，熊本県の水俣湾で発生した。原因は有機水銀による水質汚染で，魚類の食物連鎖を通じて発症した。「第二水俣病」も原因は有機水銀で，新潟県阿賀野川流域で発生した。「四日市ぜんそく」は，三重県四日市市で発生した。硫黄酸化物やばい煙による大気汚染が原因である。　(3)　適応機制は，欲求が満たされそうにないときに自分自身の心を守るという意味から「防衛機制」と呼ばれることもある。適応機制には，現実を歪曲したり無視したりする「抑圧」，現実から目をそらす「逃避」，理想の人をまねる「同一化」，家庭内暴力やハラスメント，自傷行為などの「攻撃」など，さまざまな種類がある。(4)　ノーマライゼーションは，高齢者や障害者などの社会的弱者が，他の人と同じように生活できる社会が本来あるべき姿であるという理念を指す。バリアフリーは，高齢者や障害者が安全に生活しやすくするため，障壁となるものを取り除いていくことを指す。介護が必要となったとき，要介護者または要支援者がバリアフリー工事を実施する場合，介護保険によりその費用の9割が支給される。ただし，補助金の支給は，被保険者1人につき改修費用20万円までとなっている。

【14】本人は喫煙しなくても身の回りのたばこの煙を吸わされてしまうこと
〈解説〉タバコの煙は，タバコを吸う人が直接吸い込む「主流煙」と，火のついた先から立ち上る「副流煙」に分かれる。副流煙は，フィルターを通っていないため，主流煙よりも有害物質の濃度が高くなる。この副流煙を吸い込む「受動喫煙」は，がんや脳卒中，心筋梗塞，呼吸

器疾患などのさまざまな病気のリスクを高め，妊婦や胎児にも悪影響を及ぼすとされている。

【15】「リデュース(Reduce：廃棄物の発生抑制)」「リユース(Reuse：部品等の再利用)」「リサイクル(Recycle：使用済み製品等の原材料としての再利用)」といった，頭文字(R)を同じくする3つの環境政策手法の総称。
〈解説〉ごみを減らし，出たごみはなるべく資源として活用し，残りは適切に処理することで，環境への負荷を減らす社会を「循環型社会」という。環境省は平成12(2000)年に施行された「循環型社会形成推進基本法」を受けて「3R」を推進している。これに，リフューズ(Refuse：余計なものを断る)，リペア(Repair：修理して長く使う)を加えたものは「5R」と言われ，ごみを減らす運動として，各地で推し進められている。

【16】運動器(身体運動に関わる骨，筋肉，関節，神経などの総称)の障害のために自立度が低下し，介護が必要となる危険性の高い状態
〈解説〉ロコモティブシンドローム(locomotive syndrome)は，2007(平成19)年に日本整形外科学会が提唱し，予防と対策を呼びかけている。ロコモティブシンドロームが進行すると，筋力やバランス能力が低下し，転倒しやすくなる。そのため，寝たきりや要介護のリスクが高まる。

【中学校】

【1】(1) ① ゴール型 ② ネット型 ③ ベースボール型
(2) ① なぎなた (3) ① 技術 ② 作戦 ③ 戦術
〈解説〉(1) 学習指導要領によれば，中学校の体育において，第1・第2学年で「球技」は必修である。第3学年では，「球技」及び「武道」から1つ以上を選択して履修できるようにした。 (2) 武道はダンスとともに，平成24(2012)年度から中学校で必修となった。基本的には「柔道」，「剣道」，「相撲」の中から1種目を選択する。原則として，その他の武道は学習指導要領で示された運動種目に加えて履修させるこ

ととし，地域や学校の特別な事情がある場合には，替えて履修させることができる。　(3)　体育理論は，第1・第2学年で「運動やスポーツの多様性」と「運動やスポーツが心身に発達に与える効果と安全」を取扱い，第3学年で「文化としてのスポーツの意義」を学ぶ。出題は，第1・第2学年で学習する「運動やスポーツの多様性」の一部である。学習指導要領関連の問題では，目標と内容について，細部まで綿密に学習しておくことが望ましい。

【2】(1)　技能　　(2)　②　イ　　　③　ウ

〈解説〉「評価規準の作成，評価方法等の工夫改善のための参考資料」については，満遍なく出題される可能性があるので，全体にしっかり目を通しておくこと。同資料によれば，「体つくり運動」の評価規準に盛り込むべき事項については，「運動への関心・意欲・態度」は「体つくり運動の楽しさや心地よさを味わうことができるよう，分担した役割を果たそうとすることなどや，健康・安全に留意して，学習に積極的に取り組もうとしている」こととしている。「運動についての思考・判断」は「ねらいに応じて，体の柔らかさ，巧みな動き，力強い動き，動きを持続する能力を高めるための運動を組み合わせるとともに，学習課題に応じた運動の取り組み方を工夫している」こととしている。「運動についての知識・理解」は「体つくり運動の意義と行い方，運動の計画の立て方などを理解している」こととしている。

【3】(1)　ウ，エ　　(2)　ア，イ

〈解説〉中学校における器械運動のねらいは，「技がよりよくできることや自己に適した技で演技すること」である。それぞれの基本的な技と発展技を，しっかり学習しておくこと。

【4】(1)　イ　　(2)　イ

〈解説〉(1)　学習指導要領解説によれば，中学校の長距離走では「自己のスピードを維持できるフォームでペースを守りながら，一定の距離

を走り通し，タイムを短縮したり競走したりできるようにする」としている。　(2) 日本陸上競技連盟競技規則 第3部 トラック競技第168条 ハードル競走 7において，「各競技者はハードルを跳び越えなければならない。」とされている。また，「(a)ハードルを越える瞬間に，足または脚がハードルをはみ出て(どちら側でも)バーの高さより低い位置を通ったとき。」と「(B) 故意に競技者がハードルを倒したと審判長が判断したとき。」は失格になると示されている。

【5】(1)　①　イメージ　②　コミュニケーション　(2)　左右同側の手足を同時に前に振り出す動き

〈解説〉(1)　学習指導要領解説では，中学校におけるダンスについて「イメージをとらえたり深めたりする表現，伝承されてきた踊り，リズムに乗って全身で踊ることや，これらの踊りを通した交流や発表ができるようにすることが求められる」と示されている。　(2)　日本の民謡は，授業の領域では「フォークダンス」に分類される。学習指導要領解説によれば「フォークダンスは，踊り方の特徴をとらえ，音楽に合わせて特徴的なステップや動きと組み方で踊ることができるようにすることをねらいとしている」とある。そのうえで，日本の民謡には「着物の袖口から出ている手の動きと裾さばきなどの足の動き，低く踏みしめるような足どりと腰の動き，ナンバ(左右同側の手足を同時に前に振り出す動作)の動き，小道具を操作する動き，輪踊り，男踊りや女踊り，歌や掛け声を伴った踊りなどの特徴がある」と述べられている。

【高等学校】

【1】(1)　①　ゴール型　②　ネット型　③　ベースボール型　(2)　①　相撲　(3)　①　オープンスキル　②　クローズドスキル　③　戦略

〈解説〉高等学校の体育では，「体つくり運動」「体育理論」は3ヵ年を通じて履修させ，入学年次に「器械運動」，「陸上競技」，「水泳」，「ダン

ス」のまとまりと，「球技」，「武道」のまとまりの中からそれぞれ1領域以上を選択して履修する。その次の年次以降では「器械運動」，「陸上競技」，「水泳」，「球技」，「武道」，「ダンス」の中から2領域以上を選択して履修することになっている。　(1)　球技について，学習指導要領解説では「作戦や状況に応じた技能や仲間と連携した動きを高めてゲームが展開できるようにする」と示されている。　(2)　高校の体育における「武道」について，学習指導要領では「我が国固有の伝統と文化により一層触れさせるため，中学校の学習の基礎の上に，より深められる機会を確保するよう配慮するものとする。」とされている。相撲，なぎなた，弓道などのその他の武道については，解説によると「柔道または剣道に加えて履修させることとし，地域や学校の特別の事情がある場合には，これらに替えて履修させることもできることとする」とされている。　(3)　体育理論の内容について，学習指導要領解説では「高等学校期における運動やスポーツの合理的，計画的な実践や生涯にわたる豊かなスポーツライフを送る上で必要となるスポーツに関する科学的知識等を中心に，スポーツの歴史，文化的特性や現代のスポーツの特徴，運動やスポーツの効果的な学習の仕方，豊かなスポーツライフの設計の仕方で構成されている」と示している。体育の授業では，実技に意識が向きがちだが，知識と技能を関連づけて学習することにより，生涯を通じて運動に親しむ基礎が培われる。

【2】(1)　技能　　(2)　②　イ　　③　ウ
〈解説〉設問の資料は，各高等学校で新しい学習指導要領を踏まえて，「評価の進め方や手順」，「各教科の事例から実際の評価方法」の参考に活用できる。同資料によれば「高等学校の学習評価では，観点別学習状況の評価の趣旨を踏まえた学習評価を行い，授業の改善につなげるよう努力している学校がある一方で，ペーパーテストを中心としていわゆる平常点を加味した，成績付けのための評価にとどまっている学校もあるとの指摘がある」とされており，学習評価の一層の改善が必要である。

【3】(1)　ウ，エ　　(2)　ア，イ

〈解説〉高等学校の体育における器械運動について，学習指導要領解説では「これまでの学習を踏まえて，「自己に適した技を高めて，演技すること」ができるようにすることが求められる」と示されている。器械運動は，マット運動，鉄棒運動，平均台運動，跳び箱運動で構成されているので，それぞれの主な技を「系，(技群)，グループ，基本的な技，発展技」の分類に従って，系統的に理解しておく必要がある。

【4】(1)　ウ　　(2)　イ

〈解説〉(1)　学習指導要領解説によれば，高等学校の長距離走では「入学年次では，「自己に適したペースを維持して走ること」を，その次の年次以降では，「ペースの変化に対応するなどして走ること」をねらいとする」と示されている。距離の目安に幅があるが，これは「指導のねらい，生徒の技能・体力の程度や気候等の状況に応じて弾力的に扱うようにする」ためである。　(2)　アのリレーについて，「日本陸上競技連盟競技規則」によれば，バトンを落とした場合は，落とした競技者がバトンを拾わなければならないが，バトンパスの動作中，次走者だけがバトンを持っている状態になるまでに落とした場合は，前走者，次走者のどちらが拾ってもよい。ただ，次走者が本当にバトンに触れたのか問題になることがある。触れていなければ，落としたのは前走者なので，前走者が拾わなければ失格となる。イのハードル走について，同規則では「ハードルを越える瞬間に，足または脚がハードルをはみ出て(どちら側でも)バーの高さより低い位置を通ったとき」と「故意に競技者がハードルを倒したと審判長が判断したとき」は失格になると示されている。ウの走り幅跳びでは，着地した砂場についた競技者の身体の跡のうち，踏み切り地点から最も近い地点までが記録となる。また，踏切板より前で踏み切っても違反にはならないが，記録は踏み切り板から計測される。エの走り高跳びでは，片足で踏み切ることがルールで決められている。

【5】(1)　①　イメージ　　②　コミュニケーション　　(2)　シンコペーション

〈解説〉(1)　学習指導要領解説では，高等学校におけるダンスについて「感じを込めて踊ったり，仲間と自由に踊ったりする楽しさや喜びを味わい，それぞれ特有の表現や踊りを高めて交流や発表ができるようにする」と述べられている。　(2)　ロックやヒップホップなどの現代的なリズムのダンスについて，解説では「入学年次では，「リズムの特徴をとらえ，変化とまとまりを付けて，リズムに乗って全身で踊ること」を，その次の年次以降では，「リズムの特徴を強調して全身で自由に踊ったり，変化とまとまりを付けて仲間と対応したりして踊ること」を学習のねらいとする」と示している。

2017年度　実施問題

【中高共通】

【1】「新体力テスト」においてハンドボール投げを実施する際，グラウンドにどのようにラインを引けばよいか，要点がわかるように図示しなさい。

(☆☆☆◎◎◎)

【2】陸上競技について，次の各問いに答えなさい。

(1) 走り高跳びでベリーロールについて指導する際の説明として適切でないものを，次のア～エから1つ選び，記号で答えなさい。

ア　助走はバーに対して30～50度の角度から行うとよい。

イ　助走の長さは，初心者や脚力の弱い人ほど長めがよい。

ウ　踏切位置は，両肩を結ぶ線がバーに対して直角になるように立ち，片手を伸ばした程度のところがよい。

エ　踏み切りはバーに近い方の足で行う。

(2) 次の表はA～Dの4人の走り高跳びの記録を示したものである。それぞれの順位を数字で答えなさい。

―パス，○有効試技，×失敗

競技者	試技						
	1.70 m	1.75 m	1.80 m	1.85 m	1.90 m	1.95 m	2.00 m
A	―	―	○	×○	○	××○	×××
B	○	×○	×○	×○	×○	×○	×××
C	○	○	○	×○	×○	××○	×××
D	○	―	―	×○	××○	×○	×××

(☆☆☆◎◎◎)

【3】18チームでラグビーの試合を行うとき，次の(1)・(2)の場合の総試合数を，それぞれ答えなさい。ただし，3位決定戦や敗者復活戦は行わないものとする。

(1)　トーナメント戦
(2)　総当たりのリーグ戦

(☆☆☆◎◎◎)

【４】球技について，次の各問いに答えなさい。
(1)　次の文章は各種目の競技規則について説明したものである。空欄
（　a　）～（　j　）に当てはまる数字をそれぞれ答えなさい。
・バスケットボールの1チームは，（　a　）人の出場プレイヤー，7人
以内の交代要員で構成される。
・ハンドボールでは，1チームにつき同時に（　b　）名までのプレイ
ヤーが試合に出場できる。
・サッカーでは，1チームにつき同時に（　c　）名までのプレイヤー
が試合に出場できる。
・バスケットボールでは，試合中のフリースローが成功した場合，
1投につき（　d　）点が与えられる。
・ハンドボールでは，試合中の7mスローが成功した場合，（　e　）
点が与えられる。
・サッカーでは，試合中のペナルティーキックが成功した場合，
（　f　）点が与えられる。
・バスケットボールでは，コート内でボールをコントロールしたチ
ームは（　g　）秒以内にシュートしなければならない。
・バレーボールのアタックラインは，それぞれのコートに，そのラ
インの幅の後端がセンターラインの幅の中心から（　h　）mとなる
ように引かれる。
・卓球のサービスは，手のひらにボールをのせ，ほぼ垂直に（　i　）cm
以上投げ上げ，ボールが落下してくるところで打球する。
・ラグビーでは，トライに成功した場合，（　j　）点が与えられる。
(2)　バスケットボールについて，次の各問いに答えなさい。
①　セットシュートの留意点として適切でないものを，次のア～エ
から1つ選び，記号で答えなさい。

　　ア　目の近くからボールを出す。

　　イ　上体を起こしてリングに正対する。

　　ウ　常にリングの中心にねらいをつける。

　　エ　膝の屈伸を利用してボールを投げる。

②　ディフェンスにおいて，チームとして守るべきエリアを決め，相手やボールがどこに動いてもできるだけ全員の基本的な位置関係をくずさない方法を何というか，答えなさい。

(3)　ハンドボールについて，次の各問いに答えなさい。

①　次の図はパラレルプレーのときによく用いられるあるパスの方法を示している。何というパスか，答えなさい。

②　「インラインの原則」とはどのような原則か，簡潔に説明しなさい。

(4)　サッカーについて，次の各問いに答えなさい。

①　ボールを浮かせたりカーブなどの変化をつけたりするときに使用する足の「親指つけ根付近」で蹴るキックの方法を何というか，答えなさい。

②　次の図のなかで，Aチームの選手がオフサイドポジションとなるエリアはどこか，▨で示しなさい。

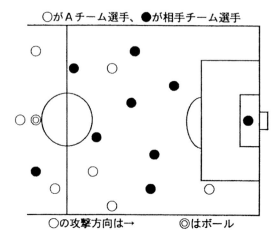

○がＡチーム選手、●が相手チーム選手

○の攻撃方向は→　　　◎はボール

(5)　バレーボールについて，次の各問いに答えなさい。

①　相手チームからのボールを同じチームの4人の選手がボールに
触れた後に返球してもフォアヒットの反則とならないのはどのよ
うな場合か，簡潔に説明しなさい。

②　ペネトレーションフォールトとは何か，簡潔に説明しなさい。

(6)　卓球について，次の各問いに答えなさい。

①　次のア～オの文章のうち，試合の進め方やルールとして適切な
ものをすべて選び，記号で答えなさい。

ア　ゲーム中のサービスは2ポイントごとに交替する。ただし，
得点が10対10以降，あるいは促進ルールが適用された場合は1
ポイントごとに交替する。

イ　1ゲーム終了ごとにエンドと最初のサーバーを交替する。最
終ゲームでは，いずれかの競技者または組が5ポイントを取っ
たとき，エンドを交替し，ダブルスの場合はレシーバーも交替
する。

ウ　コート上で相手競技者がボールの進路を妨害した場合を除い
て，打ったボールが直接相手競技者コートのエンドライン，サ
イドラインを越えた場合は，それが相手競技者のラケットにあ

たった場合も含めて，相手競技者のポイントとなる。

　エ　ラケットを持つ手の指にボールがあたってリターンした場合
　　　は，相手競技者のポイントとなる。

　オ　サービスがネットやサポートに触れた場合は，すべて相手競
　　　技者のポイントとなる。

② サービス後のリターンボールを待ちかまえ，しかける攻撃のこ
　とを何というか，答えなさい。

(7) ソフトテニスについて，次の各問いに答えなさい。

① 次のア～エの文章のうち，試合の進め方やルールとして適切で
　ないものを1つ選び，記号で答えなさい。

　ア　サービス権などを決定するトスは，ジャンケンに負けたほう
　　　がラケットをまわし，勝ったほうが表か裏かを宣言するかたち
　　　で行う。

　イ　正審の「レディ」のコールでゲームの陣形に入り，「プレー
　　　ボール」のコールで開始される。

　ウ　ゲームは，ファイナルゲームをのぞいて4点先取で，3対3に
　　　なったときはデュースとなり，2点先取でゲームを取ることが
　　　できる。

　エ　サービスとレシーブは，ファイナルゲームをのぞいて1ゲー
　　　ムが終わるごとに相手と交代し，偶数ゲームが終わるごとにサ
　　　イドを交代する。

② ダブルスにおいて，2人のプレーヤーがベースラインプレーヤ
　ーとネットプレーヤーに分かれる陣形を何というか，答えなさい。

(8) バドミントンについて，次の各問いに答えなさい。

① 各種フライトについて説明した次のア～エの文章のうち，ヘア
　ピンの説明として最も適するものを選び，記号で答えなさい。

　ア　バックバウンダリーラインに向かって，相手のラケットが届
　　　かない高さを越えて飛んでいくフライト。相手をコート後方に
　　　動かすために使う。

　イ　ネット際から高く弧を描くように飛んでいくフライト。相手

　　　をコート後方に動かすために使う。

　　ウ　ネット際から相手のネット際に落とすフライト。相手をコート前方に引きつけるときに使う。

　　エ　ネット際に浮いてきたシャトルをラケットで押すように相手コートに叩き込むフライト。攻勢をかけるときに使う。

②　次の図のような攻撃方向でA選手とB選手が試合をしており，A選手の得点が5点，B選手の得点が3点の状況で，A選手がサービスを行う場合，A選手はどのエリアにサービスを入れなければならないか，▨▨で示しなさい。

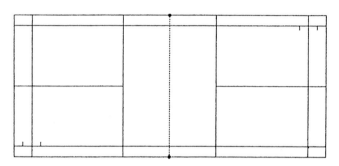

A選手の攻撃方向は→　　点線はネットを示している

(9)　ソフトボールについて，次の各問いに答えなさい。

①　ダブルベースが考案された理由を簡潔に説明しなさい。

②　次のア～エの図はフェアボールとファウルボールをあらわしたものである。凡例を見て，フェアボールとなるものをすべて選び，記号で答えなさい。

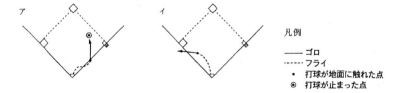

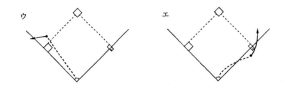

(☆☆☆◎◎◎)

【5】武道について，次の各問いに答えなさい。

(1) 柔道について，次の各問いに答えなさい。

① 「学校体育実技指導資料第2集　柔道指導の手引き　三訂版」(平成25年3月　文部科学者)において示されている「受け身の3要素を体得する」とはどのような感覚を養うことか，3つ答えなさい。

② 次の文章は何という技を説明したものか，技の名称を答えなさい。

・「取」は，「受」を真前に崩し，「受」の後ろ腰に右腕を回し，「受」と重なり，両膝の伸展，引き手，後ろに回した右腕を使用し，「受」を腰に乗せ前方に投げる。

(2) 剣道について，次の各問いに答えなさい。

① 次のア～オの技のうち，応じ技を1つ選び，記号で答えなさい。

ア　二段の技　　イ　引き技　　ウ　出ばな技　　エ　払い技
オ　すり上げ技

② 相手が打とうとして手もとを上げたとき，隙ができた小手を打つ技を何というか，答えなさい。

(☆☆☆◎◎◎)

【6】体育理論について，次の各問いに答えなさい。

(1) 次の文章はオリンピック憲章(公益財団法人日本オリンピック委員会　2016年1月発行)からの抜粋である。空欄(　①　)・(　②　)に当てはまる語句をそれぞれ答えなさい。

・(①)は肉体と意志と精神のすべての資質を高め，バランスよく結合させる生き方の哲学である。(①)はスポーツを文化，教育と融合させ，生き方の創造を探求するものである。

・(②)は，(①)の価値に鼓舞された個人と団体による，協調の取れた組織的，普遍的，恒久的活動である。

(2)　1999年に設立された国際レベルのあらゆるスポーツにおけるアンチ・ドーピング活動を促進し，調整することを目的とする機関の略称を何というか，アルファベットで答えなさい。

(3)　技能の上達過程でみられる現象である「プラトー」と「スランプ」について，2つの違いを簡潔に説明しなさい。

(☆☆☆◎◎◎)

【7】次の文章は，「スポーツ立国戦略」(平成22年8月26日文部科学大臣決定)の考え方について説明したものである。空欄(①)・(②)に当てはまる語句を，それぞれ答えなさい。

・スポーツ立国戦略では，新たなスポーツ文化の確立へ向けて，「人(する人，観る人，(①)人)の重視」と「連携・(②)の推進」を基本的な考え方としている。

(☆☆☆◎◎◎)

【8】保健について，次の各問いに答えなさい。

(1)　次のア〜オのうち，脳のはたらきを抑制する作用をもつ薬物を1つ選び，記号で答えなさい。
　　ア　大麻　　イ　覚せい剤　　ウ　LSD　　エ　MDMA
　　オ　コカイン

(2)　薬物乱用をやめた後でも，飲酒や強いストレスなどで幻覚や妄想などが突然現れることがある。この現象を何というか，答えなさい。

(3)　次の文章は交通事故の加害者が負う法的責任について説明したものである。空欄(①)〜(③)に当てはまる語句をそれぞれ答えなさい。

・交通事故の加害者が負う法的責任には次のようなものがある。まず(①)上の責任である。他人を死傷させたり，飲酒や無免許などの危険・悪質な運転をしたりすると，懲役や罰金が科せられる。次に(②)上の責任がある。これは被害者やその家族等に対して与えた損害を賠償する責任である。また(③)上の責任がある。違反や事故の程度に応じて，運転免許の停止や取り消し等の処分を受ける。

(4) 医療関係者が患者に対して十分な説明を行い，患者がそれを正しく理解した上で治療の方針などに明確に同意を示してはじめて，医療関係者は患者に治療などを行うことができるという考え方を何というか，答えなさい。

(5) 特許の切れた医薬品と同じ成分・効き目で，他の医薬品製造会社が厚生労働省の承認のもとに製造・販売する後発医薬品を何というか，答えなさい。

(6) 食品の製造・加工の工程で発生するおそれのある危害を分析し，とくに重点的に管理するポイントを決め，対策がきちんと行われているかを常時監視する衛生管理の手法を何というか，アルファベットで答えなさい。

(7) 次のア〜オのうち，応急手当として不適切なものはどれか，すべて選び，記号で答えなさい。

　ア　水ぶくれや血豆ができたときは，針などを刺して水や血を抜く。

　イ　足がつってしまったときは，患部をあたためて血行をよくする。

　ウ　歯が抜けたときは，抜けた歯を専用の保存液か冷たい牛乳にいれ，それらがない場合は口に入れたまま，一刻も早く歯科医院に連れて行く。

　エ　のどに食べ物が詰まり自力で吐き出せないときは，腹部突き上げ法や背部叩打法で吐き出させる。

　オ　やけどをしたときは，患部についた衣服はすぐにはがし，清潔なガーゼをあてる。

(8) 次の①〜③はある適応機制について説明したものである。何とい

う適応機制について説明したものか，下のア～クから選び，それぞれ記号で答えなさい。

説明　　① 自分にない名声や権威に自分を近づけることによって，自らの価値を高めようとする機制

② 一見もっともらしい理由をつけて，自分を正当化しようとする機制

③ 耐えがたい事態に直面したとき，発達の未熟な段階にあともどりして自分を守ろうとする機制

選択肢　ア　補償　　イ　昇華　　ウ　同一化　　エ　合理化
　　　　オ　逃避　　カ　抑圧　　キ　退行　　　ク　攻撃

(9)　STDとはどのような感染症の略称か，簡潔に説明しなさい。

(☆☆☆◎◎◎)

【中学校】

【1】学習指導要領等について，次の各問いに答えなさい。

(1)　次の文章は「中学校学習指導要領」(平成20年3月)に示された保健体育科の目標である。空欄(①)～(⑥)に当てはまる語句をそれぞれ答えなさい。ただし，(②)と(③)は順不同とする。

・心と体を(①)としてとらえ，運動や(②)・(③)についての理解と運動の(④)な実践を通して，生涯にわたって運動に親しむ資質や能力を育てるとともに健康の保持増進のための(⑤)の育成と(⑥)の向上を図り，明るく豊かな生活を営む態度を育てる。

(2)　次の文章は「中学校学習指導要領解説　保健体育編」(平成20年7月)に示された内容である。空欄(⑦)～(⑩)に当てはまる数字をそれぞれ答えなさい。

・授業時数の配当について，「体つくり運動」については，各学年で(⑦)単位時間以上を，「体育理論」については，各学年で(⑧)単位時間以上を配当することとされている。

・保健体育の年間標準授業時数は，各学年とも(⑨)単位時間で

ある。

・保健分野の授業時数は，3学年間で，（　⑩　）単位時間程度を配当
することとされている。

(3)　次の文章は「学校体育実技指導資料　第7集　体つくり運動　―
授業の考え方と進め方―　改訂版」(平成24年7月　文部科学省)から
の抜粋である。空欄（　⑪　）・（　⑫　)に当てはまる語句をそれぞ
れ答えなさい。

・運動の内容は，小学校低学年「（　⑪　）」と「多様な動きをつく
る運動遊び」，小学校中学年では「（　⑪　）」と「多様な動きをつ
くる運動」，小学校高学年から高等学校までは「（　⑪　）」と
「（　⑫　）」で構成されています。

(☆☆☆◎◎◎)

【2】器械運動について，次の各問いに答えなさい。

(1)　次の文章の空欄（　①　)～（　③　)に当てはまる語句を，下のア
～カから選び，それぞれ記号で答えなさい。

・「中学校学習指導要領解説　保健体育編」(平成20年7月)において，
器械運動の技は，（　①　），（　②　），（　③　)という視点によっ
て分類されている。（　①　)とは各種目の特性を踏まえて技の運
動課題の視点から大きく分類したものである。（　②　)とは，類
似の運動課題や運動技術の視点から，そして（　③　)とは，運動
の方向や経過，さらには技の系統性や発展性も考慮して分類した
ものである。

ア　型　　イ　系　　ウ　領域　　エ　類　　オ　技群

カ　グループ

(2)　器械運動におけるマット運動について，次の図の技の名称を答え
なさい。

○手は肩幅程度。前頭部をついて腰を曲げ、前方へ回転する。　　○両手でマットを押し放す。
○脚を急激にはねあげ、頭をおこしてからだをそる。

(☆☆☆◎◎◎)

【3】水泳について，次の各問いに答えなさい。

(1) 次のA〜Dの文章は，「中学校学習指導要領解説　保健体育編」(平成20年7月)に示されている第3学年の技能の例示である。それぞれどの泳法についての例示か，学習指導要領解説に示されている泳法名で答えなさい。

A　リカバリーでは，肘を伸ばし，肩を支点にまっすぐ肩の延長線上に小指側から入水すること。

B　空中で肘を60〜90度程度に曲げて，手を頭上近くでリラックスして動かすこと。

C　手は，キーホールの形を描くように水をかき，手のひらを胸の近くを通るようにする動き(ロングアームプル)で進むこと。

D　手を肩より前で動かし，両手で逆ハート型を描くように強くかくこと。

(2) 「学校体育実技指導資料第4集　水泳指導の手引き　三訂版」(平成26年3月　文部科学省)に示されているプール内での事故を防止するための監視の要点を3つ答えなさい。

(☆☆☆◎◎◎)

【4】ダンスについて，次の各問いに答えなさい。

(1) 次の各文章は，中学校第3学年でのダンスの技能について「中学校学習指導要領解説　保健体育編」(平成20年7月)に示されている内容である。空欄(①)〜(③)に当てはまる語句をそれぞれ答えなさい。

・(①)では，表したいテーマにふさわしいイメージをとらえ，

　　　個や群で，緩急強弱のある動きや空間の使い方で変化をつけて即
　　　興的に表現したり，簡単な作品にまとめたりして踊ること。
　　・（　②　）では，踊り方の特徴をとらえ，音楽に合わせて特徴的な
　　　ステップや動きと組み方で踊ること。
　　・（　③　）では，リズムの特徴をとらえ，変化とまとまりを付けて，
　　　リズムに乗って全身で踊ること。
(2)　次のア～エのフォークダンスのうち，アメリカ発祥とされるもの
　　をすべて選び，記号で答えなさい。
　　ア　パティケーク・ポルカ
　　イ　ヒンキー・ディンキー・パーリ・ブー
　　ウ　ハーモニカ
　　エ　オスローワルツ

(☆☆☆◎◎◎)

【5】集団行動について，次の各問いに答えなさい。
(1)　次の文章は「中学校学習指導要領解説　保健体育編」(平成20年7
　　月)に示されている内容である。空欄(　①　)・(　②　)に当てはま
　　る語句をそれぞれ答えなさい。
　　・集団として必要な行動の仕方を身に付け，(　①　)的で(　②　)
　　　な集団としての行動ができるようにすることは，運動の学習におい
　　　ても大切なことである。
(2)　次の①・②の場面での合図をそれぞれ答えなさい。
　　①　横隊の整頓をするとき
　　②　2列横隊から4列縦隊をつくるとき

(☆☆☆◎◎◎)

【高等学校】

【1】学習指導要領について，次の各問いに答えなさい。
(1)　次の文章は「高等学校学習指導要領」(平成21年3月)に示された保
　　健体育科の目標である。空欄(　①　)～(　⑥　)に当てはまる語句を

それぞれ答えなさい。ただし, (①)と(②), また(③)と
(④)は順不同とする。

・心と体を一体としてとらえ, (①)・(②)や運動について
の理解と運動の(③), (④)な実践を通して, 生涯にわた
って豊かな(⑤)を継続する資質や能力を育てるとともに健康
の保持増進のための(⑥)の育成と体力の向上を図り, 明るく
豊かで活力ある生活を営む態度を育てる。

(2)　次の文章は「高等学校学習指導要領解説　保健体育編・体育編」
(平成21年7月)に示された内容である。空欄(⑦)～(⑩)に当
てはまる数字をそれぞれ答えなさい。

・科目「体育」の標準単位数は(⑦)～(⑧)単位である。

・「体つくり運動」の授業時数については, 各年次で(⑨)～
(⑩)単位時間程度を配当することとされている。

(3)　次の文章は「学校体育実技指導資料　第7集　体つくり運動　―
授業の考え方と進め方― 改訂版」(平成24年7月　文部科学省)から
の抜粋である。空欄(⑪)・(⑫)に当てはまる語句をそれぞ
れ答えなさい。

・運動の内容は, 小学校低学年「(⑪)」と「多様な動きをつく
る運動遊び」, 小学校中学年では「(⑪)」と「多様な動きをつ
くる運動」, 小学校高学年から高等学校までは「(⑪)」と
「(⑫)」で構成されています。

(☆☆☆◎◎◎)

【2】器械運動について, 次の各問いに答えなさい。

(1)　次の文章の空欄(①)～(③)に当てはまる語句を, あとの
ア～カから選び, それぞれ記号で答えなさい。

・「高等学校学習指導要領解説　保健体育編・体育編」(平成21年7
月)において, 器械運動の技は, (①), (②), (③)と
いう視点によって分類されている。(①)とは各種目の特性を
踏まえて技の運動課題の視点から大きく分類したものである。

(②)とは，類似の運動課題や運動技術の視点から，そして
(③)とは，運動の方向や経過，さらには技の系統性や発展性
も考慮して分類したものである。

　ア　型　　イ　系　　ウ　領域　　エ　類　　オ　技群
　カ　グループ

(2)　器械運動におけるマット運動について，次の図の技の名称を答え
　なさい。

（☆☆☆◎◎◎）

【3】水泳について，次の各問いに答えなさい。

(1)　次のA～Dの文章は，「高等学校学習指導要領解説　保健体育編・
　体育編」(平成21年7月)に示されている入学年次の技能の例示である。
　それぞれどの泳法についての例示か，学習指導要領解説に示されて
　いる泳法名で答えなさい。

　A　リカバリーでは，肘を伸ばし，肩を支点にまっすぐ肩の延長線
　　上に小指側から入水すること。

　B　空中で肘を60～90度程度に曲げて，手を頭上近くでリラックス
　　して動かすこと。

　C　手は，キーホールの形を描くように水をかき，手のひらを胸の
　　近くを通るようにする動き(ロングアームプル)で進むこと。

　D　手を肩より前で動かし，両手で逆ハート型を描くように強くか
　　くこと。

(2)　「学校体育実技指導資料第4集　水泳指導の手引き　三訂版」(平
　成26年3月　文部科学省)に示されているプール内での事故を防止す
　るための監視の要点を3つ答えなさい。

（☆☆☆◎◎◎）

【4】ダンスについて，次の各問いに答えなさい。

(1) 次の各文章は，ダンスの技能について「高等学校学習指導要領解説　保健体育編・体育編」(平成21年7月)に示されている内容である。空欄(①)～(③)に当てはまる語句をそれぞれ答えなさい。

・(①)では，表したいテーマにふさわしいイメージをとらえ，個や群で，対極の動きや空間の使い方で変化をつけて即興的に表現したり，イメージを強調した作品にまとめたりして踊ること。

・(②)では，踊り方の特徴を強調して，音楽に合わせて多様なステップや動きと組み方で仲間と対応して踊ること。

・(③)では，リズムの特徴を強調して全身で自由に踊ったり，変化とまとまりを付けて仲間と対応したりして踊ること。

(2) 次のア～エのフォークダンスのうち，アメリカ発祥とされるものをすべて選び，記号で答えなさい。

ア　パティケーク・ポルカ

イ　ヒンキー・ディンキー・パーリ・ブー

ウ　ハーモニカ

エ　オスローワルツ

(☆☆☆◎◎◎)

【5】集団行動について，次の各問いに答えなさい。

(1) 次の文章は「高等学校学習指導要領解説　保健体育編・体育編」(平成21年7月)に示されている内容である。空欄(①)・(②)に当てはまる語句をそれぞれ答えなさい。

・集団として必要な行動の仕方を身に付け，(①)的で(②)な集団としての行動ができるようにすることは，運動の学習においても大切なことである。

(2) 次の①・②の場面での合図をそれぞれ答えなさい。

① 横隊の整頓をするとき

② 2列横隊から4列縦隊をつくるとき

(☆☆☆◎◎◎)

解答・解説

【中高共通】

【1】

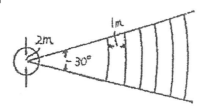

要点…直径2mの円を描き，円の中心から投球方向に向かって，中心角30度になるように直線を図のように2本引き，その間に同心円弧を1m間隔に描く。

〈解説〉ハンドボール投げでは投球中・投球後に円外に出たり，円のラインを踏むと無効となり，円外に出るには投球後一度静止することが必要である。試技は2回で，記録はメートル単位とし，端数は切り捨てとする。

【2】(1) イ   (2) A 3   B 2   C 4   D 1

〈解説〉(1) 走り高跳びでベリーロールを指導する際，助走の長さは初心者や脚力の弱い人ほど短めがよい。短助走で，助走のリズムに着目した活動から導入すると，活動の成果が高まる。 (2) 走り高跳びの順位は，成功した高さの順に決めるが，同記録の場合は，まず同記録になった高さで，試技回数が少なかった者が上位となる。それでも決まらない場合には，同記録までの無効試技数が少なかった者が上位となる。

【3】① 17   ② 153

〈解説〉全試合数を算出する場合，トーナメント(勝ち上がり)戦では，全参加チームから1を引いた数，総当たりのリーグ戦では，試合

$$数 = \frac{n(n-1)}{2} となる。$$

【4】(1) a 5　　b 7　　c 11　　d 1　　e 1　　f 1　　g 24
h 3　i 16　　j 5　　(2) ①　ウ　　②　ゾーンディフェンス
(3)　①　リストパス(ラテラルパス)　　②　ディフェンスの原則の1つ
で，ディフェンスプレーヤーはオフェンスプレーヤーと自チームのゴ
ールキーパーとの間に常に位置するという原則。　　(4)　①　インフ
ロントキック(スワープキック)
②

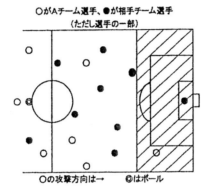

○がAチーム選手、●が相手チーム選手
(ただし選手の一部)

○の攻撃方向は→　◎はボール

(5)　①　ボールに触れた一人目の選手のプレイがブロックの場合(ボ
ールに最初に同時に触れた二人のプレイがブロックの場合，ネット上
で両チームが同時にボールに触れた場合)。　　②　相手コートに侵入
する反則のこと。　　(6)　①　ア，イ，ウ　　②　3球目攻撃
(7)　①　エ　　②　雁行陣　　(8)　①　ウ

②

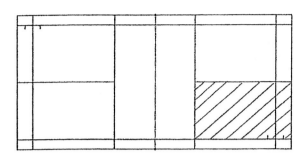

Aの攻撃方向は→　　点線はネットを示している

(9)　①　ファーストベースにおける守備側競技者と打者走者の交錯を防ぐため。　　②　ア，ウ

〈解説〉(1)　球技の各種運動種目について，競技に必要な施設，基本技術と競技用語，ゲームの進め方とルール，規則違反と罰則規定等は正しく理解しておきたい。　(2)　①　リングの手前にねらいをつけるとよい。　(3)　①　パラレルプレーとはオフェンスが平行するように走りながら相手ゴールに攻める戦術のこと。一般的には2人で行われる。どちらがシュートを打つかわからないので，ディフェンスがその分拡散される。　(4)　②　オフサイドは相手ゴールとボールの間に相手チームの選手が2人以上いないエリアにいる味方選手へのパスを禁じたものである。　(5)　①　同様にブロックしたボールを，ブロックした選手本人が再度ボールに触れてもダブルコンタクトにならない。

(6)　①　エ　ラケットを持つ手首から先の手に当たってリターンされても正規のリターンとなる。　オ　サービスがネットやサポートに触れたが，正規に相手競技者のコートに入る，またはレシーブ側のコートにワンバウンドする前にオブストラクトになった場合(台上でのボレー)は，レット(サービスのやり直し)となる。　(7)　①　サイドチェンジは，奇数ゲームが終わるたびに行う。　(8)　②　サービスは自身の得点が偶数であればコートの右，奇数であればコートの左から行い，サービスを対角線側のコートに入れる。以上から，本問では自身のコート左側からサービスし，相手から見て左側のコートに入れる。なお，

　　試合はシングル戦なので，コートの縦は長く，横幅は短い。　(9)　打
　　球がベースを直撃した場合，白のベース(白とオレンジの境目)はフェ
　　ア，オレンジベースはファウルとなるので注意したい。

【5】(1)　①　畳をたたく感覚，ゆっくり回転する感覚，衝撃時に筋肉
　　を緊張させる感覚　　②　大腰　　(2)　①　オ　　②　出ばな小手
〈解説〉(1)　①　柔道による事故原因のほとんどは，受け身の未熟さか
　　らきている。特に，頭を守りきれなかったものは重大な事故に結びつ
　　くことが多いので，十分な指導が必要である。　(2)　①　しかけ技は
　　二段の技・引き技・出ばな技・払い技であり，応じ技は抜き技・すり
　　上げ技・返し技・打ち落とし技，と分類されている。　②　出ばな小
　　手は，しかけ技の出ばな技に例示されている技である。

【6】(1)　①　オリンピズム　　②　オリンピック・ムーブメント
　　(2)　WADA　　(3)　プラトーは技能上達の一時的停滞であり，スラ
　　ンプは技能の一時的低下である。
〈解説〉(1)　オリンピックの創始者クーベルタンは，スポーツによる青
　　少年の健全育成と世界平和の実現を理念として掲げた。この理念をオ
　　リンピズムと呼ぶ。そして，オリンピズムを実現するために国際オリ
　　ンピック委員会(IOC)が中心となっておこなう活動がオリンピックムー
　　ブメントである。　(2)　スポーツにおけるアンチ・ドーピング運動を
　　促進することを目的として，1999年に世界アンチ・ドーピング機関
　　(WADA：World Anti-Doping Agency)が設立された。わが国でも，2001
　　年に日本アンチ・ドーピング機構(JADA)が設立されている。　(3)　技
　　能がある程度向上すると，次のステップに進むまでに一時的な停滞や
　　低下の時期が訪れる。この技能停滞がプラトー，技能低下がスランプ
　　と解することができる。言い換えれば，プラトーはもてる力を発揮で
　　きているが，その力が伸び悩んでいる状態，スランプは上級者に生じ，
　　実力があるのにそれを発揮できない状態である。

【7】① 支える(育てる) ② 協働

〈解説〉「スポーツ立国戦略」は平成22年に示されたもので,「スポーツの意義や価値が広く国民に共有され,より多くの人々がスポーツの楽しさや感動を分かち,互いに支え合う「新たなスポーツ文化」を確立すること」を目的としている。基本的な考え方は問題にある2つだが,基本的な考え方を踏まえ,実施すべき項目として,ライフステージに応じたスポーツ機会の創造,世界で競い合うトップアスリートの育成・強化,スポーツ界の連携・協働による「好循環」の創出,スポーツ界における透明性や公平・公正性の向上,社会全体でスポーツを支える基盤の整備をあげている。

【8】(1) ア (2) フラッシュバック(現象) (3) ① 刑事
② 民事 ③ 行政 (4) インフォームド・コンセント(説明と同意) (5) ジェネリック医薬品 (6) HACCP (7) ア,オ
(8) ① ウ ② エ ③ キ (9) 性行為によって感染する感染症

〈解説〉(1) 覚せい剤,幻覚剤(LSD,MDMA),麻薬(コカイン型)などは脳のはたらきを興奮させる作用をもつ。 (2) 薬物の使用を止めても強いストレスなどにより,幻覚など乱用時と同じ症状が出る場合がある(フラッシュバック)。さらにほかの薬物に手を出しやすくなる。
(3) 刑事上の責任は,刑法及び道路交通法による。民事上の責任は,行政庁(公安委員会)が行う行政処分である。 (4) インフォームド・コンセントと同時に,別の医療機関や医師などに意見を求める「セカンド・オピニオン」も覚えておきたい。 (5) 近年,医療費の上昇などを受けて,安価なジェネリック医薬品の積極活用が推進されている。ただし,薬剤以外の混合物などによって,先発品と同様の効果を示さないこともあるので注意が必要である。 (6) HACCPは,Hazard Analysis Critical Control Pointの頭文字で,「危害分析重要管理点」ともいわれる。 (7) ア 水ぶくれや血豆を潰すと雑菌感染のリスクが高まるので,潰さないように気をつけながら清潔なガーゼなどで保護す

る。　オ　やけどしたときは，無理に衣服を脱がせてしまうとやけどの部分の皮膚も一緒にはがれてしまい，水泡が破れて痛みが強くなったり細菌感染の可能性もあったりするので，無理に脱がさず，すぐに流水で冷やすようにする。　(8)　欲求不満や葛藤の状態をやわらげ，無意識のうちに心の安定を保とうとする働きを適応機制という。特に，選択肢の8つの適応機制については，簡潔に説明できるようにしておこう。　(9)　性感染症(STD：Sexually Transmitted Disease)には，淋菌感染症や梅毒のほか，エイズ，性器クラミジア感染症，性器ヘルペスウイルス感染症，カンジダ症，尖圭(せんけい)コンジローマなどがある。性感染症は，多くの場合，感染者の性器からの分泌液などに含まれた病原体が，性行為の際に粘膜から侵入することによって起こる。

【中学校】

【1】(1)　①　一体　　②　健康　　③　安全　　④　合理的
　⑤　実践力　　⑥　体力　　(2)　⑦　7　　⑧　3　　⑨　105
　⑩　48　　(3)　⑪　体ほぐしの運動　　⑫　体力を高める運動
〈解説〉(1)　教科目標は中学校保健体育科の特性を総括的に示すとともに，重点や基本的な指導の方向を示したものであり，学習指導要領関連の問題では最も出題頻度が高いので，全文暗記しておくと同時に，各文言について，その意味を学習指導要領解説等で確認しておくことが望ましい。なお，学年目標については，第1学年及び第2学年と第3学年に分けて示されているので，教科目標と同様，丁寧に学習しておく必要がある。　(2)　保健体育の年間標準授業時数は各学年同じなので，年間では105単位時間，保健分野は3学年間で48単位時間程度を知っておくと，体育分野の標準授業時数も算出できる。　(3)　「体つくり運動」については，小学校高学年から高等学校までは「体ほぐし運動」と「体力を高める運動」で構成されていることを知っておくとよい。

【2】(1)　①　イ　　②　オ　　③　カ　　(2)　頭はねおき
〈解説〉(1)　器械運動の各種目には多くの技があることから，それらの

技は，系，技群，グループの視点によって分類されている。なお，平均台運動と跳び箱運動については，技の数が少ないことから系とグループのみで分類されている。中学校学習指導要領解説には，マット運動(回転系・巧技系)，鉄棒運動(支持系・懸垂系)，平均台運動(体操系・バランス系)，跳び箱運動(切り返し系・回転系)の各種目について，主な技の例示が表にしてまとめられているので，必ず学習しておくこと。　(2)　頭はねおきは，回転系－ほん転技群－はねおきグループに例示されている技である。技能指導の要点についても学習しておくこと。

【3】(1)　A　背泳ぎ　　B　クロール　　C　バタフライ　　D　平泳ぎ
(2)　・水面上はもちろんのこと，水底にも視線を向けること。
・水深が急に深くなるような部分や，水面がぎらぎら反射するような部分には特に注意すること。　　・プールの安全使用規則を無視する者には直ちに注意を与えること。　　　・監視に必要な物品，例えば笛，メガホン，救急用具等を用意しておくこと。　　　・監視員は水着を着用していること　から3つ。
〈解説〉(1)　水泳については，まず，平成20年における学習指導要領改訂により，中学校で学習する泳法が4つになったことをおさえておきたい。また，スタートは安全確保の観点からどの泳法でも「水中からのスタート」としている。　(2)　プールでは，監視をしていても事故発生に気づかない場合もある。また，事故に遭った者が水中に沈んでいる可能性があるが，水の反射などで水中がよく見えないといったケースも想定される。そのため，監視する場合は救助用具をすぐ用意できるよう準備をすること，監視員はすぐプールに入れるよう水着を着用すること等が求められる。

【4】(1)　①　創作ダンス　　②　フォークダンス　　③　現代的なリズムのダンス　　(2)　ア，イ
〈解説〉(1)　中学校の学習内容は第1〜2学年と第3学年で分かれているの

で，混同に注意しながら学習しておきたい。例えば，第1～2学年の創作ダンスは「多様なテーマから表したいイメージをとらえ，動きに変化を付けて即興的に表現したり，変化のあるひとまとまりの表現にしたりして踊ること」となっている。　(2)　ウのハーモニカはイスラエル，エのオスローワルツはスコットランド(イングランド)発祥とされている。

【5】(1)　①　能率　　②　安全　　(2)　①「右(左)へーならえ」「なおれ」　　②「4列，右(左)向けー右(左)」

〈解説〉(1)　集合，整頓，列の増減，方向転換などの「能率的で安全な集団としての行動の仕方」は，「A体つくり運動」から「Gダンス」までの領域で適切に指導するとされている。　(2)　集団行動については「集団行動指導の手引」等で，主な行動様式と合図(予令・間・動令)と指導上の留意点を学習しておこう。

【高等学校】

【1】(1)　①　健康　　②　安全　　③　合理的　　④　計画的　　⑤　スポーツライフ　　⑥　実践力　　(2)　⑦　7　　⑧　8　　⑨　7　　⑩　10　　(3)　⑪　体ほぐしの運動　　⑫　体力を高める運動

〈解説〉(1)　教科目標は高等学校保健体育科の特性を総括的に示すとともに，重点や基本的な指導の方向を示したものであり，学習指導要領関連の問題では最も出題頻度が高いので，全文暗記しておくと同時に，各文言について，その意味を学習指導要領解説等で確認しておくことが望ましい。　(2)　出題されてはいないが「体育理論」の授業時数については，各年時で6単位以上を配当することとしていることもおさえておきたい。　(3)「体つくり運動」については，小学校高学年から高等学校までは「体ほぐし運動」と「体力を高める運動」で構成されている。

【2】(1)　①　イ　　②　オ　　③　カ　　(2)　頭はねおき

〈解説〉(1)　器械運動の各種目には多くの技があることから，それらの技は，系，技群，グループの視点によって分類されている。なお，平均台運動と跳び箱運動については，技の数が少ないことから系とグループのみで分類されている。高等学校学習指導要領解説には，マット運動，鉄棒運動，平均台運動，跳び箱運動の各種目について，主な技の例示が表にしてまとめられているので，必ず学習しておくことが大切である。　(2)　頭はねおきは，回転系－ほん転技群－はねおきグループに例示されている技である。学習指導要領解説などで示されている技については，指導の要点も学習しておく必要がある。

【3】(1)　A　背泳ぎ　　B　クロール　　C　バタフライ　　D　平泳ぎ
(2)　・水面上はもちろんのこと，水底にも視線を向けること。
・水深が急に深くなるような部分や，水面がぎらぎら反射するような部分には特に注意すること。　　・プールの安全使用規則を無視する者には直ちに注意を与えること。　　・監視に必要な物品，例えば笛，メガホン，救急用具等を用意しておくこと。　　・監視員は水着を着用していること。　　から3つ

〈解説〉(1)　スタートについては，段階的な指導による「スタート」としている。これは，事故防止の観点からプールの構造等に配慮し，プールサイド等から段階的に指導し，生徒の技能の程度に応じて次第に高い位置からのスタートへ発展させるなどの配慮を行うことを意味する。　(2)　プールでは，監視をしていても事故発生に気づかない場合もある。また，事故に遭った者が水中に沈んでいる可能性があるが，水の反射などで水中がよく見えないといったケースも想定される。そのため，監視する場合は救助用具をすぐ用意できるよう準備をすること，監視員はすぐプールに入れるよう水着を着用すること等が求められる。

【4】(1)　①　創作ダンス　　②　フォークダンス　　③　現代的なリズムのダンス　　(2)　ア，イ

〈解説〉(1)　ダンスは，創作ダンス，フォークダンス，現代的なリズムのダンスで構成されている。それぞれの運動の技能内容を正しく理解しておくようにする。　　(2)　高等学校学習指導要領解説では，外国のフォークダンスについて次のように例示している。それぞれの曲目と動きの例を学習しておこう。　　入学年次…パティケーク・ポルカ(アメリカ)，ヒンキー・ディンキー・パーリ・ブー(アメリカ)，ハーモニカ(イスラエル)，オスローワルツ(イギリス)　　その次の年次以降…トゥ・トゥール(デンマーク)，ミザルー(ギリシア)，アレクサンドロフスカ(ロシア)，タンゴ・ミクサー(アメリカ)

【5】(1)　①　能率　　②　安全　　(2)　①　「右(左)へーならえ」「なおれ」　　②　「4列，右(左)向けー右(左)」

〈解説〉(1)　集合，整頓，列の増減，方向転換などの「能率的で安全な集団としての行動の仕方」は，「A体つくり運動」から「Gダンス」までの領域で適切に指導するとされている。　　(2)　集団行動については「集団行動指導の手引」等で，主な行動様式と合図(予令・間・動令)と指導上の留意点を学習しておこう。

2016年度　実施問題

【中高共通】

【1】次のア～オのうち，12歳～19歳対象の新体力テストの実施方法及び実施上の注意として，誤っているものをすべて選び，記号で答えなさい。

ア　ハンドボール投げについて，投球のフォームは自由であるが，できるだけ「下手投げ」をしない方がよい。

イ　上体おこしについて，被測定者のメガネは，はずすようにする。

ウ　長座体前屈について，箱が真っすぐ前方に移動するように，ガイドレールを設けてもよい。

エ　持久走について，スタートの合図は，「位置について」，「用意」の後，音または声を発すると同時に，旗を上から下に振り下ろすことによって行う。

オ　50m走について，スタートはスタンディングスタートの要領で行う。

(☆☆☆◎◎◎)

【2】陸上競技について，次の各問いに答えなさい。

(1)　短距離走におけるスピードの落ち込みの改善方法として，テンポ走があるが，テンポ走を指導する際の指示として適切でないものを，次のア～エから1つ選び，記号で答えなさい。

ア　中間疾走からは，上体を起こす。

イ　腰を高く保つ。

ウ　自分のテンポ(タイム)を決めておき，リラックスして走る。

エ　後半は足を後ろに強く蹴る。

(2)　走り幅跳びについて指導する際の指示として適切でないものを，次のア～エから1つ選び，記号で答えなさい。

ア　踏み切りの3歩前あたりから膝を曲げて，やや腰を落とす。

　　イ　踏み切りの2歩前のストライドを長く，1歩前を短くすることで，
　　　踏み切りに移りやすい。
　　ウ　踏み切り直前は踏み切り板を注視し，踏み切り板に足が合うよ
　　　うに，ストライドを安定させる。
　　エ　踏み切り時には，足裏全体ですばやく踏み切り板をとらえる。

(☆☆☆◎◎◎)

【3】水泳について，次の各問いに答えなさい。
　(1)　次の①～③は，着衣のままでの水泳指導について説明したもので
　　ある。下線部が正しい場合は○，誤っている場合は正しい語句を答
　　えなさい。
　　①　学校の諸条件が整えば，<u>小学校(第5・6学年)・中学校・高等学</u>
　　　<u>校</u>では，着衣したままでの水泳を体験させることは有意義である。
　　②　着衣のままでの水泳は，<u>速く泳ぐ</u>ことを学習することが大切で
　　　ある。
　　③　着衣したままでの水泳指導の練習における準備運動として，バ
　　　ディシステムを導入した，二人組での<u>水中ウォーキング</u>は効果的
　　　である。
　(2)　クロールにおける手先の入水について指導するとき，考慮すべき
　　技術の要点を答えなさい。
　(3)　平泳ぎにおける「あおり足」とはどのような動きのことか，答え
　　なさい。

(☆☆☆◎◎◎)

【4】球技について，次の各問いに答えなさい。
　(1)　ハンドボールについて，次の各問いに答えなさい。
　　①　次の図は，ゴールとボールの位置を表したものである。得点と
　　　なるものを，図のア～オからすべて選び，記号で答えなさい。

214

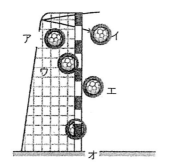

② 相手がシュートを打つ瞬間に，ゴールキーパーが，前につめることの利点と欠点をそれぞれ答えなさい。

③ 次のア～オのうち，ハンドボールのルールとして，正しいものをすべて選び，記号で答えなさい。

ア プレーヤーはいつでも何回でも交代できる。

イ コートプレーヤーは，ゴールキーパーとして出場できない。

ウ 同じ試合の中で2回目の警告を受けたプレーヤーは，退場を命じられ，それ以後，その試合に出ることはできない。

エ フリースローのとき，相手側はフリースローのポイントから，少なくとも3メートル以上離れなければならない。

オ トスに勝ったチームが，試合開始のスローオフを行う。

(2) ラグビーについて，次の各問いに答えなさい。

① ボール保持者が，タックルポイントをはずして相手を抜き去るために，抜く方向と逆方向に踏み込んだ後，抜く方向に大きく弧を描くようにして走り，相手を抜き去る技術を何というか，答えなさい。

② ラグビー用語において，「シティ」と「カントリー」の違いを説明しなさい。

③ 次のア～オは反則行為を説明したものである。その罰則として，相手チームにフリーキックが与えられるものはどれか，すべて選び，記号で答えなさい。

　　ア　故意にラックをくずした。

　　イ　モールやラックで相手側に倒れ込んでプレーした。

　　ウ　スクラムの中にボールをまっすぐ入れなかった。

　　エ　タックルされたプレーヤーがボールをかかえて離さなかった。

　　オ　ラック内のボールを手で扱った。

(3)　バドミントンについて，次の各問いに答えなさい。

　①　腕とラケットでV字をつくった状態からスイングをすると，シャトルを強く打つことができるが，この腕とラケットでV字をつくることを何というか，答えなさい。

　②　次のア～ウは，ダブルスのフォーメーションを説明したものである。それぞれのフォーメーションの名称を答えなさい。

　　ア　2人が左右に位置し，コートの右と左を分担して返球する陣形。守りに適している。

　　イ　2人が前後に位置し，コートの前と後ろを分担して返球する陣形。攻撃に適している。

　　ウ　守備のときは上のアの陣形，攻撃のときは上のイの陣形になるなど，攻守によって陣形を切り替えるフォーメーション。

(4)　6人制バレーボールについて，次の各問いに答えなさい。

　①　次の図は，サーブレシーブにおけるフォーメーションの1つであり，1・5Wフォーメーションと呼ばれる。この長所と短所を説明しなさい。

② クイックには，Aクイック・Bクイック・Cクイック・Dクイックがある。各クイックを打つ位置を，次の図のア～エから1つずつ選び，記号で答えなさい。

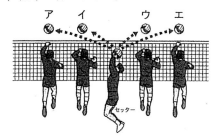

③ Aクイックの留意点として適切でないものを，次のア～エから1つ選び，記号で答えなさい。

ア　アタッカーはスナップをきかせて打つ。

イ　アタッカーが腕を振り上げた時が，トスアップのタイミングである。

ウ　セッターはネットの上にボールを置くようにトスアップする。

エ　セッターはできるだけ低い位置でセットアップし，アタッカーの頭の上を狙う。

④ 次のア～エのうち，バレーボールのルールとして正しくないものを，1つ選び，記号で答えなさい。

ア　サービスのとき，サービスラインやサイドラインの仮想延長線を踏んだり，踏み越したときは，フットフォールトの反則となる。

イ　ブロッカー以外のプレーヤーが連続して2回ボールに触れたとき，ダブルコンタクトの反則となる。ただし，チームの第1回目の打球のとき，1つの動作であれば，ボールが体の異なる部分に続けて触れても反則とはならない。

ウ　ブロックの場合を除いて，2人のプレーヤーが同時にボールに触れたときは2回のタッチ(プレー)と数える。

　　　エ　リベロプレーヤーは，バックの位置にいるプレーヤーと何回
　　　　でも交代することができる。
　(5)　ソフトテニスについて，次の各問いに答えなさい。
　　①　下の図は，ソフトテニスのコートと正審・副審・線審の配置を
　　　示したものである。副審の判定区分とされるラインはどれか，次
　　　のア～ケからすべて選び，記号で答えなさい。ただし，点線はネ
　　　ットを示すものとする。
　　　ア　サイドライン　ＡＢ　　　　イ　サイドライン　ＩＪ
　　　ウ　ベースライン　ＡＩ　　　　エ　ベースライン　ＢＪ
　　　オ　サービスサイドライン　ＣＤ
　　　カ　サービスサイドライン　ＧＨ
　　　キ　サービスライン　ＣＧ　　　ク　サービスライン　ＤＨ
　　　ケ　サービスセンターライン　ＥＦ

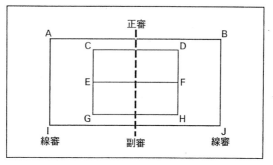

　　②　ダブルスで，相手が自分のパートナーのほうへ打ったボールの
　　　コースに動き，ボレーやスマッシュをすることを何というか，答
　　　えなさい。
　　③　ソフトテニスにおいて，ネット前にいる相手の頭上を高く通る
　　　遅いボールをロブ，あるいはロビングという。それに対して，ネ
　　　ット近くの高さを通る低く速いボールを何というか，答えなさい。
　(6)　卓球について，次の各問いに答えなさい。
　　①　次のア～オのうち，レットとなるものをすべて選び，記号で答
　　　えなさい。

　ア　ラリー中にラケットや衣服がネットに触れた。

　イ　レシーバーが用意する前にサービスをした。

　ウ　サービスがサポート(支柱)に触れてから，相手コートに入った。

　エ　勢い余って台にぶつかり，コートを動かした。

　オ　相手からリターンされたボールをコート上で進路妨害した。

② 促進ルールについて説明した次の文章の空欄(a)～(c)に当てはまる数字を答えなさい。

　　促進ルールは，ゲーム開始後(a)分を経過しても，両者のスコアの合計が(b)点に達していない場合，その後のすべてのゲームで適用される。サービスは1本ごとに交替する。サーバーが，サービスを含めて(c)回打球するまでに得点しないと，レシーバーの得点となる。

(7)　ソフトボールについて，次の各問いに答えなさい。

① 肩を軸にして腕を後方に振り，その反動を利用して，腕を振り子のように速く振って投球する投法を何というか，答えなさい。

② 延長8回より，無死走者2塁から始めるルールのことを何というか，答えなさい。

③ 次のア～オのうち，打者の打ったフライが，内野手の守備範囲(内野手が普通の守備行為をすれば捕球できる範囲)に上がったとき，審判員の宣告でインフィールドフライが成立するのはどれか，すべて選び，記号で答えなさい。

　ア　1アウト，ランナー　三塁

　イ　1アウト，ランナー　一・二塁

　ウ　1アウト，ランナー　満塁

　エ　0アウト，ランナー　二塁

　オ　0アウト，ランナー　一塁

(8)　サッカーについて，次の各問いに答えなさい。

① プレーの局面を，ボールをプレーしている局面と，ボールをプレーしていない局面に分けたとき，ボールをプレーしていない局

　　面を何というか，答えなさい。
　② 次のア～オのうち，サッカーのルールとして正しいものをすべ
　　て選び，記号で答えなさい。
　　ア　試合開始前にトスを行い，トスに勝ったチームが，前半に攻
　　　めるゴールを選ぶ。
　　イ　いずれかのチームが7人以下の場合，試合はできない。
　　ウ　相手競技者につばを吐いた場合，相手チームに直接フリーキ
　　　ックが与えられる。
　　エ　危険な方法でプレーした場合，相手チームに直接フリーキッ
　　　クが与えられる。
　　オ　キックオフから直接得点することができる。

(☆☆☆◎◎◎)

【5】武道について，次の各問いに答えなさい。
　(1)　柔道がオリンピックの正式種目となった大会の開催年(西暦)と開
　　催都市を，男・女それぞれについて答えなさい。
　(2)　次の図は，柔道において，第1の技を掛け，相手の重心が崩れた
　　ところに第2の技を掛けている様子を表しているものである。2つの
　　技の名称をそれぞれ答えなさい。

　(3)　次の図は，柔道において，相手の技を利用して，技を掛け返して
　　いる様子を表したものである。相手の技と自分の技の名称をそれぞ
　　れ答えなさい。

自分　相手

(4)　剣道において，「二段の技」，「引き技」，「出ばな技」，「払い技」など，相手が技を起こす前に自分から積極的に動くことで，相手の隙をつくり打突する技を総称して何というか，答えなさい。

(5)　次の図は剣道の足さばきを示したものである。これについて，下の各問いに答えなさい。

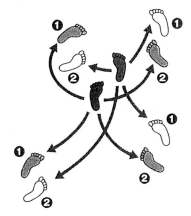

①　図の足さばきを何というか，答えなさい。

②　図の足さばきは，どのようなときに用いるのか，答えなさい。

(☆☆☆◎◎◎)

【6】体育理論について，次の各問いに答えなさい.

(1)　スポーツの技術には，オープンスキル型とクローズドスキル型がある。2つの型の違いを簡潔に答えなさい。

(2)　練習やトレーニングを効果的におこなうためには，守るべき5原

則がある。そのうちの3つは「意識性の原則」,「個別性の原則」,「反復性の原則」である。残りの2つは何か,答えなさい。

(☆☆☆◎◎◎)

【7】保健分野について,次の各問いに答えなさい。

(1) 次の文章の空欄(　①　)・(　②　)に当てはまる語句を答えなさい。

　「ヘルスプロモーション」とは,世界保健機関(WHO)が1986年に(　①　)憲章のなかで提唱した概念であり,人々が自らの健康をコントロールし,(　②　)できるようにするプロセスである。

(2) 違法な薬物を使用したり,医薬品を治療などの本来の目的からはずれて使用したりすることを薬物乱用という。薬物乱用について,次の①・②に該当する薬物名を,下のア～エから選び,記号で答えなさい。

① メタンフェタミン,アンフェタミンなどの化学物質を含む。代表的な心身への影響としては,「行動が異常に活発になる」,「不眠」,「幻聴」などがある。

② 麻の葉や樹脂からつくられる。代表的な心身への影響としては,「知覚の変化」,「生殖器への影響」,「記憶障害」などがある。

　　ア　大麻　　イ　向精神薬　　ウ　覚せい剤　　エ　麻薬

(3) 民間機関や国際機関などの保健活動について,次の各問いに答えなさい。

① 国際連合諸機関と協力関係にある政府以外の非政府組織を何というか,アルファベットで答えなさい。

② 開発途上国や内戦で被害を受けている子どもの支援を活動の中心としている国際機関の名称を漢字で答えなさい。

(4) 安全な交通社会づくりについて,次の各問いに答えなさい。

① 住宅地の道路整備手法の1つで,自動車のスピードを抑えるために車道を蛇行させたり,ジグザグにする等して,歩行者の安全性や快適性を考慮した道路を何というか,答えなさい。

② 道路整備手法の1つで，車道面を意図的に盛り上げて，自動車のスピードを抑える手法を何というか，答えなさい。

③ 自動車のアンチロック・ブレーキ・システムのように事故を未然に防ぐための対策をアクティブセイフティというのに対し，エアバッグのように事故による乗員の傷害を軽減するような対策を何というか，答えなさい。

(5) BMI指数は，身長からみた体重の割合を示し，肥満度を調べる際に用いられる。BMI指数について，次の各問いに答えなさい。

① 体重60kg，身長175cmの人のBMI指数を，答えなさい。ただし，小数第2位を四捨五入して，小数第1位まで求めること。

② もっとも病気にかかりにくいといわれるBMI指数の数値を答えなさい。

(6) 喫煙と健康について，次の各問いに答えなさい。

① 「学校，体育館，病院，劇場，観覧場，集会場，展示場，百貨店，事務所，官公庁施設，飲食店その他の多数の者が利用する施設を管理する者は，これらを利用する者について，受動喫煙(室内又はこれに準ずる環境において，他人のたばこの煙を吸わされることをいう。)を防止するために必要な措置を講ずるように努めなければならない。」と規定している法律名を答えなさい。

② 2003年に世界保健総会で採択された，たばこのパッケージへの警告表示の強化や広告の規制などを内容とする条約の名称を答えなさい。

(7) 労働と健康について，次の各問いに答えなさい。

① 厚生労働省が策定した，「事業場における労働者の健康保持増進のための指針」にそって実施される，すべての働く人を対象とした総合的な「心とからだの健康づくり運動」のことを何というか，答えなさい。

② 人々の働き方に関する意識や環境が社会経済構造の変化に必ずしも適応しきれず，仕事と生活が両立しにくい状況がある中，「仕事と生活の調和」と訳され，社会全体で仕事と生活の双方の

調和の実現を希求しようとする考え方は何か，答えなさい。

(☆☆☆◎◎◎)

【中学校】

【1】次の各文章は，器械運動について「中学校学習指導要領解説　保健体育編」(平成20年7月公示)に示されている内容を説明したものである。空欄(①)・(②)に当てはまる語を答えなさい。

・　器械運動において，技を「滑らかに行う」とは，その技に求められる動きが(①)に続けてできることである。

・　跳び箱運動における「開脚跳び」の発展技として(②)が例示されている。

(☆☆☆◎◎◎)

【2】「中学校学習指導要領解説　保健体育編」(平成20年7月公示)について，次の問いに答えなさい。

(1)　次の各文章の空欄(①)～(⑩)に当てはまる語句を，それぞれ答えなさい。ただし，⑥・⑦は順不同とする。

・改善の基本方針に，体育については，「体を動かすことが，身体能力を身に付けるとともに，(①)面や(②)な発達を促し，集団的活動や身体表現などを通じて(③)を育成することや，筋道を立てて練習や作戦を考え，改善の方法などを互いに話し合う活動などを通じて(④)をはぐくむことにも資することを踏まえ，それぞれの運動が有する特性や魅力に応じて，基礎的な身体能力や知識を身に付け，生涯にわたって運動に親しむことができるように，発達の段階のまとまりを考慮し，指導内容を整理し(⑤)を図る。」としている。

・体育理論を除く運動に関する領域を，技能(「体つくり運動」は運動)，(⑥)及び(⑦)に整理・統合して示している。

・「評価規準の作成，評価方法等の工夫改善のための参考資料(中学校　保健体育)」(国立教育政策研究所教育課程研究センター)で

は，学習評価における観点について，学習指導要領を踏まえ，「運動や健康・安全への(⑧)」，「運動や健康・安全についての思考・(⑨)」，「運動の技能」，「運動や健康・安全についての知識・(⑩)」に整理している。

(2) 次の①・②は，民踊の動きの例を示している。それぞれに関係する日本の民踊を，下のア～オから選び，記号で答えなさい。

① 馬に乗って走る様子の踊りでは，軽快で躍動的な動きで踊る。

② 躍動的な動作が多い踊りでは，勢いのあるけり出し足やパッと開く手の動きで踊る。

　　ア　鹿児島おはら節　　イ　佐渡おけさ　　ウ　越中おわら節
　　エ　さんさ踊り　　　　オ　春駒

(3) 知識について，言葉や文章など明確な形で表出することが可能な知識を「形式知」としているのに対し，勘や直感，経験に基づく知恵などの知識を何としているか，答えなさい。

(4) 現代的なリズムのダンスについて，「現代的なリズムのダンスでは，シンコペーションやアフタービートのリズムの特徴がある。」とされているが，「アフタービート」とはどのようなリズムか説明しなさい。

(5) 集団行動を取り扱うときの留意点についてどのように示されているか，答えなさい。

(6) 次の各文章について，下線都が正しい場合は○，誤っている場合は正しい語句を答えなさい。

① 器械運動については，「マット運動」，「鉄棒運動」，「平均台運動」，「跳び箱運動」の4種目で構成しているが，「内容の取扱い」に，第1学年及び第2学年においては，新たに「跳び箱運動」を含む二を選択して履修できるようにすることと示している。

② 水泳については，第3学年において，「複数の泳法で泳ぐこと，又はメドレーをすること」と示している。

③ 水泳におけるスタートの指導については，「すべての泳法について水中からのスタートを扱うようにする」と示している。

④　保健における「生活行動・生活習慣と健康」については，「社会の高齢化の観点も踏まえつつ健康的な生活習慣の形成に結び付くように配慮する」こととしている。

⑤　指導内容の確実な定着を図ることができるよう，「第1学年及び第2学年においては，「体つくり運動」及び「武道」を除く領域は，いずれかの学年で取り上げ指導することもできること」としている。

(☆☆☆◎◎◎)

【高等学校】

【1】次の各文章は，器械運動について「高等学校学習指導要領解説　保健体育編・体育編」(平成21年7月公示)に示されている内容を説明したものである。空欄(①)・(②)に当てはまる語を答えなさい。

・器械運動において，技を「滑らかに行う」とは，その技に求められる動きが(①)に一連の動きとして続けてできることである。

・跳び箱運動における「かかえ込み跳び」の発展技として(②)が例示されている。

(☆☆☆◎◎◎)

【2】「高等学校学習指導要領解説　保健体育編・体育編」(平成21年7月公示)について，次の問いに答えなさい。

(1)　次の各文章の空欄(①)～(⑩)に当てはまる語句を，それぞれ答えなさい。ただし，⑥・⑦は順不同とする。

・改善の基本方針に，体育については，「体を動かすことが，身体能力を身に付けるとともに，(①)面や(②)な発達を促し，集団的活動や身体表現などを通じて(③)を育成することや，筋道を立てて練習や作戦を考え，改善の方法などを互いに話し合う活動などを通じて(④)をはぐくむことにも資することを踏まえ，それぞれの運動が有する特性や魅力に応じて，基礎的な身体能力や知識を身に付け，生涯にわたって運動に親しむことがで

きるように，発達の段階のまとまりを考慮し，指導内容を整理し（　⑤　）を図る。」としている。

・「体つくり運動」，「器械運動」，「陸上競技」，「水泳」，「球技」，「武道」及び「ダンス」の七つの運動に関する領域については，「技能(「体つくり運動」は運動)」「（　⑥　）」，「（　⑦　）」を内容として示している。

・「評価規準の作成，評価方法等の工夫改善のための参考資料(高等学校　保健体育)」(国立教育政策研究所教育課程センター)では，学習評価における観点については，学習指導要領を踏まえ，[（　⑧　）]，「思考・（　⑨　）」，「運動の技能」，「知識・（　⑩　）」に整理している。

(2) 次の①・②は，民踊の動きの例を示している。それぞれに関係する日本の民踊を，下のア～オから選び，記号で答えなさい。

①　砂浜などの「踊られた場所」に由来をもつ踊りでは，手振りや足の運びの滑らかな流れを強調して静かに踊る。

②　女踊りと男踊りのある踊りでは，女踊りのしなやかな手振りや男踊りの担いだ太鼓を叩きながら力強く踏み込み動きを強調して踊る。

　　ア　よさこい節　　イ　佐渡おけさ　　ウ　越中おわら節
　　エ　さんさ踊り　　オ　花笠音頭

(3)　知識について，言葉や文章など明確な形で表出することが可能な知識を「形式知」としているのに対し，勘や直感，経験に基づく知恵などの知識を何としているか，答えなさい。

(4)　創作ダンスににおける集団の動きについて，「一斉の同じ動き」を「ユニゾン」というが，「集団の動きを少しずつずらした動き」は何というか，答えなさい。

(5)　保健体育編における科目「体育」の「内容の取扱い」において，水辺活動の取扱いは，どのように示されているか，簡潔に答えなさい。

(6)　次の各文章について，下線部が正しい場合は○，誤っている場合

は正しい語句を答えなさい。

① 体育における「態度」の共通事項として，高校入学年次は「<u>自主的</u>に取り組む」ことを，情意面の目標として示している。

② 集団行動について，「<u>陸上競技</u>」から「ダンス」までの領域において適切に行うものとしている。

③ 保健の指導に当たっては，心と体を一体的にとらえるとともに，「保健」と「<u>家庭科</u>」の内容を密接に関連付けて取り扱うよう配慮するものとするとしている。

④ 保健における「環境と食品の保健」については，<u>食育</u>の観点を踏まえつつ，健康的な生活習慣の形成に結び付くように配慮するものとしている。

⑤ 球技について，高等学校では，<u>作戦に応じた技能</u>や仲間と連携した動きを高めてゲームが展開できるようにすることが求められている。

(☆☆☆◎◎◎)

解答・解説

【中高共通】

【1】オ

〈解説〉実施上の注意として，ア　ハンドボール投げについては投球フォームは自由だが，できるだけ「下手投げ」をしない。また，ステップして投げた方がよいと示されている。　イ　上体起こしについては，「実施者がメガネを使用している場合は外してテストする」と示されている。　ウ　長座体前屈については，箱が真っすぐ前方に移動するように注意する(ガイドレールを設けてもよい)と示されている。エ　持久走のスタートの合図については，この通り示されている。オ　50m走についてのスタートの方法は，スタンディングスタートで

はなく，クラウチングスタートの要領で行うと示されている。

【2】(1)　エ　　(2)　ウ
〈解説〉(1)　短距離走の後半のスピードの落ち込みの改善としての「テンポ走」について「高いスピードを維持しながら走る中間走では，体の真下近くに足を設置したり，キックした足を素早く前に運んだりするなどの動きで走ることが大切である」ことから，「エ　後半は足を後ろに強く蹴る」動きは適切な指示ではない。　(2)　走り幅跳びの指導をする際の指示については，「踏み切り3〜4歩前から階段を勢いよく駆け上がるような感じでリズムアップして踏み切りに移ることが大切である」。したがって，「ウ　踏切板に足が合うように，ストライドを安定させる」ことは，踏切準備としては不適切である。

【3】(1)　①　○　　②　長い間浮いたり泳いだりする　　③　○
(2)　手のひらを斜め外向き(45°程度)にし，頭の前方，肩の線上に入れる。　(3)　足の甲で水を蹴ってしまうこと
〈解説〉(1)　①　水から自己の命を守ることは，水泳指導の大きなねらいの一つである。着衣泳については，小学校(第5・6学年)，中学校，高等学校の学習指導要領解説では，「各学校の実態に応じて取り扱うこと」としている。　②　着衣のままでの水泳は，速く泳ぐことではなく，体力を温存したり，体温を保持したりしながら，「長い間浮いたり泳いだりする」ことを学習することが大切である。
③　着衣したままでの水泳指導の準備運動として，バディシステムによる二人組で水中ウォーキングは練習法の一つとして考えられる。ただし，プール水を汚さないため，着衣・運動靴は十分に洗濯したものを用意させたい。　(3)　あおり足とは，足の裏で水を押し出すことができず，足の甲で水を蹴ってしまうことである。

【４】(1)　①　ア，イ　　②　利点…守る面積が少なくなる，欠点…浮かしたシュートを入れられる可能性がある　　③　ア，エ
(2)　①　スワーブ　　②　シティーとは，ピッチ上にプレーヤーが密集したエリア。カントリーとは，プレーヤーが少なく大きなスペースのあるエリア。　③　ウ　　(3)　①　リストスタンド
②　ア…サイドバイサイド　イ…トップアンドバック　ウ…インサイドアウト　　(4)　①　長所…サーブがどこへきても容易にレシーブすることができる　短所…前衛の攻撃者(アタッカー)が2名になってしまう　　②　Aクイック…イ，Bクイック…ア，Cクイック…ウ，Dクイック…エ　　③　エ　　④　ア　　(5)　①　イ，カ，キ，ク
②　ポーチ　　③　シュート　　(6)　①　イ，ウ
②　a…10　b…18　c…13　　(7)　①　スリングショット投法
②　タイブレーカーシステム　　③　イ，ウ　　(8)　①　オフ・ザ・ボール　　②　ア，ウ，オ

〈解説〉(1)　①　得点が認められる場合は，ボールが完全にゴールラインを通過した時である。イはゴールラインを通過し，跳ね返ってきている。　　③　イ　コートプレーヤーも，服装のルールを守ればいつでもゴールキーパーになることができる。　　ウ　警告はプレーヤー個人に対しては，1回までとなっている。　　オ　トスに勝ったチームは，スローオフかサイド(攻撃の方向)のいずれかを選択できる。
(2)　③　ウ以外の反則はすべて相手チームにペナルティキックが与えられる。　　(4)　②　速く低いトスからの攻撃をクイック攻撃という。イのAクイックは，セッターのすぐ手前でアタッカーがジャンプし，セッターはアタッカーの手元めがけて速いトスを上げる。アのBクイックは，セッター2〜3mの地点にネットに平行で速いトスを上げる。ウのCクイックは，バックトスからAクイックのタイミングでトスを上げる。エのDクイックは，バックトスからBクイックのタイミングでトスを上げる。　　③　Aクイックは，素早いオープントスを，アタッカーの手元めがけてトスすることが大切なので，エは適切でない。
④　アにおいて，仮想延長線上を踏んだだけでは，反則にはならず，

踏み越せばフットフォールトの反則となる。　(5)　①　アンパイヤの判定区分について，正審(1名)は試合進行と判定のコールを行う。副審(1名)は，判定区分におけるプレーを判定し，正審を補助し，サインを出す。　②　ポーチは成功不成功に関わらず，出ることに意義があるプレーである。　(6)　①　レットとはノーカウントとなり競技がやり直しとなる場合を指す。アとエとオは相手のイント(得点)となるプレーである。　(7)　①　他の投法に，肘を曲げずに風車のように腕を1回転させて投げる，ウインドミル投法がある。　②　ソフトボールの試合は7回と定められており，勝敗を早く決定するためのルールである。　③　インフィールドフライは，「無死または一死で走者が一・二塁または満塁の時，打者がフェアの飛球(ライナー及びバントによる飛球は除く)を打ち上げた際に，それを内野手が普通の守備行為を行えば捕球できる場合に適用される規則である。インフィールドフライが宣告されると，当該打者は，ボールが捕球されたかどうかに関わらずアウトになる。　(8)　①　ボールを保持してプレーしている局面は，オン・ザ・ボールという。　②　イ　7人未満の場合は試合ができない。　エ　危険な方法でプレーした場合は，相手チームに間接フリーキックが与えられる。

【5】(1)　男・開催年…1964年・開催都市…東京，女・開催年…1992年・開催都市…バルセロナ　(2)　第1の技…大内刈り，第2の技…小内刈り　(3)　相手の技…小内刈り，自分の技…膝車
(4)　しかけ技　(5)　①　開き足　②　体をかわしながら打突するときに用いる。
〈解説〉(2)　投げ技の連絡について，二つの技を同じ方向にかけたり違う方向にかけたりする技の名称を問われている。　(3)　相手の技の小内刈りで刈られた足をそのまま相手の膝頭に当てて技をかけているため，自分の技は膝車である。　(4)　剣道の攻防で，相手の隙を自ら攻め込み，相手を崩し，打突する技の総称をしかけ技という。学習指導要領解説には以下の4つが例示されている。①二段の技(面→胴，小手

→面，小手→胴，面→面)，②引き技(引き面，引き胴，引き小手)③出ばな技(出ばな面，出ばな小手)④払い技(払い面，払い小手)など。

【６】(1)　オープンスキル型は，相手の影響を受けるなど，たえず変化する状況の中で用いられる技術。クローズドスキル型は，外的条件に左右されることが少ない安定した環境の中で用いられる技術。

(2)　・全面性の原則　・漸進性の原則

〈解説〉(1)　オープンスキルとは，球技や武道などのように，ボールの位置や相手の状態によって，常に変化する状況の中で用いられる技能のことをいう。また，クローズドスキルとは，陸上や水泳などのように，外的条件に左右されずに同じ状況の中で用いられる技能のことをいう。　(2)　トレーニングのプログラムの作成に当たっては，5原則をよく守ることが大切である。

【７】(1)　①　オタワ　　②　改善　　(2)　①　ウ　　②　ア
(3)　①　NGO　　②　国連(国際連合)児童基金　　(4)　①　コミュニティ道路　　②　スピードハンプ(ハンプも可)　　③　パッシブセイフティ　　(5)　①　19.6　　②　22　　(6)　①　健康増進法
②　たばこの規制に関する世界保健機関枠組条約(たばこ規制枠組条約)　　(7)　①　トータル・ヘルスプロモーションプラン
②　ワークライフ・バランス

〈解説〉(1)　わが国では，ヘルスプロモーションの考えに基づく活動として，「健康日本21」が展開されている。　(2)　薬物は，1回の使用でも乱用といい，人生を台なしにしてしまうことを押さえておきたい。
(3)　①　Non-Governmental Organizationの略である。　②　略称はUNICEF。United Nations International Children's Emergency Fundの略である。　(4)　②　ハンプの意味は「こぶ，起伏，土地の隆起」などである。　③　パッシブセイフティは衝突安全ともいう。
(5)　BMI(Body　Mass　Index)指数に関する問題である。計算式は，次のように求める。

$$BMI = \frac{体重(kg)}{身長(m) \times 身長(m)} \times 100$$

(6)　①　2000年にスタートした「健康日本21」を支える法律として，国民の健康づくりや病期予防さらに積極的に推進することを目的に2002年に制定された。　②　受動喫煙から非喫煙者を保護する措置やパッケージの表示や広告の規制などが定められている。

(7)　①　トータル・ヘルスプロモーションプランは様々な専門家の指導によって，働く人が自ら健康習慣を見直し，計画的・継続的な健康づくりを自主的に進めていくことが期待されている。

【中学校】

【1】①　途切れず　　②　開脚伸身跳び

〈解説〉中学校の器械運動のねらいは，「技ができる楽しさや喜びを味わい」，「その技がよりよくできるようにする」ことである。今回の改訂で，各運動種目の学習内容が明確に示されているので，しっかり理解しておくことが大切である。

【2】(1)　①　情緒　　②　知的　　③　コミュニケーション能力　　④　論理的思考力　　⑤　体系化　　⑥　態度　　⑦　知識，思考・判断　　⑧　関心・意欲・態度　　⑨　判断　　⑩　理解
(2)　①　オ　　②　ア　　(3)　暗黙知　　(4)　後拍を強調するリズム　　(5)　運動の学習に直接必要なものを取り扱うようにし，体つくり運動からダンスまでの各運動に関する領域の学習との関連を図って適切に行う。　(6)　①　マット運動　　②　リレー　　③　〇　　④　食育　　⑤　体育理論

〈解説〉(1)　平成20年1月の中央教育審議会の答申において，中学校保健体育科の改善の基本方針で示された内容についての適語補充問題となっている。解答群が提示されていないことから，きちんと理解しておきたい。今回，学校教育法の一部改正を受けて示された学力の3要素を踏まえて，観点別学習状況の評価の観点に関する考え方が整理され

たことを押さえておく必要がある。これまでの観点の構成と比較する
と，「思考・判断」が「思考・判断・表現」となり，「技能・表現」が
「技能」として設定されることになった。このことより評価の観点は，
①「関心・意欲・態度」，②「思考・判断・表現」，③「技能」，④
「知識・理解」と示された。ただし，体育科・保健体育科では，これ
らの改善を踏まえながら，学習指導要領において，身体表現を技能と
して示していることや，態度に固有の学習内容を有することなどから，
評価の観点については，従来通りの観点で評価することになっている
ことを理解しておく必要がある。

【高等学校】

【１】①　途切れず　　②　屈伸跳び

〈解説〉高等学校の器械運動のねらいは，技がよりよくできる楽しさや喜
びを味わい，自己に適した技能を高めて，演技することができるよう
にすることである。今回の改訂で，各運動種目の技や動きの様相が明
確に示されているので，しっかり理解しておくことが大切である。

【２】(1)　①　情緒　　②　知的　　③　コミュニケーション能力
④　論理的思考力　　⑤　体系化　　⑥　態度　　⑦　知識，思考・
判断　　⑧　関心・意欲・態度　　⑨　判断　　⑩　理解
(2)　①　イ　　②　エ　　(3)　暗黙知　　(4)　カノン　　(5)　地域
や学校の実態に応じて，積極的に行うことに留意するものとしている。
指導に際しては，自然条件の影響を受けやすいことから，自然に対す
る知識や計画の立て方，事故防止について十分留意することとしてい
る。　(6)　①　○　　②　体つくり運動　　③　体育　　④　○
⑤　作戦や状況に応じた技能

〈解説〉(1)　平成20年1月の中央教育審議会の答申において，高等学校保
健体育科の改訂の趣旨の中の「改善の基本方針」で示された内容につ
いての適語補充問題となっている。解答群が提示されていないことか
ら，きちんと理解しておきたい。今回，学校教育法の一部改正を受け

て示された学力の3要素を踏まえて，観点別学習状況の評価の観点に関する考え方が整理されたことをおさえておく必要がある。これまでの観点の構成と比較すると，「思考・判断」が「思考・判断・表現」となり，「技能・表現」が「技能」として設定されることになった。このことより評価の観点は，①「関心・意欲・態度」，②「思考・判断・表現」，③「技能」，④「知識・理解」と示された。ただし，保健体育科では，これらの改善を踏まえながら，学習指導要領において，身体表現を技能として示していることや，態度に固有の学習内容を有することなどから，評価の観点については，従来通りの観点で評価することになっていることを理解しておく必要がある。

(6) ① その次の年次以降は，「主体的に取り組む」こととしている。② 集団行動の指導の効果を上げるためには，「保健体育科だけでなく，学校の教育活動全体において指導するよう配慮する必要がある」と示されていることにも留意したい。 ③ 保健の内容の改訂について述べたものである。④ 「健康の保持増進と疾病の予防」及び「食品保健にかかわる活動」について述べたものである。 ⑤ 「作戦に応じた技能」は中学校第3学年のねらいとなっている。

2015年度　実施問題

【中高共通】

【1】新体力テストについて，次の各問いに答えなさい。

(1) 次の表は，新体力テスト項目と調べる内容を示したものである。表中の①～④にあてはまる語句を答えなさい。

項目	調べる内容	項目	調べる内容
握力	①	20mシャトルラン	④
上体起こし	筋持久力	50m走	走力
長座体前屈	②	立ち幅とび	跳躍力
反復横跳び	③	ハンドボール投げ	投力

(2) 次の表は，「平成25年度京都府児童生徒の健康と体力の現状」に記載されている中学3年生男女と高校(全日制)3年生男女の新体力テストの平均値を表したものである。表中の①～③に当てはまるテスト項目を(1)の表の項目から選んで答えなさい。(単位は省略している)

テスト項目	①	②	③
中学3年生男子	98.14	34.25	23.22
中学3年生女子	2.27	25.17	14.60
高校3年生男子	96.95	42.25	27.42
高校3年生女子	57.59	26.72	15.52

(3) 次の図は，反復横跳びのラインを示している。これについてあとの各問いに答えなさい。

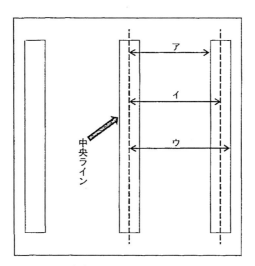

中央ライン

ア

イ

ウ

① 中央ラインから左右それぞれのラインまでの距離は何cmと規定
されているか，答えなさい。

② その距離はどこからどこまでの間隔か，図のア〜ウから選び記
号で答えなさい。

(☆☆☆◎◎◎)

【2】体つくり運動について，次の各問いに答えなさい。

(1) 次の文の①〜④に当てはまる最も適当な語句を答えなさい。

体つくり運動は，(①)と体力を高める運動で構成されている。
体力を高める運動では，自己のねらいに応じて体の(②)，(③)
動き，(④)動き，動きを持続する能力を高めるための運動を行
うとともに，それらを組み合わせて運動の計画に取り組むこととし
ている。

(2)　次の図に示すストレッチングは，主にどの筋肉を伸ばしているか，下のア～オから選び記号で答えなさい。

ア　腸腰筋　　イ　大殿筋　　ウ　内転筋　　エ　腓腹筋
オ　大腿四頭筋

(☆☆☆◎◎◎)

【3】器械運動について，次の各問いに答えなさい。

(1)　次の表は，鉄棒運動及び平均台運動の主な技の系統の例示である。表の①～④に当てはまる語句を答えなさい。

運動名	技の系統
鉄棒運動	（　①　）系
	（　②　）系
平均台運動	（　③　）系
	（　④　）系
	回転系

(2)　次の図①・②の技の名称をそれぞれ，答えなさい。

(3)　ロンダートにおいて，側方倒立状態からのひねりは何回転か，答えなさい。

(☆☆☆○○○)

【4】陸上競技について，次の問いに答えなさい。

(1)　走競技の記録測定において，ストップウォッチを止める瞬間のフィニッシュラインと体の位置関係を示したものとして最も適当な線を，ア～オから選び記号で答えなさい。

(2) ハードル走は，以下の局面に分けられる。①～③にあてはまる名称を答えなさい。

名称	局面
①	スタートラインから第1ハードルの踏み切りまで
②	ハードルを越えるための踏み切りから着地まで
③	ハードル越えた後，着地から次のハードルの踏み切りまで
フィニッシュ	最終ハードル越えた後，着地からフィニッシュラインまで

(3) 陸上競技のためにグラウンドに直線と半円で200mトラックを作成する時，片側直走路を50mとした場合，曲走路の半径はいくらになるか答えなさい。円周率は3.14として算出すること。

なお，トラックのライン上が200mとし，ラインの幅は考えないものとする。(小数第2位四捨五入)

(☆☆☆◎◎◎)

【5】水泳競技について，次の各問いに答えなさい。

(1) 次のア～エの文のうち，平泳ぎの説明として正しいものをすべて選び記号で答えなさい。

ア グライドの時は水の抵抗の少ない姿勢をとらなければならない。

イ リカバリーからグライドに移る時に息継ぎをする。

ウ グライドの後，インスイープからアウトスイープにつなげる。

エ キックの前は両足のかかとを尻の方へしっかり引きつける。

(2) 前転しながら行うターンの名称を答えなさい。

(3) メドレーリレーにおける4つの泳法を，泳ぐ順序に従って答えなさい。

(☆☆☆◎◎◎)

【6】 球技について，次の各問いに答えなさい。

(1) 次の①～④の文は，ラグビー競技における反則を示している。それぞれの名称を答えなさい。

① ボールを相手のデッドボールラインの方向に投げた。

② ラインアウト時に，ラインアウトに参加しない者がラインオブタッチから10m以上離れなかった。

③ ラインアウトに投入されたボールがまっすぐに入らなかった。

④ ボールがプレーヤーの手や腕に当たって相手のデッドボールライン方向に落ちた。

(2) 次の図は，バスケットボール競技のコートを示したものである。バイオレーション等によりスローインが与えられる場合，エンドラインからスローインするのはどのエリアでバイオレーション等が起こった時か，そのエリアを線で囲み斜線(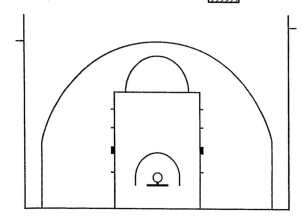)で示しなさい。

(3) あとの図はバドミントンのコートを横から見たものである。次の①から④のショットの軌道を，それぞれ図中のア～エから選び，記号で答えなさい。

① ヘアピン   ② ロビング   ③ ドロップ

④ ドリブンクリア

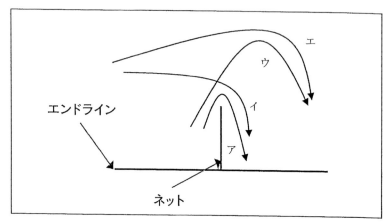

(4)　ソフトボール競技について，次の各問いに答えなさい。

①　次の投球方法を何というか，答えなさい。

　　ア　風車のように腕を大きく1回転させ，その遠心力を利用して
　　　投げる。

　　イ　振り子のように腕を下から後ろに振り上げ，その反動を利用
　　　して前方に振り戻して投げる。

②　次の図でストライクになるのはどれか，全て選び，記号で答え
　　なさい。但し，高低はストライクゾーンを通過しているものとす
　　る。

　　※アからオは投球の軌跡(●はボール)を示している。

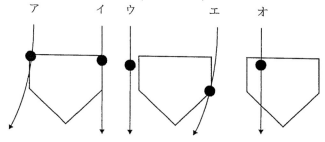

③　次の図はソフトボールの内野を示したものである。図中に一塁
　　ベース(ダブルベース)と二塁ベースの位置を記入しなさい。一塁

ベースのオレンジベースは 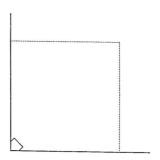 で，一塁の白色ベースと二塁のベースは □ で示しなさい。ベースの大きさは問わない。

(5) バレーボール競技のリベロプレーヤーのルールについて，正しいものを全て選び，記号で答えなさい。

ア　試合中，何度でも交代でき，交代の際も副審に申告する必要はない。

イ　ブロックを試みてもよい。

ウ　コート上で同時にプレーできるリベロプレーヤーは2名までである。

エ　他のプレーヤーとは対照的で異なった色のユニフォームを着用しなければならない。

(6) 卓球競技について，次の各問いに答えなさい。

①　次の打法を何というか，答えなさい。

ア　ボールに強い前進回転(上回転)を与える打法。

イ　相手からのバウンドの短い下回転のボールを下回転で返球する打法。

ウ　全身を使って最も速いボールを打ち出す打法。

②　次の図は，ダブルスの試合のプレーヤーの位置とサービスの方向を示したものである。【最初の位置】からゲームを開始した場合，2ポイントごとにサーバーとプレーヤーはどのように交代していくか，【最初の位置】の図に従い，ア～ウの図にプレーヤーの位置をA～Dの記号で，また，サービスの方向を矢印で示しなさい。

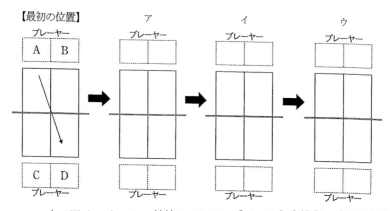

【最初の位置】　　　ア　　　　　イ　　　　　ウ

(7)　次の図は，サッカー競技について，●A，Bを攻撃者，◎Cを守備者とした攻防を示したものである。下の各問いに答えなさい。

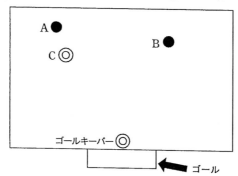

①　サッカーの守備の基本にマークの原則がある。そのうちの一つを答えなさい。

②　攻撃者●Aがゴール方向に向いてボールを保持している時，もう1人守備者○が入り，2対2の攻防とした場合，マークの原則を基に新たに入った守備者○が取るべきポジショニングで最も適切なのはどこか，図のア～オから一つ選び記号で答えなさい。

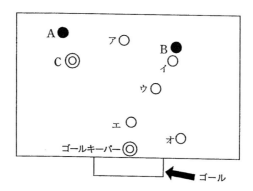

(☆☆☆○○○)

【7】武道について，次の各問いに答えなさい。

(1) 次の写真で示される柔道の技の名称を答えなさい。

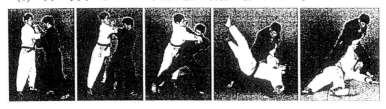

(2) 柔道の授業の安全管理について，次の各問いに答えなさい。

① 投げを受けた時に，頭部の直接的な打撲がないにも関わらず脳に重大な損傷を受けることがある。それはなぜか答えなさい。

② 大外刈りを受けて後頭部を打撲し，軽い脳しんとうを起こしたがすぐに回復した。当日または2〜3日後に，同程度の打撲をした場合，どのような症状が起こることが想定されるか，答えなさい。

(3) 次の文は，剣道の試合の始め方と終わり方について説明したものである。あとの各問いに答えなさい。

始め方…(A)竹刀を下げてお互いに合わせて立礼をし，(B)竹刀を腰まで上げて(ア)足から(イ)歩進む。構えながら(ウ)の姿勢をとる。主審の「はじめ」の合図で立ち上がって試合を開始する。

終わり方…(　ウ　)して竹刀をおさめる。立って竹刀を腰まで上げて持ち，左足から小さく(　エ　)歩下がる。立礼をして終わり。
① ア～エに当てはまる最も適当な語句または数字を答えなさい。
② 下線の(A)「竹刀を下げて」，(B)「竹刀を腰まで上げて」という状態をそれぞれ何というか，答えなさい。

(☆☆☆◎◎◎)

【8】体育理論に関する次の文を読み，下の各問いに答えなさい。
○ オリンピックの創始者クーベルタンは，スポーツによる青少年の健全育成と世界平和の実現を理念として掲げた。それを実現させるために(A)国際オリンピック委員会が中心となって行う活動がオリンピックムーブメントである。我が国でも，(　①　)がクーベルタンの呼びかけによってアジア最初の委員となり，スポーツによる世界平和の運動を日本に定着させた。
○ スポーツの練習効果は，動作の滑らかさ，動作のスピード性，動作の再現性としてあらわれ，それらの総合評価で「(　②　)」を描くことができる。運動する人の特性によって，運動技能の向上速度は異なる。一般に運動技能が未熟な時期には，急速に上達するが，その途中で，(B)上達が一時的に停滞したり，(C)技能が低下する時期を迎えることがある。
(1) 下線部(A)について，略称を何というか，アルファベット3文字で答えなさい。
(2) 下線部(B)，(C)のことを何というか，答えなさい。
(3) ①，②に当てはまる最も適当な語句を答えなさい。

(☆☆☆◎◎◎)

【9】現代のスポーツ，保健に関する事項について，次の各問いに答えなさい。
(1) 女性を対象とした予防ワクチンで，副反応の発生状況が問題になっているのは，何という病気に対するワクチンか，答えなさい。

(2) 2018年開催予定の冬季オリンピック開催地はどこか，都市名を答えなさい。

(3) 2020年に東京で開催される東京オリンピック・パラリンピックに向けた体制整備を図るため，文部科学省の外局として新設が検討されているのは何庁か，答えなさい。

(4) 誰もが身近にスポーツに親しめる環境整備や，国際競技力向上のための環境整備など，新たなスポーツ振興政策を実施するため，スポーツ振興事業に対して助成を行っているスポーツ振興くじのことを何というか，アルファベット4文字で答えなさい。

(5) 2021年にアジアとして初めて関西地域で開催されることが決定している生涯スポーツの世界大会を何というか，答えなさい。

(☆☆☆◎◎◎)

【10】京都府の体育・スポーツに関する事項について，次の各問いに答えなさい。

(1) スポーツの意義や価値観を広く府民が共有し，京都府ならではの「スポーツ文化」の醸成を目指す指針として平成26年3月に策定された計画は何か，答えなさい。

(2) (1)の計画の中で，人々の日々の生活の中での「よし！」「さあ！」「やってみよう！」という前向きな「心のありよう」を何ということばで示しているか，答えなさい。

(☆☆☆◎◎◎)

【11】保健分野について，次の各問いに答えなさい。

(1) (一財)日本救急医療財団と日本蘇生協議会(JRC)で構成するガイドライン作成合同委員会が作成した救急蘇生のためのガイドラインの確定版について，次の各問いに答えなさい。

① 突然倒れた人や反応のない人に心停止の可能性を認識したら，直ちに応援を呼び，119番通報を行うともに，何の手配を依頼することと示されているか，答えなさい。

② 従来，心肺蘇生は，気道確保—人工呼吸—胸骨圧迫の順に行うこととされていたが，心停止と判断したらまず一番にどれを行うと示しているか，答えなさい。

③ 心肺停止状態の人の命を救うには質の高い胸骨圧迫が求められるが，圧迫のテンポ(1分間あたりの回数)は少なくとも何回とされているか，答えなさい。

④ 胸骨圧迫と人工呼吸を同時に行う場合，1サイクルの実施回数は，何回ずつ行うか，答えなさい。

(2) 微小粒子状物質であるPM2.5について，次の各問いに答えなさい。

① 2.5の数字は何を示しているか，答えなさい。

② 他の粒子状物質より健康被害が恐れられるのはなぜか，答えなさい。

(3) 医薬品について，次の各問いに答えなさい。

① 一般用医薬品は第1類から第3類に分類されている。何を基準に分類されているか，答えなさい。

② 一般用医薬品に対して，医師等が処方する医薬品を何というか，答えなさい。

(4) 病気や怪我などで血液を必要としている人の生命を救うため，健康な人が血液を提供するボランティアが献血である。献血に関して次の各問いに答えなさい。

① 献血を含む血液事業を実施している機関は何か，答えなさい。

② 献血についての次の文章のうち正しいものすべてを選び，記号で答えなさい。

ア 献血量はだれでも200mlか400mlのどちらか選べる。

イ 献血した血液は，輸血や血液製剤等の製造に使われる。

ウ 受付時間内に総合病院に行けば献血できる。

エ 日本人の血液型の比率で一番多いのはA型である。

(☆☆☆◎◎◎)

【中学校】

【1】中学校学習指導要領について，次の各問いに答えなさい。

(1)　次の文は指導計画の作成に当たって配慮する事項である。①～⑧に当てはまる最も適当な語句を答えなさい。

　　○　体育分野の授業時数は，各学年にわたって適切に配当すること。その際，体育分野の内容の「(　①　)」については，各学年で7単位時間以上を，「(　②　)」については，各学年で3単位時間以上を配当すること。

　　○　第1章総則第1の3に示す学校における体育・健康に関する指導の趣旨を生かし，(　③　)，(　④　)の活動などとの関連を図り，日常生活における体育・健康に関する活動が適切かつ継続的に実践できるよう留意すること。なお，(　⑤　)の測定については，計画的に実施し，運動の指導及び体力の向上に活用するようにすること。

　　○　生徒の(　⑥　)，自発的な参加により行われる部活動については，スポーツや文化及び科学等に親しませ，学習意欲の向上や責任感，連帯感の涵養等に資するものであり，(　⑦　)の一環として，教育課程との関連が図られるように留意すること。その際，地域や学校の(　⑧　)に応じ，地域の人々の協力，社会教育施設や社会教育関係団体等の各種団体との連携などの運営上の工夫を行うようにすること。

(2)　各領域の技能や内容の取扱いについて，次の各問いに答えなさい。

①　陸上競技における長距離走の走る距離は何mから何m程度を目安としているか，答えなさい。

②　陸上競技の技能の指導内容において，短距離走と合わせて示している種目は何か，答えなさい。

③　走り高跳びで個々の生徒の技能や器具・用具等の安全性などの条件が十分に整っており，さらに生徒が安全を考慮した段階的な学び方を身につけている場合に限って実施することとしている跳び方は何か，答えなさい。

④　水泳のスタートについては，内容の取扱いにおいてどのような状況のスタートを取り上げると示されているか，答えなさい。

⑤　球技の「ゴール型」で取り上げることとされている種目をすべて答えなさい。

⑥　武道では，「柔道」，「剣道」，「相撲」の中から一つを選択して履修できるようにすることとされているが，地域や学校の実態に応じて履修できるその他の武道の例としてあげられているのは何か，答えなさい。

(3)　「創作ダンス」の第1学年及び第2学年の指導において，テーマに適した動きで表現する力を身につけさせるため，適切と思われる活動を全て選び記号で答えなさい。

ア　毎時間同じテーマで繰り返し踊り，そのテーマに対する表現を深める。

イ　グループを固定せず多くの仲間と関わり合うようにする。

ウ　取り組みやすいテーマを選んで動きに変化を付けて即興的に表現する。

エ　動きを誇張せず，できるだけ変化を付けずにテーマに沿った表現にする。

オ　「はじめ―なか―おわり」の構成で表現して踊る。

(☆☆☆◎◎◎)

【高等学校】

【1】高等学校学習指導要領解説「保健体育編・体育編」(平成21年12月)に関する次の各問いに答えなさい。

(1)　次の文は，平成20年1月の中央教育審議会答申で指摘された体育に関する課題である。①～⑤に当てはまる最も適当な語句を答えなさい。

○運動する子どもとそうでない子どもの(　①　)。

○子どもの体力の(　②　)傾向が依然深刻。

○運動への関心や自ら運動する意欲，各種の運動の楽しさや喜び，

その基礎となる運動の技能や(　③　)など，(　④　)にわたって運動に親しむ資質や能力が十分に図られていない例も見られる。

○学習体験のないまま(　⑤　)を選択しているのではないか。

(2) 保健体育科に属する次の科目の標準単位数を答えなさい。

　① 体育　　② 保健

(3) 科目「体育」の履修学年について各年次の配当に関しては，どのように示されているか，答えなさい。

(4) 次の文は学習指導要領に示された「部活動の意義と留意点等」である。①～④に当てはまる最も適当な語句を答えなさい。

　生徒の自主的，自発的な参加により行われる部活動については，スポーツや(　①　)及び科学等に親しませ，学習意欲の向上や責任感，連帯感の涵養等に資するものであり，(　②　)の一環として，(　③　)との関連が図られるよう留意すること。その際，(　④　)や学校の実態に応じ，地域の人々の協力，社会教育施設や社会教育関係団体等の各種団体との連携などの運営上の工夫を行うようにすること。

(5) 保健の「交通安全」において取り上げるものとしている車両を2つ答えなさい。

(6) 新興感染症に対して，その発症が一時期は減少していたが，再び注目されるようになった感染症に対する総称を何というか，答えなさい。

(7) 生活習慣病を予防するための身体活動量・運動量及び体力基準値として厚生労働省から2006年に示された運動指針を何というか，答えなさい。

(☆☆☆◎◎◎)

解答・解説

【中高共通】

【1】(1)　①　筋力　　②　柔軟性　　③　敏捷性　　④　全身持久力
(2)　①　20mシャトルラン　　②　握力　　③　ハンドボール投げ
(3)　①　100cm　　②　ア

〈解説〉(1)(3)　新体力テストは筋力，筋持久力，柔軟性，敏捷性，全身持久力，スピード，筋パワー，巧緻性の8項目を調べるために実施されている。それぞれの種目に実施方法や記録の判定方法が設定されているので，よく理解すること。特に，数値に関わる問題は頻出なので，混同がないように注意すること。　(2)　受験する自治体における児童生徒の体力の現状は必ず知っておくこと。特に，全国平均と比較して劣っている点と解消するための手段は集団討論や面接でも問われることがあるので注意すること。

【2】(1)　①　体ほぐしの運動　　②　柔らかさ　　③　巧みな
④　力強い(③と④は順不同)　　(2)　オ

〈解説〉体つくり運動は，体ほぐしの運動と体力を高める運動とで構成されており，体を動かす楽しさや心地よさを味わい，心と体をほぐしたり体力を高めたりできる運動である。体つくり運動の例は学習指導要領解説で示されているので，熟読しておくこと。また，体育理論と関連させた指導も求められているため，筋肉の名称などについても理解しておく必要がある。　(2)　なお，ストレッチングには動的ストレッチングと静的ストレッチングがあり，けがの予防やパフォーマンス向上のため，ウォームアップやクールダウンとして取り扱われている。

【3】(1)　①　支持　　②　懸垂　　③　体操　　④　バランス(①と②，③と④は順不同)　　(2)　①　片足水平立ち　　②　Y字バランス
(3)　$\frac{1}{4}$

〈解説〉器械運動はマット運動，鉄棒運動，平均台運動，跳び箱運動の4種目から構成されており，技に関して，マット運動には回転系・巧技系，鉄棒運動には支持系・懸垂系，平均台運動には体操系・バランス系，跳び箱運動には切り返し系・回転系がある。技には基本技と発展技があり，中学校第1〜2学年と第3学年では異なる場合があるので注意したい。器械運動には多くの技が存在しているため，技とその技名が一致するように，図や映像で知識の整理をしておくこと。

(2) 片足水平立ち，Y字バランスはともに，マット運動の功技系の平均立ち技群にあたる。 (3) ロンダートは「側方倒立回転跳び$\frac{1}{4}$ひねり」ともいわれる。

【4】(1) ウ (2) ① アプローチ ② ハードリング
③ インターバル (3) 15.9m

〈解説〉陸上競技では，走運動における短距離走・ハードル走・リレー，跳躍運動における走り幅跳び・走り高跳びに関する出題が多く見られる。特に，短距離走におけるスタート及びゴールに関すること，ハードル走ではハードルの跳び方，リレーでは，バトンパスに関することが特に頻出事項である。また，走り幅跳び・走り高跳びでは，飛び方のポイントや計測方法，順位の付け方等ルールに関する出題も多いので注意しておくこと。 (1) フィニッシュを判断する際に用いる胸部のラインを「トルソー」という。 (2) それぞれの距離も把握しておこう。男子110mと女子100mハードルではそれぞれの距離が異なるので，注意すること。 (3) 片側直線路が50mである場合，曲線路の半円の円周の長さは50mとなる。円周は「2×円周率(3.14)×半径」で求められるので，これに各数値をあてはめればよい。

【5】(1) ア，エ (2) クイックターン (3) 背泳ぎ → 平泳ぎ → バタフライ → 自由形

〈解説〉水泳では学習指導要領解説における技能の内容や，手足の動きや呼吸法といった泳ぎ方のポイントとなること，動き方は必ずおさえて

おくこと。また，水泳競技についてのルールに関する出題も多く，特にメドレーの順番などはよく確認しておくこと。他にも，安全管理や事故防止に関する事項の出題が多いため，整理しておくこと。

(1)　イについては，息継ぎはフィニッシュの局面で行う。ウについては，グライドの後はアウトスイープ(手が体の内側から外側に向かう動作)からインスイープ(手が体の外側から内側に向かう動作)につなげる。　(2)　壁にタッチしてターンすることをハンドタッチターンという。

【6】(1)　①　スローフォワード　②　オフサイド　③　ノットストレート　④　ノックオン

(2)

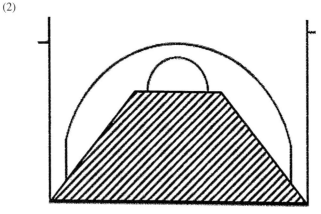

(3)　①　ア　②　ウ　③　イ　④　エ　(4)　①　ア　ウインドミル　イ　スリングショット　②　ア，イ，エ，オ

③

一塁（ダブルベース）	二塁	※示し方

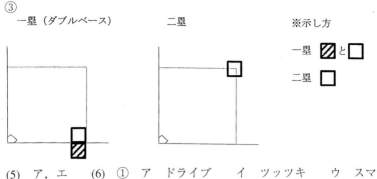

（5）　ア，エ　　（6）　①　ア　ドライブ　　イ　ツッツキ　　ウ　スマッシュ

②

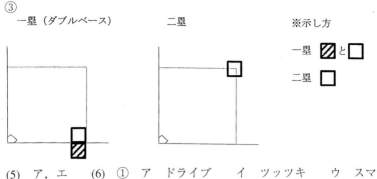

（7）　①　・相手とゴールを結んだライン上を意識する。　　・相手とボールを同時に見る。　　・相手にボールが渡った時は，ボールを奪える距離を保つ。　　・インターセプトを狙うと同時に自分の背後に走り込まれない距離を保つ，のうち1つ　　②　ウ

〈解説〉(2)　エンドラインからのスローインは，制限区域のフリースローライン側の角から，エンドラインの両端をそれぞれつないだ範囲内でバイオレーションが起こった時に認められる。　(3)　ヘアピンショットは，ネット際に落とされたシャトルをネットすれすれにはわせるように打つ。ドロップショットは，相手コート前方に打球の勢いを極力抜いて落とすことを指す。　(5)　イについて，リベロプレーヤーの

ネットより高い位置からのアタックヒットやブロックは反則にあた
る。　(7)　サッカーは，攻守の切り替わりが早く，動きが継続するた
め，高い持久力と集中力が必要とされる。フィールド上の選手配置に
は様々なパターンがあり，「ゴール」を目標にチームで協力しながら，
確実なプレーが要求される。本問で問われているような攻守の方法に
関する問題にも対応できるように戦術に関する知識の整理も必要であ
る。

【7】(1)　体落とし　　(2)　①　頭部が激しく揺さぶられることにより，
頭蓋骨と脳とに大きなズレを生じる。このズレが，ある値を超えると
頭蓋骨と脳をつなぐ静脈が伸展破綻し，「急性硬膜下血腫」となるた
め。　　②　同程度の打撲でもセカンドインパクトシンドロームによ
り，最初の打撲よりはるかに重篤な症状があらわれる場合がある。
(3)　①　ア　右　　イ　3　　ウ　蹲踞　　エ　5　　②　A　提刀
B　帯刀
〈解説〉武道は我が国固有の文化であり，相手を攻撃したり相手の技を防
御したりすることによって，勝敗を競い合う楽しさや喜びを味わうこ
とのできる運動であるとされている。武道は主に，柔道，剣道の基本
動作，対人的技能の内容と対処の方法などが出題されている。図から
技の名称を問う出題は多く見られるので，図や文から読み取ることが
できるようにしておくこと。　　(1)　体落としは投げ技のまわし系の手
技にあたる。　　(2)　②　セカンドインパクトシンドロームは死に至る
おそれもあるので，脳しんとうを起こした場合は一定期間運動させな
いことも一つの方法である。

【8】(1)　(A)　IOC　　(2)　(B)　プラトー　　(C)　スランプ
(3)　①　嘉納治五郎　　②　練習曲線
〈解説〉(1)　IOCはInternational Olympic Committeeの頭文字で，本部はス
イスのローザンヌに置かれている。オリンピックムーブメントには，
オリンピックの開催やスポーツの普及活動，アンチ・ドーピング運動

のほか，世界に向けた休戦の呼びかけ，環境の保全運動などが含まれる。 (2) スランプの原因としては，身体的要因(けが・疲れ等)，技術的要因(フォームの修正)，用具的要因(新しい用具の使用)，心理的要因(自信の喪失等)，練習環境の変化などが考えられる。

(3) ① 嘉納治五郎は，講道館柔道を創設し「柔道の父」と呼ばれている。また，現在の筑波大学の前身である東京高等師範学校で校長を務め，日本で初めて他教科と同等の「体育科」を設置し，学校教育における体育の位置づけを確立した。そのため，「日本の体育の父」とも呼ばれている。 ② 練習の効果をあらわしたものが練習曲線である。練習曲線の例として，練習量の増加に比例して，運動の成績が向上する「直線型」，練習初期に成績が向上し，後半で緩やかになる「負の加速直線型」，練習初期の成績向上が少なく，後半で顕著に向上する「正の加速直線型」，正と負の加速直線型が連結した「S字型」などがある。

【9】(1) 子宮頸がん (2) 平昌 (3) スポーツ庁 (4) toto
(5) ワールドマスターズゲームズ

〈解説〉(1) 子宮頸がんは，ヒトパピローマウイルスが子宮頸部に感染することで発症する。そのため，予防ワクチンが接種されていたが，失神や手足のしびれ，歩行困難などの副反応が明らかになっており，問題となっている。 (2) 2018年冬季オリンピックの開催地の招致にあたっては，フランスのアヌシー，ドイツのミュンヘン，韓国の平昌の3都市が立候補した。2011年7月6日に南アフリカのダーバンで開かれた第123次IOC総会において，1回目の投票で過半数を得た都市の中で最も多い得票記録となった63票を獲得し，韓国の平昌が開催地に決定した。 (3) スポーツ基本法やスポーツ基本計画の中で，「スポーツ庁の設置を検討し，その結果を踏まえて必要な措置を講じること」という旨の文言が明記されている。 (5) ワールドマスターズゲームズは，国際マスターズゲームズ協会(IMGA)が4年ごとに主催する，30才以上の成人・中高年の一般アスリートを対象とした生涯スポーツの

国際総合競技大会である。次回(第9回)大会は，2017年にニュージーランドのオークランドで開催予定である。

【10】(1)　京都府スポーツ推進計画　　(2)　スポーツごころ
〈解説〉(1)　京都府スポーツ推進計画は，チャレンジスポーツ，スマートスポーツ，エンジョイスポーツ，「夢・未来」スポーツ拠点整備の4つで構成されている。　　(2)　「京都府スポーツ推進計画」で求めている「スポーツごころ」には感動，楽しみ，向上，健康，挑戦，つながり，公正がある。

【11】(1)　①　AED　　②　胸骨圧迫　　③　100回　　④　胸骨圧迫…30回　　人工呼吸…2回　　(2)　①　粒子の大きさ　　②　非常に小さく，肺の奥深くまで入りやすいため呼吸器系の影響に加え，循環器系への影響が心配される。　　(3)　①　成分及び副作用がおこるリスク　　②　医療用医薬品　　(4)　①　日本赤十字社　　②　イ，エ
〈解説〉(1)　本ガイドラインは，さまざまな背景を持つ市民が，あらゆる年齢層の傷病者に対応する場合を想定して作成された共通のアプローチである。また，本ガイドラインでは，心停止と判断された場合，より迅速な胸骨圧迫からCPR(心肺蘇生法)を開始することが強調されている。なお，胸骨圧迫によって送り出される血液量は，通常の3分の1程度しか確保できないが，それだけの量でも脳の障害を防ぐことができる。　　(3)　「第1類医薬品」は一般用医薬品として，安全上，特に注意を要する成分を含むもの。「第2類医薬品」は，まれに入院相当以上の健康被害が生じる可能性がある成分を含むもの。「第3類医薬品」は，日常生活に支障をきたす程度ではないが，体の変調・不調が起こるおそれのある成分を含むもの，としている。　　(4)　ア　献血基準を満たしている場合のみ400mlの献血ができる。　　ウ　献血バス，各都道府県の赤十字血液センターなどで献血を行うことができる。

【中学校】

【 1 】 (1) ① 体つくり運動 ② 体育理論 ③ 特別活動 ④ 運動部 ⑤ 体力 ⑥ 自主的 ⑦ 学校教育 ⑧ 実態 (2) ① 1000m〜3000m ② リレー ③ 背面跳び ④ 水中からのスタート ⑤ バスケットボール，ハンドボール，サッカー ⑥ なぎなた (3) イ，ウ，オ

〈解説〉学習指導要領の内容は，各目標や内容の構成，年間授業数についても十分に確認し，理解しておくこと。特に，保健体育科の目標について，「生涯にわたって運動に親しむ資質や能力の育成」「健康の保持増進のための実践力の育成」及び「体力の向上」の3つの具体的な目標が相互に密接に関連していることもおさえておきたい。

(1) ① 平成20年度の学習指導要領改訂では，運動する子とそうでない子の二極化の傾向が見られることや生活習慣の乱れが小学校低学年にも見られるとの指摘を踏まえ，「体つくり運動」領域の一層の充実が求められた。中学校では，心身共に成長の著しい時期であることから，学校の教育活動全体や実生活で生かすことを重視するとともに時間数が示された。 ② 各学年における「体育理論」の内容の取扱いとしては，第1学年において「運動やスポーツの多様性」，第2学年において「運動やスポーツが心身の発達に与える効果と安全」，第3学年において「文化としてのスポーツの意義」をそれぞれ取り上げることとしている。 (3) 中学校第1〜2学年における，創作ダンスの「技能」の目標は，「多様なテーマから表したいイメージをとらえ，動きに変化を付けて即興的に表現したり，変化のあるひとまとまりの表現にしたりして踊ること」と示されている。

【高等学校】

【1】(1)　①　二極化　　②　低下　　③　知識　　④　生涯
⑤　領域　　(2)　①　7〜8単位　　②　2単位　　(3)　各年次継続し
て履修できるようにし，各年次の単位数はなるべく均分して配当する
ものとする。　　(4)　①　文化　　②　学校教育　　③　教育課程
④　地域　　(5)　二輪車，自動車　　(6)　再興感染症　　(7)　健康
づくりのための運動指針2006

〈解説〉(1)　一方，保健で指摘された課題としては，「今後，自らの健康
管理に必要な情報を収集して判断し，行動を選択していくことが一層
求められること」「生活習慣の乱れが小学校低学年にも見られるとの
指摘があること」等があげられる。　　(3)　「体育」においては，全日
制，定時制及び通信制などのいずれの課程にあっても，各学校の修業
年限に応じて，それぞれ各年次に単位数を均分して配当し，計画的，
継続的に履修させることによって指導の効果を上げる必要があるとさ
れている。　　(5)　交通事故の防止の指導に当たっては，交通法規の詳
細など範囲が広がりすぎないようにし，「二輪車」及び「自動車」を
中心に取り上げるものとするとしている。　　(6)　再興感染症には，結
核やマラリア等があげられる。　　(7)　「健康づくりのための運動指針
2006」では生活習慣病予防を主眼とし，健康づくりのための身体活動
量を目標としている。具体的には「週23エクササイズ(メッツ・時)の
活発な身体活動(運動，生活活動)をおこない，そのうち，4エクササイ
ズは活発な運動をおこなう」こととしている。なお，活発な身体活動
を行うと，消費エネルギーが増えて身体機能が活性化することにより，
糖や脂質の代謝が活発となり，内臓脂肪の減少が期待される。その結
果，血糖値や脂質異常，血圧の改善により生活習慣病の予防につなが
るとしている。

2014年度　実施問題

【中高共通】

【1】新体力テストについて，次の各問いに答えなさい。

(1) 次の表は，A君の握力の測定値を表記したものである。空欄に当てはまる数字を答えなさい。

	測定値		記録
	1回目	2回目	
右手	34 kg	32 kg	（　　）kg
左手	24 kg	27 kg	

(2) 立ち幅とびの測定について，次の図の場合，どの距離を測定するか，※示し方を用いて図で示しなさい。

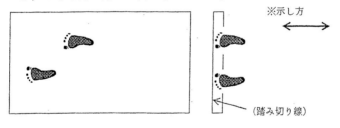

(☆☆☆◎◎◎)

【2】器械運動について，次の各問いに答えなさい。

(1) マットに体の部分を順番(頭→首→背→腰，またはその逆)に接触させながら回転する運動の技群名を答えなさい。

(2) 次の図の技の名称を答えなさい。

(☆☆☆◎◎◎)

【３】水泳競技について，次の各問いに答えなさい。

(1)　クロールのストロークで手のひらが体の真下で「S字」を描くような動作のことを何というか答えなさい。

(2)　クロールのストロークパターンについて，正しい順番はどれか，次のア～オから一つ選び，記号で答えなさい。

ア　入水→プッシュ→グライド→プル→リカバリー

イ　入水→プル→グライド→プッシュ→リカバリー

ウ　入水→グライド→プル→プッシュ→リカバリー

エ　入水→リカバリー→プッシュ→プル→グライド

オ　入水→プル→プッシュ→リカバリー→グライド

(3)　事故を防ぐ安全管理の一つとされ，常に二人が組になってお互いの安全を監視し合うシステムのことを何というか，カタカナで答えなさい。

(☆☆☆◎◎◎)

【４】球技について，次の各問いに答えなさい。

(1)　バスケットボール競技について，次の問いに答えなさい。

空中でボールを保持し，右足，左足の順に着地した場合のピボットフット(軸足)は左右どちらの足になるか答えなさい。

(2)　サッカー競技について，次の問いに答えなさい。

次のA～Cのキックを生徒に指導する際のアドバイスとして，①～⑥に当てはまる最も適当なものを下のア～カから選び，記号で答えなさい。

	キックの種類	アドバイス
A	インサイドキック	（ ① ）・（ ② ）
B	アウトサイドキック	（ ③ ）・（ ④ ）
C	インステップキック	（ ⑤ ）・（ ⑥ ）

ア　つま先を内側に向け，小指のあたりでボールを蹴ってみよう。

イ　ボールを足の甲の真ん中に当ててみよう。

ウ　足の内側でボールを押し出すように蹴ってみよう。

エ　足の甲の外側半分を使ってみよう。

オ　足先を伸ばして，足首を固定してみよう。

カ　足の内側をパスする相手に向けてみよう。

(3)　バレーボール競技について，次の問いに答えなさい。

ア　次の図のサーブの名称を答えなさい。

イ　次の図は，サーブ時のボール回転を示したものである。①～③のボールの球質について，その特徴を簡単に説明しなさい。

(4)　卓球競技について，次の問いに答えなさい。

次のア〜オのプレーを自分が行った場合，相手の得点になるものすべてを記号で答えなさい。

ア　正規のリターンが行えなかった。

イ　サービスのボールがネットに触れて相手コートに入った。

ウ　ラケットがネットに触れた。

エ　ボールを2回続けて打った。

オ　フリーハンドがテーブルに触れた。

(5)　ハンドボール競技について，次の問いに答えなさい。

次の図は，オフェンスを△，ディフェンスを▼で示している。次のアとイの場合，それぞれがどのような動きをすればよいか，図で示しなさい。

ア　ボール保持者(△A)の動きにより△Bがノーマークとなる空間を利用し，シュートを打つ平行(パラレル)プレー(△Aと△B，▼の動き及びボールの動きを図で示しなさい。)

イ　ボール保持者(△B)が▼をブロックして，△Aがシュートを打つクロスプレー(△Aと△Bの動きとブロックの位置及び，ボールの動きを図で示しなさい。)

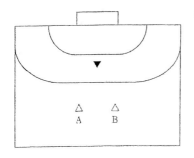

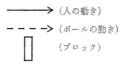

※動きの示し方（直線，曲線どちらでも可）

⟶　（人の動き）

- - - ⟶　（ボールの動き）

▯　（ブロック）

(☆☆☆◎◎◎)

【5】武道について，次の各問いに答えなさい。

(1)　柔道について，次の問いに答えなさい。

ア　文中の①～⑤に当てはまる数字を答えなさい。

　　『講道館柔道試合審判規定(平成12年1月12日改正)』によると，固め技の判定基準は，試合者の一方が相手を(　①　)秒以上(　②　)秒未満抑え込んだ場合は「有効」となり，(　③　)秒以上(　④　)秒未満抑え込んだ場合は「技あり」となる。また，(　⑤　)秒以上経過した場合は「一本」となる。

イ　大外刈り(右組み)の投げ方について，正しいものはどれか，次のA～Dから一つ選び，記号で答えなさい。

A　左足を軸に右足で受の右膝裏を外側から刈る。

B　右足を軸に左足で受の左膝裏を外側から刈る。

C　左足を軸に右足で受の左足に対して半円を描くように刈る。

D　右足を軸に左足で前に出てくる足を払う。

ウ　次の表は，投げ技について示したものである。①～⑥に当てはまる「技の名称」を，あとの語群ア～カから選び，記号で答えなさい。

265

	技の名称
手　技	（　①　）・（　②　）
腰　技	（　③　）・（　④　）
足　技	（　⑤　）・（　⑥　）

【語群】
ア　大腰　　イ　支え釣り込み足　　ウ　背負い投げ
エ　内股　　オ　体落とし　　　　　カ　払い腰

(2)　剣道について，次の問いに答えなさい。

　ア　打突した後にも油断することなく，相手の反撃に対応できる心構え，身構えのことを何というか答えなさい。

　イ　「つば」とは，竹刀のどの部分を示しているのか，次の図に○印で示しなさい。

(☆☆☆◎◎◎)

【6】ダンスについて，次の問いに答えなさい。

　『現代的なリズムのダンス』において使われる拍子の強弱を逆転させたり変化させるリズムのことを何というか答えなさい。

(☆☆☆◎◎◎)

【7】オリンピックについて，次の各問いに答えなさい。

(1)　次の文中の①〜③に当てはまる人物名または都市名を答えなさい。

　・近代オリンピズムの生みの親はピエール・ド・（　①　）であり，1894年6月にその主導により，パリ国際アスレチック・コングレ

スが開催された。

・最初の近代オリンピック競技大会(オリンピアード大会)はギリシャの(②)において1896年に開催された。

・最初のオリンピック冬季競技大会は1924年，フランスの(③)で開催された。

(2) 東京オリンピック・パラリンピック招致委員会は，何年の開催を目指しているか，西暦で答えなさい。

(☆☆☆◎◎◎)

【8】筋肉や骨格，関節などに外傷が発生した場合の応急手当にRICE処置がある。その「C」が表す原則を漢字二字で答えなさい。

(☆☆☆◎◎◎)

【9】①～④に当てはまる語句を，下の語群ア～カから選び，記号で答えなさい。

スポーツ基本計画では，「スポーツは，体を動かすという人間の(①)な欲求に応え，(②)充足や楽しさ，喜びをもたらすという(③)な価値を有するとともに，青少年の健全育成や，地域社会の再生，心身の健康の(④)，社会・経済の活力の創造，我が国の国際的地位の向上など，国民生活において多面にわたる役割を担うものである。」と示している。

【語群】

ア 保持増進　　イ 外在的　　ウ 内在的　　エ 悲観的

オ 本源的　　　カ 精神的

(☆☆☆◎◎◎)

【10】京都府における体力・運動能力について，次の各問いに答えなさい。

京都府における体力・運動能力は，走力など一部の種目で上昇傾向に転じるようになったものの，(　　　)年頃のピーク時に比べると依然低迷してい状況にある。そこで本府では「自校の体力現状把握，運動

習慣化の取組，その成果と分析による次年度への課題を明確化する取組」を行っている。

(1)　文中の空欄に当てはまる最も適当な年代を，次の語群ア～キから選び，記号で答えなさい。

【語群】

ア　昭和20　　イ　昭和30　　ウ　昭和40　　エ　昭和50

オ　昭和60　　カ　平成10　　キ　平成20

(2)　本府が行っている下線部の取組を何というか，答えなさい。

(☆☆☆◎◎◎)

【11】次の図の「赤いリボン」をシンボルにした運動(活動)ついて，簡単に説明しなさい。

(☆☆☆◎◎◎)

【12】心拍数が毎分180拍程度の運動強度のランニングを短い休憩時間(不完全休息)を挟んで繰り返すトレーニングのことを何というか，カタカナで答えなさい。また，このトレーニングの目指す効果を答えなさい。

(☆☆☆◎◎◎)

【13】バリアフリーとユニバーサルデザインについて，それぞれ簡単に説明しなさい。

(☆☆☆◎◎◎)

【14】臓器移植について，次の文中の①～③に当てはまる語句を答えなさい。

　2009年臓器移植法の改正により，年齢制限の緩和や（　①　）への優先提供が可能となった。臓器移植意思表示の方法も，意思表示（　②　），シールの他に，（　③　），運転免許証の裏面に記入欄が示されているものが増えてきている。

(☆☆☆◎◎◎)

【15】次の文は，公的医療保険制度について述べたものである。下の各問いに答えなさい。

　私たちは，病院や診療所などの医療機関で診察や治療などの医療行為を受けたら医療費を支払いますが，その際，あらかじめ①一定の金額を支払っておけば，かかった医療費の一部を自己負担することで必要な医療を受けられる医療保険のしくみがあります。わが国では1961年に②全ての国民が医療保険に加入する公的医療保険制度が確立し，誰もが安心して医療を受けられるようになっています。ただし，この公的医療保険の適用には制限があって，③保険が適用される診療と，④新薬や最先端治療など保険の適用外の診療に分けられます。

(1)　下線部①～④のことを何というか答えなさい。
(2)　下線部③と④を合わせた診療を何というか答えなさい。

(☆☆☆◎◎◎)

【16】次の文は，循環器系疾患について述べたものである。あとの各問いに答えなさい。

　脳血管疾患と虚血性心疾患を含む循環器疾患は我が国の主要な死因の1つであるが，特に脳卒中は我が国の（　①　）の主要な要因となっており，循環器疾患の（　②　）・罹患率の改善は国民の求めるところである。

　一次予防においては，食生活や（　③　）など生活習慣レベルの改善効果が循環器疾患による（　②　）や日常生活動作能力低下率に及ぼす

影響は大きい。

　人の死は避けられないが，脳卒中，虚血性心疾患などの循環器疾患の(②)や罹患率を低下させ，それによって(①)の人や後遺症に悩む人を減少させることは重要な問題である。

　脳卒中等の循環器疾患の発症には生活習慣が深く関与していることが明らかとなってきている。そのため，従来からのハイリスク者対策に加えて，食生活・(③)習慣等の改善についての啓発活動を通して，危険因子をもつ多くの人々が病気の方向に向かわないといった発症予防対策の視点が重要である。

(1)　文中の①〜③に当てはまる語句を答えなさい。

(2)　2007年までは高脂血症と言われてきた病気は，現在，何という名称に変わったか答えなさい。

(3)　下線部の一次予防は生活習慣レベルの改善のことである。二次予防，三次予防について，それぞれ簡単に説明しなさい。

(☆☆☆◎◎◎)

【17】次のグラフは，わが国の平成22年の寿命について示したものである。下の各問いに答えなさい。

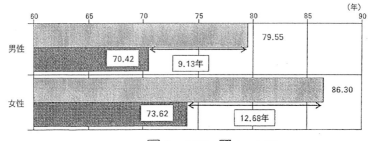

(1)　(A)及び(B)に当てはまる語句を答えなさい。

(2)　(B)寿命は(A)寿命からどのような状態の生活期間を差し引いて算出される指標か答えなさい。

(☆☆☆◎◎◎)

【18】次の文は，がんを防ぐ12ヶ条として国立がんセンターが示している
ものの一部である。①～④に当てはまる最も適当な語句を答えなさい。

・(①)のとれた栄養をとる

・食べすぎをさけ，(②)はひかえめに

・(③)は吸わないように

・食べ物から適量の(④)と繊維質のものを多くとる

(☆☆☆◎◎◎)

【中学校】

【1】陸上競技について，次の問いに答えなさい。

ハードル走における「スピードを維持した走りからハードルを低く
越す」ための技能として，中学校学習指導要領解説(平成20年9月)では，
①踏み切り位置，②振り上げ足をどのようにすることが示されている
か，それぞれ簡単に答えなさい。

(☆☆☆◎◎◎)

【2】中学校学習指導要領第7節保健体育(平成20年3月公示)及び中学校学
習指導要領解説保健体育編(平成20年9月)に関する次の各問いに答えな
さい。

(1) 次の文中の①～⑪に当てはまる語句をあとの語群ア～サから選
び，記号で答えなさい。

○ 教科の目標に，「心と体を(①)としてとらえ，運動や健康・
安全についての理解と運動の(②)な実践を通して，生涯にわ
たって運動に親しむ(③)や能力を育てるとともに健康の保持
増進のための実践力の育成と体力の向上を図り，明るく豊かな生
活を営む態度を育てる。」と示されている。

○ 部活動の意義と留意点等に，運動部の活動は，「主として放課
後に行われ，特に希望する同好の生徒によって行われる活動であ
ることから，生徒の(④)を尊重する必要がある。また，生徒
に任せすぎたり，(⑤)ことのみを目指したりした活動になら

ないよう留意する必要もある。このため，(A)<u>運動部の活動の意義</u>が十分発揮されるよう」と示されている。

○　体育・健康に関する指導に，「学校における食育の推進においては，偏った（　⑥　）などによる肥満傾向の増加など食に起因する健康課題に適切に対応するため，生徒が食に関する正しい知識と望ましい（　⑦　）を身に付けることにより，生涯にわたって健やかな心身と豊かな（　⑧　）をはぐくんでいくための基礎が培われるよう，栄養のバランスや規則正しい食生活，食品の（　⑨　）などの指導が一層重視されなければならない。」と示されている。

○　体力を高める運動の一つに，動きを持続する能力を高めるための運動がある。「指導に際しては，（　⑩　）や疲労感などを手がかりにして，無理のない運動の（　⑪　）と時間を選んで行うようにすることが大切」と示されている。

【語群】

ア　一体　　イ　栄養摂取　　ウ　人間性　　エ　心拍数
オ　資質　　カ　自主性　　　キ　食習慣　　ク　強度
ケ　勝つ　　コ　安全性　　　サ　合理的

(2)　<u>下線部(A)</u>について，どのような意義を示しているか答えなさい。

(3)　体ほぐしの運動のねらいにある「心と体の関係に気付く」こととは，どのようなことを示しているか答えなさい。

(4)　次の表は第3学年において，選択により履修する領域を示した表である。表中の①～⑤の領域名を答えなさい。

領域名	器械運動	①	②	③	④	⑤
選択方法		4つから1つ以上選択			2つから1つ以上選択	

(5)　水泳の指導については，適切な水泳場の確保が困難な場合にはこれを取り扱わないことができるが，その場合，必ず取り上げる内容を答えなさい。

(6)　次の表は，球技の「ゴール型のボール操作とボールを持たないときの動きの例」を示している。①～⑥に当てはまる動きを，あとのア～カからそれぞれ一つずつ選び，記号で答えなさい。

	小学校5・6年	中学校1・2年	中学校3年
ボール操作	(①)	(②)	(③)
ボールを持たない時の動き	(④)	(⑤)	(⑥)

ア　パスやドリブルによるボールキープ

イ　パス後の次のパスを受ける動き

ウ　味方が操作しやすいパス

エ　ドリブルでのキープ

オ　フリーの位置のポジショニング

カ　ボールとゴールの見えるポジショニング

(7)　次のア～オは柔道の固め技である。中学校では取り扱うことができない技を2つ選び記号で答えなさい。

ア　けさ固め　　イ　裸締め　　ウ　横四方固め　　エ　腕がらみ

オ　上四方固め

(8)　ダンスの技能について，次の文中の①～⑤に当てはまる語句を下の語群ア～キから選び，記号で答えなさい。

・次の運動について，感じを込めて踊ったり，みんなで自由に踊ったりする楽しさや喜びを味わい，イメージを深めた表現や踊りを通した(①)や発表ができるようにする。

・創作ダンスでは，表したいテーマにふさわしいイメージをとらえ，個や群で，(②)のある動きや空間の使い方で変化をつけて(③)に表現したり，簡単な作品にまとめたりして踊ること。

・フォークダンスでは，踊り方の特徴をとらえ，音楽に合わせて(④)なステップや動きと組み方で踊ること。

・(⑤)なリズムのダンスでは，リズムの特徴をとらえ，変化とまとまりを付けて，リズムに乗って全身で踊ること。

【語群】

ア　即興的　　イ　自己　　　ウ　交流　　　エ　緩急強弱

オ　現代的　　カ　特徴的　　キ　四面楚歌

(9)　次の文は，指導計画の作成等の改善について述べたものである。文中の①～⑤に当てはまる数字を答えなさい。

　　子どもたちの体力が低下する中で，中学校段階は生徒の体の発達も著しい時期であるため，授業時数を増加する必要があるとされ，各学年とも年間標準授業時数を(①)単位時間としていたものが105単位時間に改められた。

　　体育分野及び保健分野に配当する年間の授業時数は，3学年間を通して，体育分野は(②)単位時間程度，保健分野は(③)単位時間程度とすることとした。

　　体育分野の内容の「体つくり運動」の授業時数については，各学年で(④)単位時間以上を，「体育理論」の授業時数については，各学年で(⑤)単位時間以上を配当することとした。

　　体育分野の内容の「器械体操」から「ダンス」までの領域の授業時数は，その内容の習熟を図ることができるよう考慮して配当することとした。

　　保健分野の授業時数は，3学年間を通して適切に配当し，各学年において効果的な学習が行われるよう適切な時期にある程度まとまった時間を配当することとした。

(☆☆☆◎◎)

【高等学校】

【1】陸上競技について，次の問いに答えなさい。

　　ハードル走における「スピードを維持した走りからハードルを低く越す」ための技能として，高等学校学習指導要領解説(平成21年12月)では，①踏み切り位置，②振り上げ足をどのようにすることが示されているか，それぞれ簡単に答えなさい。

(☆☆☆◎◎)

【2】 高等学校学習指導要領解説「保健体育編・体育編」(平成21年12月)に関する次の各問いに答えなさい。

(1) 高等学校における指導内容は二つの年次に区別されているが，それぞれの年次の区分について科目「体育」では高等学校第1学年の「入学年次」に対して，高等学校第2学年以降は何と示されているか答えなさい。

(2) 科目「体育」の指導内容について，次の問いに答えなさい。

ア 運動に関する領域(「体つくり運動」を除く)の指導内容を三つすべて答えなさい。

イ 「体つくり運動」領域にのみ示されている指導内容は何か答えなさい。

(3) 科目「体育」は二つの領域で構成されているが，「運動に関する領域」と何の領域で構成されているか答えなさい。

(4) 器械運動を構成する四つの運動を答えなさい。

(5) 「陸上競技」の「投てき」について，技能として示されていないものはどれか，次の語群ア〜エから二つ選んで記号で答えなさい。

【語群】

ア ハンマー投げ　　イ 砲丸投げ　　ウ やり投げ

エ 円盤投げ

(6) 「ラグビー」について，ボールを持たないときの動きとして示されている次の文中の空欄に当てはまる最も適当な語句を答えなさい。

モールや(　　)から，味方と連携してボールをつなぐための動きをすること。

(7) 武道の取扱いについて，次の文中の①〜④に当てはまる最も適当な語句を答えなさい。

(　①　)や学校の実態に応じて，相撲，(　②　)，弓道などのその他の武道についても履修させることとしているが，原則として，その他の武道は，柔道又は(　③　)に(　④　)履修させることとし，(　①　)や学校の特別の事情がある場合には，これらに替えて履修

させることができることとする。

(8)　学習指導要領の科目「体育」についての次の問いに答えなさい。

ア　入学年次において次の各領域は，二つのまとまりとして取り扱うように示されている。次の各領域を二つに分類し，記号で答えなさい。

【各領域】

B　「器械運動」　　　C　「陸上競技」　　　D　「水泳」

E　「球技」　　　　　F　「武道」　　　　　G　「ダンス」

※記号は学習指導要領記載によるものである。

イ　(8)―アの領域のまとまりとして分けている理由を，運動スキルの型と関連させて説明しなさい。

(9)　次の文は，ダンスの技能について述べたものである。あとの各問いに答えなさい。

【創作ダンス】

「表したいテーマにふさわしいイメージをとらえ」とは，入学年次では，多様なテーマから，(　①　)にふさわしいテーマを選んで，見る人に伝わりやすいように，イメージを端的にとらえることである。

「個や群で」の動きとは，即興的に(　①　)したり作品にまとめたりする際のグループにおける個人や集団の動きを示している。個人や集団の動きには，(　②　)の動き，(A)一斉の同じ動きやばらばらの異なる動き，(B)集団の動きを少しずつずらした動き，対立した動き，(　③　)などの動きなどがある。

入学年次の「緩急強弱のある動きや空間の使い方」とは，時間的要素や力の要素の動き，列・(　④　)などの空間の使い方である。

【現代的なリズムのダンス】

入学年次の「リズムに乗って全身で踊る」とは，この段階では，(　⑤　)でリズムをとって全身で自由に弾んで躍ることを発展させ，体の各部位の動きをずらしたり連動させたりして躍ることや，ダイナミックなアクセントを加えたり違う(　⑥　)を取り入れたりして，

変化をつけて連続して躍ることである。

ア　①～⑥に当てはまる語句を語群A～Mから選び，記号で答えなさい。

【語群】

A　主役と脇役　　B　円　　　　C　男性と女性

D　密集や分散　　E　動と静　　F　集合や解散

G　表現　　　　　H　ダンス　　I　渦巻き

J　リズム　　　　K　全身　　　L　体幹部

M　動き

イ　下線(A)，(B)のことを何というか，答えなさい。

(10)　次の文のうち，正しいものを三つ選び，記号で答えなさい。

ア　「体つくり運動」は，各年次すべての生徒に履修させなければならない。

イ　「体つくり運動」は，各年次8～10時間程度を配当すること。

ウ　「体育理論」は，各年次においてすべての生徒に履修させなければならない。

エ　「体育理論」は，各年次6時間以上を配当すること。

オ　「武道」は，各年次においてすべての生徒に履修させなければならない。

(11)　科目「保健」において重要視されている「ヘルスプロモーションの考え方」とは何か，簡単に説明しなさい。

(☆☆☆◎◎◎)

解答・解説

【中高共通】

【 1 】(1)　31

(2)

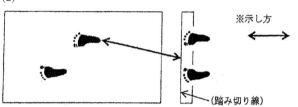

〈解説〉新体力テストに関する問題である。項目として握力と立ち幅とびの他に上体起こし，長座体前屈，反復横とび，持久走，20mシャトルラン，50m走，ハンドボール投げがある。各項目の調べる内容と方法を確認しておくこと。(1)の記録はおのおののよい方の記録の平均値であり，kg未満は四捨五入とする。(2)の立ち幅とびの記録の仕方について，身体が着地した位置のうち，最も踏み切り線に近い位置と，踏み切り線の前端上にある踏み切り前の両足の中央の位置とを結ぶ直線の距離を計測する。

【 2 】(1)　接転技群　　(2)　前方倒立回転跳び

〈解説〉(1)　中学校学習指導要領解説では，器械運動のマット運動と鉄棒運動の技は系，技群，グループに，跳び箱運動と平均台運動は系とグループに分類されている。技の例示では基本的な技と発展技に分かれており，学年で基本的な技と発展技が異なる場合があるので，注意して学習したい。　　(2)　前方倒立回転跳びは，跳び箱運動における回転系の回転跳びグループに含まれている。前方屈腕倒立回転跳びとの違いは，肘が曲がっているかどうかである。

【3】(1) スカーリング (2) ウ (3) バディシステム

〈解説〉(3) 水泳における事故防止の方法としては，「準備運動を十分に
行い，シャワーで体を慣らしてからプールに入水する」「練習場所を
コースロープで区切り，一定方向に泳ぐなどして，ぶつからないよう
に配慮する」「スタートの練習は一定の場所と方法で行う」「潜行(潜
水)の際，息を吸い込みすぎない」「救命用の浮き輪を所定の位置に設
置しておく」などがあげられる。

【4】(1) 右足 (2) ① ウ ② カ ③ ア ④ エ
⑤ イ ⑥ オ (※①②，③④，⑤⑥は各順不同) (3) ア フ
ローターサーブ イ ① ネットを越えて急激に落下する軌跡
② 逆回転によって浮力が働いているので，落ちずに直線的な軌跡
③ 回転軸がないので，不安定な軌跡(伸びる，沈む) (4) ア，ウ，
エ，オ
(5) ア

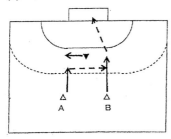

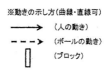

イ

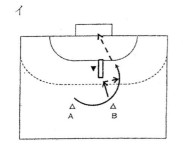

〈解説〉(1)　バスケットボールはボールを保持した状態で3歩以上歩くとトラベリングのヴァイオレーションになる。本問の場合，空中でボールをとった状態から，右足が1歩目，左足が2歩目になるので，1歩目の右足がピボットフット(軸足)になり，その足を動かすとトラベリングになる。　(2)　インサイドキックは，比較的距離が短く，正確なボールを蹴る際に多く使われる。アウトサイドキックは，相手の意表をつくことができるが，他のキックに比べてボールの勢いは出にくい。インステップキックは，距離が長く，強いボールを蹴る際に有効という特徴がある。　(3)　ア　フローターサーブは，コントロールしやすい「スタンディングフローターサーブ」とジャンプして高い位置から打ち込む「ジャンプフローターサーブ」がある。　(4)　イは，レットとなりプレイのやり直しを行う。　(5)　ハンドボールにはスカイプレーや，ポスト(ゴール正面，ゴールライン近くにいる人)を使って攻撃する方法もある。

【5】(1)　ア　①　15　②　20　③　20　④　25　⑤　25
イ　A　ウ　①　ウ　②　オ　③　ア　④　カ
⑤　イ　⑥　エ　(※①②，③④，⑤⑥各順不同)　(2)　ア　残心
イ

〈解説〉(1)　中学校学習指導要領解説では大腰，支え釣り込み足，体落としを第1学年及び第2学年，背負い投げ，払い腰は第3学年で主に取り扱うとしている。なお，投げ技において1本が認められる場合は，「技をかけるか，又は相手の技をはずして，相当の勢い，あるいははずみで，だいたい仰向けに倒したとき」(講道館柔道試合審判規定(平成12年)である。　(2)　剣道における有効打突とは，「充実した気勢，

適正な姿勢をもって，竹刀の打突部で打突部位を刃筋正しく打突し，残心あるもの」とされている。

【6】シンコペーション

〈解説〉現代的なリズムのダンスでは，リズムの変化の付け方として「シンコペーション」のほかに，後拍を強調する「アフタービート」や「休止」「倍速」などがある。ダンスの技能については学習指導要領解説のほか，指導用リーフレットや参考書を参照するとよい。

【7】(1) ① クーベルタン ② アテネ ③ シャモニー・モンブラン (2) 西暦2020年

〈解説〉(1) 第1回オリンピックの開会式は，アテネのパンアテナイ競技場に5万人の観衆を集めて行われた。参加国は14か国，選手は男子のみ280人，実施された競技は陸上競技，水泳，体操，レスリング，フェンシング，射撃，自転車，テニスの8競技43種目であった。

(2) 2020年のオリンピック開催地はマドリード，イスタンブール，東京で争われ，投票の結果，東京に決定した。

【8】圧迫

〈解説〉RICE処置とは，Rest(安静)，Ice(冷却)，Compression(圧迫)，Elevation(挙上)の頭文字をとったものである。打撲や捻挫など，スポーツでよく起こるけがの多くに対応できる応急処置とされている。

【9】① オ ② カ ③ ウ ④ ア

〈解説〉文部科学省ではスポーツ基本法の規定に基づき，平成24年3月に「スポーツ基本計画」を策定した。スポーツ基本計画は，今後の我が国のスポーツ施策の具体的な方向性を示すものとして，国，地方公共団体及びスポーツ団体等の関係者が一体となって施策を推進していくための重要な指針として位置付けられるものである。今般策定した「スポーツ基本計画」は，10年間程度を見通した基本方針を定めると

ともに，平成24年度から概ね5年間に総合的かつ計画的に取り組む施策を体系化したものである。

【10】(1)　オ　　(2)　京の子ども体力向上推進プロジェクト
〈解説〉(1)　「京の子ども体力向上推進プロジェクト」は，P(Plan)：自校の現状把握，D(Do)：運動習慣化の取組，C(Check)：1年の取組の成果と分析，A(Action)：次年度への課題(取組の改善)という流れで実施している。

【11】エイズに対する理解と支援についての活動。
〈解説〉本問に出題された「赤いリボン(レッドリボン)」は，もともとヨーロッパに古くから伝承される風習の1つで，病気や事故で人生を全うできなかった人々への追悼の気持ちを表すものであった。レッドリボンがエイズのために使われ始めたのは，アメリカでエイズが社会的な問題となってきた1980年代の終わり頃である。なお，WHO(世界保健機関)は1988年に，12月1日を「世界エイズデー」と制定し，毎年その日を中心にして世界各国でエイズに関する啓発活動が行われている。

【12】名称…インターバルトレーニング　　　効果…(全身)持久力の養成
〈解説〉持久力を高めるトレーニングとして「インターバルトレーニング」のほかに，全力なランニングを十分な休息をとって数本繰り返す「レペティショントレーニング」や長い距離をゆっくり走ったり途中歩いたりしながら体を動かす「L.S.D(ロング・スロー・ディスタンス)」などがある。

【13】バリアフリー…高齢者や障がいがある人の日常生活の妨げとなる(障壁)を取り除くこと。　　ユニバーサルデザイン…障がいの有無や年齢・性別・国籍にかかわらず，はじめから誰もが使いやすいように施設や製品，環境などを設計すること。

〈解説〉身の回りのバリアフリーの例として，段差の解消や階段に手すり
をつける，ドアを自動にする，駅にエレベーターやエスカレータを設
置する等があげられる。一方，ユニバーサルデザインは公平性，自由
度，単純性，わかりやすさ，安全性，省体力，スペースの確保の7つ
の原則がある。バリアフリーやユニバーサルデザインは，ノーマライ
ゼーションの考え方(高齢者や障がい者を特別視するのではなく，一般
社会の中で普通の生活が送れるような条件を整えるべきであるという
考え方)のもと，社会的な取り組みが進められている。

【14】 ① 親族 ② カード ③ 保険証
〈解説〉臓器移植とは，重い病気や事故などにより臓器の機能が低下し，
移植でしか治療できない人と，死後に臓器を提供してもよいという人
を結ぶ治療方法のことである。2010年に改正臓器移植法が全面実施さ
れ，生前に書面で臓器を提供する意思を表示している場合に加え，本
人の臓器提供の意思が不明な場合も，家族の承諾があれば臓器提供で
きるようになった。また，年齢制限の緩和とは，家族の書面による承
諾により，15歳未満の方からの臓器提供が可能になったことを指す。

【15】(1) ① 保険料 ② 国民皆保険 ③ 保険診療 ④ 自
由診療 (2) 混合診療
〈解説〉(1) 我が国の公的医療保険制度では民間企業の雇用労働者を対
象とする健康保険と，自営業者などを対象とする国民健康保険に大別
される。 (2) 混合診療はがん等が典型例として示される場合が多い。
日本医師会では混合診療については反対の立場をとっている。

【16】(1) ① 寝たきり ② 死亡率 ③ 運動 (2) 脂質異常
症 (3) 二次予防：早期発見・早期治療 三次予防：再発予防，
リハビリテーション
〈解説〉(1) ① 厚生労働省の国民生活基礎調査(平成22年度版)によると，
65歳以上の要介護の人の寝たきりの主な原因は，1位脳卒中(24.1%)，2

位認知症(20.5％)，3位高齢による衰弱・老衰(13.1％)となっている。　② 罹患率とは，特定の期間内に集団に新たに生じた疾病の症例数を割合として示すものである。　(2) 脂質異常症とは，血液中の脂質のうち，中性脂肪やLDL(悪玉)コレステロールが過剰な状態，あるいはHDL(善玉)コレステロールが少ない状態のことである。これを患っていると，動脈硬化を引き起こす危険性が高くなる。　(3) 以前は早期発見・早期治療の二次予防に重点をおいていた。しかし，人口の急速な高齢化が進み，それに伴う「寝たきり」や「認知症」などを増加させ，さらには医療費や介護負担を増大させている。そのような背景から，二次予防から健康増進・発病予防の一次予防へと重点をおくようになった。

【17】(1)　A　平均寿命　　B　健康寿命　　(2)　寝たきりや認知症など介護が必要な期間
〈解説〉(1)　ある年の各年齢における死亡率が今後ともそのまま続くと仮定したとき，各年齢の人が平均してあと何年生きられるかを理論的に示した数値を「平均余命」という。特に，生まれた赤ちゃん(0歳)の平均余命を「平均寿命」といい，集団の死亡状況を表す総合的な健康指標である。　(2)　「健康寿命」は，WHO(世界保健機関)が提唱した新しい指標で，「平均寿命」から事故や病気で寝たきりや認知症になったりする期間を差し引いたものである。

【18】①　バランス　　②　脂肪　　③　たばこ　　④　ビタミン
〈解説〉ほかには「毎日，変化のある食生活を」「お酒はほどほどに」「塩辛いものは少なめに，あまり熱いものはさましてから」「焦げた部分はさける」などがある。

【中学校】

【1】① 遠くから踏み切る ② まっすぐ振り上げる

〈解説〉解答は，中学校学習指導要領解説第2章 第2節〔体育分野〕2 内容 C 陸上競技の第3学年の技能に例示されているものである。第1～2学年の技能については「リズミカルに走る」「滑らかにハードルを越す」ことであり，「遠くから踏み切り， 勢いよくハードルを走り越すこと」等が例示されている。

【2】(1) ① ア ② サ ③ オ ④ カ ⑤ ケ ⑥ イ ⑦ キ ⑧ ウ ⑨ コ ⑩ エ ⑪ ク

(2) スポーツに興味と関心をもつ同好の生徒が， より高い水準の技能や記録に挑戦する中で， スポーツの楽しさや喜びを味わい， 豊かな学校生活を経験する活動であるとともに， 体力の向上や健康の増進にも極めて効果的な活動である。 (3) 運動を通して， 体がほぐれると心がほぐれたり， 心がほぐれると体がほぐれたりするように， 自己の心と体は互いに関係していること， さらに， 他者の心と体ともかかわり合っていることに気付くことである。 (4) ① 陸上競技 ② 水泳 ③ ダンス ④ 武道 ⑤ 球技 (5) 水泳の事故防止に関する心得 (6) ① エ ② ア ③ ウ ④ オ ⑤ カ ⑥ イ (7) イ，エ (8) ① ウ ② エ ③ ア ④ カ ⑤ オ (9) ① 90 ② 267 ③ 48 ④ 7 ⑤ 3

〈解説〉(1) 学習指導要領などの内容について， まずは保健体育科の目標と体育分野の目標， 保健分野の目標を十分に読み込み， 具体的な内容を学習すること。最近では総則の「学校における体育・健康に関する指導」も頻出となっているので確認しておきたい。なお， 部活動について， 旧学習指導要領では削除されていたが， 中央教育審議会答申「幼稚園， 小学校， 中学校， 高等学校及び特別支援学校の学習指導要領等の改善について」で， 部活動に関する指摘があったことから， 今回の改訂で再度掲載されることとなった。 (2) 運動部の活動におけ

る留意点として，「生徒の自主性を尊重すること」「生徒に任せすぎないこと」，「勝つことのみを目指した活動にならないこと」「生徒のバランスのとれた生活や成長のために休養日や練習時間を適切に設定すること」などが考えられる。　(3)　体つくり運動は，「体ほぐしの運動」「体力を高める運動」から構成されている。また，体ほぐし運動のねらいは「心と体の関係に気づくこと」「体の調子を整えること」「仲間と交流すること」の3点で構成されている。　(7)　裸締めは絞め技，腕がらみは関節技であり，中学校では取り扱うことができない。(9)　今回の学習指導要領の改訂から，体つくり運動と体育理論の授業時数などが明確に示された。数値の混同に注意しながら，確認しておきたい。

【高等学校】

【1】①　遠くから踏み切る　　②　まっすぐ振り上げる

〈解説〉高等学校学習指導要領解説保健体育・体育編　第1部　第2章　第1節　3　内容　C　陸上競技では「スピードを維持した走りからハードルを低く越す」ための技能として，踏み切り位置や振り上げ足のほかに，ハードリングやインターバルの走り方などについても示されている。また，技能の例示は「入学年次」と「その次の年次以降」に分けられて記載されている。必ず確認すること。

【2】(1)　その次の年次以降　　(2)　ア　技能：態度：知識，思考・判断　イ　運動　　(3)　知識に関する領域　　(4)　マット，鉄棒，平均台，跳び箱　　(5)　アとエ　　(6)　①　ラック　　(7)　①　地域②　なぎなた　　③　剣道　　④　加えて　　(8)　ア　B，C，D，GとE，F　イ　「B 器械運動」「C 陸上競技」「D 水泳」「G ダンス」は技を高めたり，記録に挑戦したりするクローズドスキルで，「E 球技」と「F 武道」は集団や個人で，相手との攻防を展開する楽しさや喜びを味わうオープンスキルとして分類している。　(9)　ア　①　G②　A　③　D　④　B　⑤　L　⑥　J　イ　A　ユニゾン

B　カノン　　(10)　ア，ウ，エ　　(11)　健康の保持増進において個人の行動選択やそれを支える社会環境づくりなどが大切であるという考え

〈解説〉(2)　ア　評価には「関心・意欲・態度」「技能」「思考・判断」「知識・理解」の4観点がある。　　(6)　ボールを奪う方法として，「モール」と「ラック」がある。「ラック」とは，地面にあるボールを両チームのプレイヤーが体を密着させて組合い，ボールを奪う方法である。「モール」とは，ボールをもったプレイヤーを両チームプレイヤーが体を密着させて組合い，ボールを奪う方法である。　　(8)　オープンスキルとは，絶えず変化する状況の下で発揮される型で，柔道やバスケットボール，サッカーといった対人で行われる種目があげられる。クローズドスキルとは，状況の変化の少ないところで発揮される型で，テニスのサーブや水泳，器械運動などがあげられる。

(10)　イ　「体つくり運動」は，各年次7～10単位時間程度である。
オ　「武道」は，入学年次に「E 球技」及び「F 武道」のまとまりの中から1領域以上を選択する。その次の年次以降においては，「B 器械運動」から「G ダンス」までの中から2領域以上を選択することとしている。　　(11)　「ヘルスプロモーション」とは，WHO(世界保健機関)が1986年のオタワ憲章において提唱した新しい健康観に基づく21世紀の健康戦略である。その定義は，「人々が自らの健康とその決定要因をコントロールし，改善することができるようにするプロセス」である。

2013年度　　実施問題

【中高共通】

【1】新体力テストについて，次の問いに答えなさい。

次のア～オの文は，20mシャトルランの測定方法を時系列で示したものである。

内容に誤りがあるものを二つ答え，記号で答えなさい。さらに，誤っている語を示し，正しい語を答えなさい。

ア　プレーヤーによりCD(テープ)再生を開始する。一方の線上に立ち，テストの開始を告げる5秒間のカウントダウンの後の電子音によりスタートする。

イ　一定の間隔で1音ずつ電子音が鳴る。電子音が次に鳴るまでに20m先の線に達し，足が線を越えるか，触れたら，その場で向きを変える。この動作を繰り返す。

ウ　電子音の前に線に達してしまった場合は，向き変え，電子音を待ち，電子音が鳴った後に走り始める。

エ　CD(テープ)によって設定された電子音の間隔は，初めはゆっくりであるが，約1分ごとに電子音の間隔は短くなる。すなわち，走速度は約30秒ごとに増加していくので，できる限り電子音の間隔についていくようにする。

オ　CD(テープ)によって設定された速度を維持できなくなり走るのをやめたとき，または，3回続けてどちらかの足で線に触れることができなくなったときに，テストを終了する。

(☆☆☆◎◎◎)

【2】陸上競技について，次の問いに答えなさい。

(1)　走り幅跳びの判定について，無効試技となる場合はどれか，次のア～エから二つ選び，記号で答えなさい。

ア　着地後，体の反動で，着地地点より前方の区画外に飛び出した。

イ　着地後，砂場を正しく離れた後に砂場の中を通って戻った。

ウ　着地後，後方に手をついた。

エ　着地の際，砂に残ったもっとも近い痕跡よりも踏切線に近い砂場の外の地面に触れた。

(2)　平行する二つの直走路と，半径が等しい二つの曲走路からなる1周400mのトラックを作成する。

直走路の一辺の長さを84.84mとした場合，曲走路の全長と半径を答えなさい。ただし，四捨五入して小数点第2位まで求めなさい。(円周率は3.14とする)

(☆☆☆◎◎◎)

【3】水泳競技について，次の問いに答えなさい。

中学校学習指導要領(平成20年3月公示)で，新たに示された泳法を答えなさい。

(☆☆☆◎◎◎◎)

【4】器械運動(マット運動)について，問いに答えなさい。

次の図の技の名称を答えなさい。

(☆☆☆◎◎◎)

【5】球技について，次の各問いに答えなさい。

(1)　バスケットボール競技について，次の問いに答えなさい。

ア　時間による制限のバイオレーションには4つの違反があるが，「5秒の制限の違反」を除く3つの違反を答えなさい。

イ　ファウルの種類とその反則には，体の触れ合いによるファウル
とスポーツマンらしくないファウルがある。それぞれの正式な名
称をカタカナで答えなさい。

(2)　ハンドボール競技について，次の問いに答えなさい。

次の文は，プレー中の時間と距離等による制限ににについて示して
いる。文中の①〜⑤に当てはまる数字を答えなさい。

・明らかなシュートチャンスを反則によって妨害した場合，相手チー
ムに(　①　)mスローが与えられる。また，このスローは，審
判の再開の笛から(　②　)秒以内に行わなければならない。

・フリースローを行う場合に，相手チームはそのスローを行うプレー
ヤーから(　③　)m以上離れなければならない。

・警告は，同一プレーヤーに対しては1回だけ，チームに対しては
合計3回までされ，同一プレーヤーに対する2回目以降，チームに
対する4回目以降の警告については，(　④　)分間の退場となる。

・ボールを(　⑤　)秒より長く保持するとオーバータイムとなる。

(3)　サッカー競技について，次の問いに答えなさい。

次の図は，空間を作りだす動きの練習を示している。ディフェン
ス▼は△Aをマンツーマンでマークしており，△Aが図●の地域をオ
ープンスペース(人のいない場所)にして△Bからパスを受けシュート
をする場合，どのような動きをすればよいか，図で示しなさい。

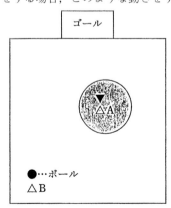

※動きの示し方(曲線も可)

⟶ (動き)

- - - -▶ （シュート）

(4) ソフトボール競技について，次の各問いに答えなさい。

ア　ソフトボールではダブルベースが使用されるが，その理由について答えなさい。

イ　27チームでトーナメント試合をする場合，その総試合数を答えなさい。ただし，3位決定戦は行わないものとする。

(5) バレーボール競技について，次の問いに答えなさい。

リベロプレーヤーに関する規定について，誤った内容の文はどれか，次のア～エから二つ選び，記号で答えなさい。

ア　後衛にいる選手となら誰とでも何度でも交代することができる。

イ　ネットの上端より高い位置にあるボールをアタックヒットすることができる。

ウ　サービスはできるが，ブロックはできない。

エ　同じチームの他のプレーヤーと，はっきり異なる色のユニフォームを着用する。

(6) バドミントン競技について，次の各問いに答えなさい。

ア　次の表は，ストロークについて示したものである。表中の①・②に当てはまる適当な語句を答えなさい。

ストローク	特　徴
（　①　）ストローク	頭よりも上のスペースでシャトルコックをとらえるストローク
（　②　）ストローク	頭からウエストの間のスペースでシャトルコックをとらえるストローク
アンダーハンドストローク	ウエストより低いスペースでシャトルコックをとらえるストローク

イ　次の図において，●Aがダブルスのサーブを打つ場合の有効なサービスエリアを示しなさい。

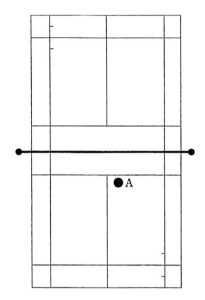

(7)　卓球競技について，次の問いに答えなさい。

　　サービスについて，次の文中の①～③に当てはまる語句を答えなさい。

　　　サービスは手のひらにボールををのせ，ほぼ垂直に(　①　)cm以上投げ上げ，ボールが落下してくるところを打球する。打球の瞬間のボールの位置はエンドラインの(　②　)側であり，コートの面より(　③　)位置であること。ラケットはコート面より低い位置からスタートしても良い。

（☆☆☆◎◎◎◎）

【6】武道について，次の各問いに答えなさい。

(1)　剣道について，次の各問いに答えなさい。

　　ア　剣道の構えに提刀と帯刀があるが，帯刀とはどのような構えのことをいうのか簡単に説明しなさい。

　　イ　竹刀の状態について，事前に点検すべき重要な事項を二つ答え

　なさい。

　ウ　次の文章の作法を何というか答えなさい。

　　座るときは左足を一歩引き，そのままの姿勢で左膝を床につけ片膝立になる。次に右膝をつけ，つま先を立てたまま中座になり，つま先をはずして身体を沈めて座る。立つときは腰を上げ，つま先立ちから右足を一歩出して片膝立ちになり，静かに立ち上がり左足を引き付ける。

(2)　柔道について，次の問いに答えなさい。

　ア　次の図①〜③の正しい抑え技の名称を答えなさい。

イ　固め技の抑え技で必要とされる技術的な要点について簡単に答えなさい。

ウ　次の文は，受け身について示している。文中の①～③に当てはまる語句を答えなさい。

後ろ受け身は，あおむけの姿勢から，（　①　）を引き，頭をあげ，両腕を胸の前にあげて交差し，次いで手のひらを下向きにして（　②　）の腕全体で同時に畳をたたき，（　③　）を畳に打たないようにする。

エ　次の図は，連絡技の1つである。2つの技の名称をそれぞれ答えなさい。

オ　授業をする上で，特に脳への外傷については注意する必要がある。脳に同じような外傷が二度加わった場合，一度目の外傷による症状は軽微であっても，二度目の外傷による症状は，はるかに重篤になることがある。このことを何というか，カタカナで答えなさい。

カ　武道場や体育館など授業をする施設・設備，用具等の状況については，事前に点検しておく必要がある。その中で，畳に関する重要な点検すべき事項を二つ答えなさい。

(☆☆☆◎◎◎◎)

【7】ダンスについて，次の各問いに答えなさい。

(1)　次の表は，創作ダンスの「学習活動における評価の観点」と「学習

の内容」を示している。①〜⑧に当てはまる「学習の内容」を下のア〜クからそれぞれ一つずつ選び，記号で答えなさい。

学習活動における評価の観点	学習の内容
関心・意欲・態度	（　①　）・（　②　）
思考・判断	（　③　）・（　④　）
技能	（　⑤　）・（　⑥　）
知識・理解	（　⑦　）・（　⑧　）

ア　「はじめ—なか—おわり」の構成で表現して踊る。

イ　緩急や強弱の動き，列・円などの空間を使う動き。

ウ　仲間の互いのよさや違いを認め，仲間を賞賛すること。

エ　発表会などで仲間と合意した役割を積極的に引き受け，責任を持って取り組むこと。

オ　身体運動や作品創作に用いられる名称や用語を理解すること。

カ　見る人も拍手をしたりリズムをとるなどしたりして交流し合う大切さを学ぶこと。

キ　健康や安全を確保するために，体調に応じた適切な練習方法を選ぶこと。

ク　ダンスを継続して楽しむための自己に適したかかわり方を見付けること。

(2)　ダンス領域は3つの内容で構成されているが，「ソーラン節」や伝統的な地域の踊りなどの日本の民謡は，どの内容に該当するか答えなさい。

(☆☆☆◎◎◎◎)

【8】次の文章の内容に該当する団体名を正式名称で答えなさい。

日本におけるドーピング防止活動を推進・展開し，平成24年度の加盟は76団体である。その活動として，競技会ならびに競技会外でのドーピング検査，「ドーピング防止に関する教育・啓発活動」や「ドーピング防止活動に関わる情報の管理・収集・提供」などを実施している。

(☆☆☆◎◎◎◎)

【9】スポーツ基本法第17条について，下の各問いに答えなさい。

(学校における体育の充実)

第17条　国及び地方公共団体は，学校における体育が(①)の心身の健全な発達に資するものであり，かつ，スポーツに関する技能及び生涯にわたって(②)に親しむ態度を養う上で重要な役割を果たすものであることに鑑み，体育に関する指導の充実，体育館，運動場，水泳プール，武道場その他のスポーツ施設の整備，体育に関する教員の(③)の向上，地域におけるスポーツの指導者等の活用その他の必要な施策を講ずるよう努めなければならない。

(1)　文中の①〜③に当てはまる語句を答えなさい。

(2)　下線部について，学校現場における具体的な活用事例を二つ答えなさい。

(☆☆☆☆◎◎◎◎◎)

【10】薬物乱用と健康について，次の各問いに答えなさい。

(1)　薬物をやめていても，脳には薬物の記憶が残っており，少量の薬物でも幻覚や妄想が現れることがある。また，ストレスなどにより突然，幻覚や妄想などの中毒性精神病が再発する現象のことを何というか，カタカナで答えなさい。

(2)　次の文章の内容に該当する薬物と，その薬物を規制する法律は何か，それぞれ正式名称で答えなさい。

　　ある薬物事犯の検挙人数は，平成21年をピークに近年は減少傾向にありますが，平成23年中は1,648人で薬物事犯の検挙人数の12.0％を占めています。

　　検挙人数の53.8％を20歳代以下の若年層が，80.3％を初犯者がそれぞれ占めており，若年層や初犯者の高比率が継続しています。

(「DRUG 2012 薬物乱用のない社会を」警察庁より)

(☆☆☆☆◎◎◎◎)

【11】交通事故とその要因について，問いに答えなさい。

　交通事故は，「人的要因」「環境要因」「車両要因」の3つの要因が複雑にからみあい発生すると考えられる。次のア〜カを3つの要因別に分類しなさい。

ア　ブレーキの効きが悪い。

イ　雨や雪で，前方が見えにくい。

ウ　夜間で歩行者などが見えにくい。

エ　ライトが点灯しない。

オ　携帯電話や傘などを使用しながら運転する。

カ　並列運転などの危険な行動をする。

(☆☆○○○)

【12】自然災害による傷害の防止について，次の文中の①〜⑩に当てはまる語句を下の語群から選び記号で答えなさい。

　自然災害による傷害は，例えば，地震が発生した場合に（　①　）の倒壊や家具の（　②　），転倒などによる危険が原因となって生じる。また，地震に伴って，（　③　），土砂崩れ，地割れ，（　④　）などによる（　⑤　）によっても生じる。

　自然災害による傷害が（　⑥　）だけでなく，（　⑤　）によっても生じることから，その防止には，日頃から災害時の（　⑦　）に備えておき，特に，地震などが発生した時や発生した後，周囲の状況を的確に判断し，（　⑧　）・迅速・（　⑨　）に行動することや，事前の情報やテレビ，ラジオ等による（　⑩　）を把握する必要がある。

【語群】

ア　災害発生時　　イ　安全の確保　　ウ　落下　　エ　ついらく

オ　二次災害　　　カ　家屋　　　　　キ　火災　　ク　災害情報

ケ　津波　　　　　コ　安全　　　　　サ　協力　　シ　冷静

ス　洪水

(☆☆○○○○)

297

【13】1986年に世界保健機関(WHO)の示された新しい考え方で，「人々が自らの健康をコントロールし，改善できるようにするプロセスである」とオタワ憲章の中で定義されている概念を何というか答えなさい。

(☆☆☆◎◎◎◎◎)

【14】環境について，次の各問いに答えなさい。
 (1) 循環型社会形成推進基本法(平成12年)で示された3R政策の3Rとは，循環型社会の実現には欠かせない三つのキーワードの英語の頭文字をとって示したものである。この三つのキーワードをそれぞれカタカナで答えなさい。
 (2) 次の文中の①～③に当てはまる語句を答えなさい。
　　環境分野で初のノーベル平和賞を受賞したケニア人女性，ワンガリ・マータイさんが，2005年の来日の際に感銘を受けたのが(　①　)という日本語でした。その言葉に，環境活動の3Rを一言で表せるだけでなく，かけがえのない地球資源に対する(　②　)が込められ，マータイさんはこの美しい日本語を，環境を守る世界共通語(　③　)として広めることを提唱しました。
 (3) 廃棄物の排出をゼロにする循環型産業のしくみを作る構想を何というか，カタカナで答えなさい。

(☆☆☆☆◎◎◎◎)

【15】保健分野(科目保健)の指導において，知識を活用する学習活動として，ブレインストーミングを行うことがある。その際の留意点について簡単に答えなさい。

(☆☆☆☆◎◎◎◎)

【16】次のグラフは，京都府内における平成14年～平成23年の自転車乗用中の交通事故発生件数の状況を示している。
　事故の特徴について，あとの各問いに答えなさい。

【グラフ】平成23年度京都府警(自転車の特徴)より

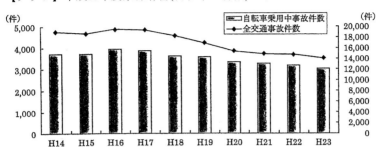

	H14	H15	H16	H17	H18	H19	H20	H21	H22	H23
自転車乗用中事故件数	3,744	3,745	3,986	3,892	3,638	3,591	3,363	3,280	3,172	3,026
全交通事故件数	19,174	18,884	19,590	19,460	18,346	17,094	15,517	15,009	14,775	14,086

(1) 全体的な交通事故発生件数について分析しなさい。

(2) 平成23年度の全交通事故と自転車乗用中事故との関係について簡単に説明しなさい。

(☆☆☆◎◎◎)

【中学校】

【1】 中学校学習指導要領第7節保健体育(平成20年3月公示)及び中学校学習指導要領解説保健体育編(平成20年9月公示)に関する次の各問いに答えなさい。

(1) 改善の基本方針に,武道については,「その学習を通じて我が国固有の(①)に,より一層触れることができるよう指導の在り方を改善する。」と示している。文中の①に当てはまる語句を答えなさい。

(2) 改善の具体的事項には,「生涯にわたって(②)に親しむ資質や能力を育成する観点から,各領域における身に付けさせたい具体的な内容を明確に示すとともに,指導内容の確実な定着を図ることができるよう「体つくり運動」,知識に関する領域以外のすべての領域は,第1学年及び第2学年のいずれかの学年で取り上げ指導することもできるようにする。」と示している。文中の②に当てはまる語句を答えなさい。

(3)　3保健体育科改訂の要点，目標の改善について，「体育分野の目標については，学校段階の接続及び発達の段階のまとまりに応じた指導内容の体系化の観点から，(　③　)学年と(　④　)学年に分けて示すこととした。」と示している。文中の③と④に当てはまる語句を答えなさい。

(4)　中学校第3学年及び高等学校入学年次において，体育分野の領域を，運動に共通する特性や魅力に応じて，選択して履修することができるようにするため，「器械運動」「陸上競技」「水泳」「ダンス」の運動に共通する特性や魅力に応じて，技を高めたり，記録に挑戦したり，(　⑤　)したりする楽しさや喜びを味わうまとまりから1領域以上を，「球技」「武道」の(　⑥　)で相手との攻防を展開する楽しさや喜びを味わうまとまりから1領域以上をそれぞれ選択して履修することができるようにすることとしたと示している。文中の⑤と⑥に当てはまる語句を答えなさい。

(5)　球技領域の内容に示されている3つの型をそれぞれ答えなさい。

(6)　体ほぐし運動の行い方について，領域の内容として示されていないものを，次のア～オから二つ選び，記号で答えなさい。

ア　のびのびとした動作で用具などを用いた運動を行うこと。

イ　体の各部位をゆっくり伸展し，そのままの状態で約10秒間維持すること。

ウ　ペアでストレッチングをしたり，緊張を解いて脱力したりする運動を行うこと。

エ　いろいろな条件で，歩いたり走ったり跳びはねたりする運動を行うこと。

オ　床やグラウンドに設定した様々な空間を歩いたり，走ったり，跳んだりして移動すること。

(7)　武道の内容の取扱いについて，次の各問いに答えなさい。

　　武道場などの確保が難しい場合は，指導方法を工夫して行うとともに，学習段階や(　①　)を踏まえ，段階的な指導を行うなど(　②　)の確保に十分留意すること。

　　　また，武道は，相手と直接的に攻防するという運動の特性や，中学校で初めて経験する運動種目であることなどから，各学年ともその種目の習熟を図ることができるよう適切な授業時数を配当し，効果的，継続的な学習ができるようにすることが必要である。また，武道は，（　③　）な指導を必要とするため，特定の種目を3年間履修できるようにすることが望ましいが，生徒の状況によっては各学年で異なった種目を取り上げることもできるようにする。

ア　下線部について，どのような工夫をすることと示しているか答えなさい。

イ　文中の①〜③に当てはまる語句を答えなさい。

(☆☆☆☆◎◎◎◎◎)

【高等学校】

【1】高等学校学習指導要領第6節保健体育(平成21年3月公示)及び高等学校学習指導要領解説保健体育編・体育編(平成21年7月公示)に関する次の各問いに答えなさい。

(1)　改善の基本方針に，武道については「その学習を通じて我が国固有の（　①　）に，より一層触れることができるよう指導の在り方を改善する。」と示している。文中の①に当てはまる語句を答えなさい。

(2)　改善の基本的方針に，保健については「生涯を通じて自らの健康を適切に（　②　）していく資質や能力を育成するため，一層の内容の改善を図る。」などと示している。文中の②に当てはまる語句を答えなさい。

(3)　3保健体育科改訂の要点，目標の改善について，「心と体を一体としてとらえ，健康・安全や運動についての理解と運動の合理的・（　③　）な実践を通して，生涯にわたって豊かな（　④　）を継続する資質や能力を育てるとともに健康の保持増進のための実践力の育成と体力の向上を図り，明るく豊かで活力ある生活を営む態度を育てる。」と示している。文中の③と④に当てはまる語句を答えなさ

い。

(4)　中学校第3学年及び高等学校入学年次において，体育分野の領域を，運動に共通する特性や魅力に応じて，選択して履修することができるようにするため，「器械運動」「陸上競技」「水泳」「ダンス」の運動に共通する特性や魅力に応じて，技を高めたり，記録に挑戦したり，(　⑤　)したりする楽しさや喜びを味わうまとまりから1領域以上を，「球技」「武道」の集団や個人で，相手との(　⑥　)を展開する楽しさや喜びを味わうまとまりから1領域以上をそれぞれ選択して履修することができるようにすることとしたと示している。文中の⑤と⑥に当てはまる語句を答えなさい。

(5)　球技領域の内容に示されている3つの型をそれぞれ答えなさい。

(6)　体ほぐし運動の行い方について，領域の内容として示されていないものを，次のア～オから二つ選び，記号で答えなさい。

ア　のびのびとした動作で用具などを用いた運動を行うこと。

イ　体の各部位をゆっくり伸展し，そのままの状態で約10秒間維持すること。

ウ　ペアでストレッチングをしたり，緊張を解いて脱力したりする運動を行うこと。

エ　いろいろな条件で，歩いたり走ったり跳びはねたりする運動を行うこと。

オ　床やグラウンドに設定した様々な空間を歩いたり，走ったり，跳んだりして移動すること。

(7)　集団行動について，あとの各問いに答えなさい。

　　集団として必要な行動の仕方を身に付け，能率的で(　①　)な集団としての行動ができるようにすることは，運動の学習においても大切なことである。集団としての行動については，運動の学習に直接必要なものを取り扱うようにし，体つくり運動からダンスまでの各運動に関する領域の学習との(　②　)を図って適切に行うこととした。なお，集団行動の指導の(　③　)を上げるためには保健体育科だけでなく，学校の教育活動全体において指導す

るよう配慮する必要がある。

ア　文中の①〜③に当てはまる適当な語句を答えなさい。

イ　文中の下線部について，学校現場における具体的な活用事例を一つあげなさい。

ウ　集団行動には列の増減がある。2列隊形から3列隊形に列を増やす場合，その基本となる動作を確認する上において，必要となる重要な番号のかけ方を答えなさい。

(☆☆☆☆○○○○○)

解答・解説

【中高共通】

【1】(記号，誤→正の順)　・エ，30秒(約30秒) → 1分(約1分)
　　・オ，3(3回続けて) → 2回(2回続けて)

〈解説〉新体力テスト(12〜19歳対象)のテスト項目は，握力，上体起こし，長座体前屈，反復横とび，持久走または20mシャトルラン(往復持久走)，50m走，立ち幅とび，ハンドボール投げである。実施要項はインターネットで入手できるので，各テスト項目の準備，方法，記録，実施上の注意について正しく理解しておくようにする。

【2】(1)　エ　　(2)　・全長…230.32[m]　　・半径…36.68[m]

〈解説〉(1)　走り幅跳びの着地の判定で無効になるのは，「着地後，砂場の中を歩いて戻ったとき」「着地のとき，着地した痕跡よりも踏み切り板に近い砂場の外の地面に体の一部が触れたとき」である。

(2)　「直走路」とは，短距離走またはハードル走における直線部分のことをいう。計算式は，曲走路の全長…400−84.84×2＝230.32[m]，半径…230.32÷3.14÷2≒36.675[m]であり，四捨五入して36.68[m]となる。

【3】バタフライ

〈解説〉『中学校学習指導要領　保健体育』の改訂により，泳法に「バタフライ」が新たに加えられ，「クロール」「平泳ぎ」「背泳ぎ」とあわせて4つになった。第1学年及び第2学年では，クロールか平泳ぎのどちらかを含む2つの泳法を選択して履修する。第3学年では，これまで身に付けた泳法を活用して，「複数の泳法で泳ぐこと，又はリレーをすること」が新たに示された。

【4】ロンダート(側方倒立回転跳び$\frac{1}{4}$ひねり)

〈解説〉ロンダートは，マット運動の回転系－ほん転技群－倒立回転グループに例示されている側方倒立回転の発展技である。マット運動の基本的な技と，発展技の内容や指導の仕方は頻出なので，学習しておこう。鉄棒運動，平均台運動，跳び箱運動についても同様である。

【5】(1)　ア　・3(秒の制限の違反)　　・8(秒の制限の違反)　　・24(秒の制限の違反)　　イ　・体の触れ合いによるファウル…パーソナル(ファウル)　・スポーツマンらしくないファウル…テクニカル(ファウル)　(2)　① 7　② 3　③ 3　④ 2　⑤ 3

(3)

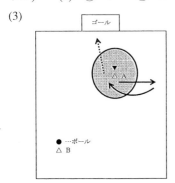

※○の地域をオープンスペースにするために，一旦，○の地域以外の場所へディフェンス▼を引きつける動きをする。その後，素早く動きを切りかえして，マークを外し，○の地域からシュートする。

(4)　ア　1塁での接触プレーによる事故防止，守備者と打者走者の接触防止等　イ　26　(5)　イ，ウ　(6)　ア　①　オーバーヘッド(ハンド)　②　サイドハンド

イ

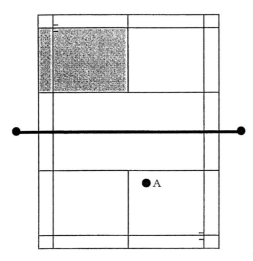

(7)　①　16　　②　外(後方)　　③　高い(上方等含む)

〈解説〉球技については，「ゴール型」ではバスケットボール，ハンドボール，サッカー，「ネット型」ではバレーボール，卓球，テニス，バドミントン，「ベースボール型」ではソフトボールに関する出題が多い。基本技術と競技用語，ゲームの進め方とルール，規則違反と罰則規定を，最新のスポーツルール百科やルールブック等で理解しておくようにする。　(1)　「バイオレーション」とは違反のことである。・24秒ルール…攻撃しているチームは，ボールを取った時点から24秒以内にシュートを打たなければならない。　・8秒ルール…バックコートでボールを保有しているチームは，8秒以内にボールをフロントコートに入れなければならない。　・5秒ルール…スローインでパスを出すまでに5秒以上かかったり，フリースローで審判にボールを渡されてから5秒以内にシュートを打たなければならない。　・3秒ルール…攻撃しているチームの選手は，相手チームのバスケット下の制限区域内に3秒以上とどまってはならない。これらの時間を超えると，バイオレーションとなる。　(4)　イ「トーナメント」方式は勝ち抜き戦のことで，その試合数は「チーム数−1」で求められる。また，「リ

305

ーグ」方式は総当たり戦のことで，その試合数は{チーム数×(チーム数－1)}÷2で求められる。　(5)　リベロプレーヤーは，ネットの上端より高い位置にあるボールをアタックヒットすることはできない。また，サービス，ブロック，またはブロックの試みをすることはできない。　(6)　サービスが有効なエリアは，シングルスとダブルスで異なることにも注意したい。

【6】(1)　ア　竹刀を持った左手を腰にあてた状態　　イ　竹・中結・先皮・弦・鍔の状態を2つ(損傷，ゆるみ，固定等)　　ウ　左座右起(さざうき)　　(2)　ア　①　袈裟固め(けさ固め)　　②　上四方固め　③　横四方固め　　イ　腕の力だけで抑えるのではなく，身体全体を使い，肩，胸部を中心として抑え，動きを制する。　　ウ　①　あご　②　両方(左右)　　③　後頭部(頭部)　　エ　小内刈り→背負い投げ　オ　セカンド・インパクト(シンドローム)　　カ　破れていない，穴があいていない，隙間がない，段差がない，ずれていない，ずれない，クッション性のある畳等の使用，衛生面(以上のうち2つ)

〈解説〉(1)　ア「提刀」とは，弦を下にして自然に下げて親指に鍔をかけないようにしながら，腕を伸ばして竹刀，木刀を持った状態をいう。腕や刀の力を抜き，自然体で立っている状態である。　イ　竹刀の点検では，竹が割れていないか，ささくれていないか，中結の位置(剣先から全長の約$\frac{1}{4}$とする)はよいか，ゆるんでいないか，先皮は破れていないか，弦はゆるんでいないか，鍔は固定されているか，などをみる。　(2)　ア　抑え込みの成立条件は，「抑えられた試合者が相手に制せられ，両肩または片肩が畳についている」「抑えている試合者が脚，体を制せられていない」「体の上から制しており，袈裟または四方になっている」の3点である。　ウ「受け身」は，投げられた際に，崩しや体さばきと関連させてできるようにし，安全を確保できるよう十分な指導をする必要がある。　オ　柔道などのスポーツによる脳障害で多いのが，「脳しんとう」や「加速損傷」である。「脳しんとう」とは，頭部打撲などで脳に衝撃が及んだことにより発生する一時的な

脳障害のことで，多くは，短時間で回復する。「加速損傷」とは，頭部への直接の打撲がなくても，頭部が激しく揺さぶられたりすることにより，頭蓋骨と脳とに大きなずれが生じ，架橋静脈が損傷することをいう。柔道の安全指導については，「柔道の授業の安全な実施に向けて」を文部科学省のホームページから入手できるので，学習しておくとよい。

【7】(1)　・①と②…ウ，エ　　　・③と④…キ，ク　　　・⑤と⑥…ア，イ　・⑦と⑧…オ，カ　　(2)　フォークダンス

〈解説〉(1)　ウは「仲間を賞賛すること」，エは「取り組むこと」とあることから，「関心・意欲・態度」の評価の観点にあてはまることがわかる。このように評価の観点に合う学習内容は，文末表現に注目すると結びつきやすいだろう。　　(2)　ダンスの領域は「創作ダンス」「フォークダンス」「現代的なリズムのダンス」で構成され，イメージをとらえた表現や踊りを通した交流をして仲間とのコミュニケーションを豊かにすることを重視する運動とされている。　第1学年及び第2学年ではすべての生徒に履修させることとなっており，第3学年では器械運動，水泳，陸上競技及びダンスの中から1領域を選択して履修することとなっている。

【8】財団法人日本アンチ・ドーピング機構(JADA・ジャダ)

〈解説〉スポーツ選手の薬物使用を監視し，検査する国際機関が「世界アンチ・ドーピング機構(World Anti-Doping Agency：WADA)」である。ドーピングについては，スポーツ界だけでなく社会全体が取り組むべき問題であることから，国際オリンピック委員会(IOC)と各国政府の協力により1999年にこの機関が設立された。そして，2001年に財団法人日本アンチ・ドーピング機構(Japan Anti-Doping Agency：JADA)が設立された。さらに，2003年には，国際的に共通ですべての競技に適用されるアンチ・ドーピング規則として世界ドーピング防止規程(WADA規程)が定められた。

【9】(1)　①　青少年　　②　スポーツ　　③　資質　　(2)　学校行事・体育授業・運動部活動等での活用

〈解説〉スポーツ基本法は2011年に施行された法律である。1961年に制定されたスポーツ振興法を50年ぶりに全部改正し，スポーツに関し，基本理念を定め，スポーツに関する施策の基本となる事項を定めたものである。保健体育との関連から，出題頻度は非常に高い。前文，目的，基本理念をはじめ，よく目を通しておくようにしたい。

【10】(1)　フラッシュバック　　(2)　・薬物…大麻　　・規制する法律…大麻取締法

〈解説〉(1)　薬物乱用とは，医薬品を医療目的以外に使用したり，医療目的にない物質を不正に使用したりすることをいう。主なものに，覚せい剤，大麻，麻薬(コカイン，ヘロインなど)，向精神薬(睡眠薬，精神安定剤)，有機溶剤(シンナーなど)がある。　(2)　覚せい剤，麻薬等の使用，所持などは法律で厳しく規制されており，覚せい剤の所持，使用は覚せい剤取締法で，大麻の所持，使用は大麻取締法で規制されている。

【11】人的要因…オ，カ　　・環境要因…イ，ウ　　・車両要因…ア，エ

〈解説〉交通事故の要因として，人的要因(主体要因)には不安定な心身の状態，規則を尊重する態度の欠如，危険を予知する能力の不足が，環境要因には道路の状況の不良，安全施設の不備が，車両要因には，整備不良，車両の特性(内輪差，自動車の死角)があげられる。

【12】①　カ　　②　ウ　　③　キ(ケ)　　④　ケ(キ)　　⑤　オ
　　⑥　ア　　⑦　イ　　⑧　コ(シ)　　⑨　シ(コ)　　⑩　ク

〈解説〉本問は，空欄前後の言葉から容易に判断できるだろう。『中学校学習指導要領』の改訂により，「傷害の防止」については，自然災害への備えと障害の防止に加えて，災害安全の視点から，二次災害によって生じる傷害に関する内容が明確にされた。災害時の避難・誘導の

仕方などについても確認しておこう。

【13】ヘルスプロモーション

〈解説〉ヘルスプロモーションにおける目的実現のための活動方法として，健康な公共政策づくり，健康を支援する環境づくり，地域活動の強化，個人技術の開発，ヘルスサービスへの方向転換があげられている。なお，「ヘルスプロモーション」の考え方に基づく活動として，日本では健康日本21(21世紀における国民健康づくり運動)が展開されている。

【14】(1)　・リデュース　　・リユース　　・リサイクル

(2)　①　もったいない　　②　Respect(尊敬の念)　　③　MOTTAINAI

(3)　ゼロ・エミッション

〈解説〉(1)　日本では2000年に循環型社会形成推進基本法において3Rの考え方が導入された。「3R」とは，Reduce(リデュース)…ごみの発生抑制，Reuse(リユース)…再使用，Recycle(リサイクル)…再生利用のことである。　(2)　日本語の「もったいない」が，マータイさんが取り組む資源の有効活用や3Rを一言で言い表す言葉であること，さらに命の大切さや，かけがえのない地球資源に対するRespect(尊敬の念)という意味も込められていることから，マータイさんが環境を守る国際語「MOTTAINAI」として提唱し，世界に広がった。　(3)　ゼロ・エミッション(zero emission)とは，1994年に国連大学が提唱した資源型社会を構築するための概念のことである。emissionとは「排出物」を意味するが，廃棄物として捨てられているものを有効活用することによってその量を減らし，燃やしたり埋め立てたりする量をゼロに近づけることを指す。

【15】・よいアイデアを生み出すための方法の1つで，みんなで自由に意見を出し合う。　・質よりも量であり，人の意見に便乗した発言でもよい。　・出された意見に対して批判することは厳禁である。

〈解説〉「ブレインストーミング」とは，ある課題に対してアイデアや思

いつきを自由に出し合って，さらによいアイデアや優れた発想を生み出すという集団的思考の技法である。アイデアは会議方式でなく，紙に書いて掲示してもよい。その際の意見の整理法としてKJ法があげられる。

【16】(1)　平成16年度をピークに，全交通事故件数・自転車乗用中事故件数ともに減少傾向にある。　　(2)　平成23年度の全交通事故発生件数は約14,000件で，そのうち自転車乗用中の交通事故発生件数は約3,000件と，発生件数の約2割を占めている。

〈解説〉(2)　グラフからの情報の読み取りは，情報を活用するための大切な技術である。ここでは，2つの事故件数について述べる必要がある。

【中学校】

【１】(1)　①　伝統と文化　　(2)　②　運動　　(3)　③　第1学年及び第2　④　第3　　(4)　⑤　表現　　⑥　集団や個人　　(5)　ゴール型，ネット型，ベースボール型　　(6)　イ，オ　　(7)　ア　安全上の配慮を十分に行い，基本動作や基本となる技の習得を中心として指導を行う。　イ　①　個人差　　②　安全　　③　段階的

〈解説〉(6)　『中学校学習指導要領解説　保健体育編』では，「体ほぐしの運動」の「行い方の例」として，ア・ウ・エのほかに，「リズムに乗って心が弾むような運動を行うこと」「仲間と動きを合わせたり，対応したりする運動を行うこと」が示され，第3学年ではこれらの例などから運動を組み合わせ，ねらいに合うように構成して取り組むことが示されている。なお，イは「体力を高める運動」の体の柔らかさを高めるための運動の行い方の例であり，オは「体力を高める運動」の巧みな動きを高めるための運動の行い方の例である。　　(7)　『中学校学習指導要領』の改訂により，「武道」の領域は，第1学年及び第2学年で，すべての生徒に履修させることとなった。これを受けて，特に武道必修化に伴う安全管理に関する出題頻度が高くなっているので注意

しよう。

【高等学校】

【1】(1) ① 伝統と文化 (2) ② 管理し改善 (3) ③ 計画的 ④ スポーツライフ (4) ⑤ 表現 ⑥ 攻防 (5) ゴール型, ネット型, ベースボール型 (6) イ, オ (7) ア ① 安全 ② 関連 ③ 効果 イ ・始業式, 終業式の整列時 ・体育祭 ・遠足(学校行事, ホームルーム行事などの中から1つ) ウ 1・2・3の繰り返し番号

〈解説〉新高等学校学習指導要領は2013(平成25)年度の入学生から年次進行により実施されることとなっているので, 改訂での主な変更点についておさえたうえで, 目標や指導事項, 配慮事項などをよく学習しておこう。 (6)『高等学校学習指導要領解説 保健体育編・体育編』では, 「体ほぐしの運動」の「行い方の例」として, ア・ウ・エのほかに, 「リズムに乗って心が弾むような運動を行うこと」「仲間と動きを合わせたり, 対応したりする運動を行うこと」が示されている。なお, イは「体力を高める運動」の体の柔らかさを高めるための運動の行い方の例であり, オは「体力を高める運動」の巧みな動きを高めるための運動の行い方の例である。 (7) 集団行動については, 『高等学校学習指導要領 体育』の内容の取扱いに, 「集合, 整頓, 列の増減, 方向転換などの行動の仕方を身に付け, 能率的で安全な集団としての行動ができるようにするための指導については, 内容の『A 体つくり運動』から『G ダンス』までの領域において適切に行うものとする」とある。

2012年度　　実施問題

【中高共通】

【１】次の表は，A中学校2年生男子のB君における新体力テストの記録を示したものである。下の各問いに答えなさい。

調べる内容	新体力テスト種目	全国の記録（中学校2年生男子）		B君の記録	
		平均値	標準偏差	記録	Tスコア
投力	ハンドボール投げ	21.23 m	5.31	21.31 m	（　①　）
柔軟性	（　②　）	（省略）			
筋持久力	（　③　）	（省略）			

(1) 表中の①に入るTスコアの数値について，次の算出方法を用いて答えなさい。なお，小数第3位を四捨五入し，小数第2位まで求めること。

$$Tスコア ＝ \frac{個々の測定値－平均値}{標準偏差} \times 10 ＋ 50$$

(2) 表中の②，③に当てはまる種目の名称をそれぞれ答えなさい。

(3) 次の文は，表中の下線部「筋持久力」を高めるトレーニングの効果について示している。文中のA，Bに当てはまる適当な語を下のア～エから選び，記号で答えなさい。

　　筋肉中の（　A　）が発達して血流量が増し，（　B　）が十分に供給されるようになって筋持久力が向上する。

　　ア　栄養素　　イ　酸素　　ウ　毛細血管　　エ　末梢神経

（☆☆☆◎◎◎◎）

【２】陸上競技について，次の各問いに答えなさい。

(1) リレー競技において，バトンの受け渡しを完了しなければならないゾーンの名称を答えなさい。また，そのゾーンの距離を答えなさい。

(2) 次の表は，ある競技会において，ア～エの4人の選手が出場した走り高跳びの試技を記録したものである。1位と4位をそれぞれア～エの記号で答えなさい。

	試 技						
競技者	1m78	1m82	1m85	1m88	1m90	1m92	1m94
ア	―	×○	○	×○	―	××○	×××
イ	○	○	○	×―	×○	××○	×××
ウ	○	○	×―	○	××○	××○	×××
エ	○	○	―	××○	××○	×○	×××

― : パス　　○ : 有効試技　　× : 無効試技

(3) 次のア～エのうち，陸上競技のルールとして正しいものを一つ選び，記号で答えなさい。

ア　ハードル走は，疾走中，故意でなくても，すべてのハードルを倒せば失格となる。

イ　800m走は，「位置について」「用意」の言葉を用い，全競技者が用意したときに信号器を発射する。

ウ　400m走は，クラウチングスタートとスターティングブロックの使用を義務づける。

エ　三段跳は，ホップで踏切った反対の足で最初に着地し，ステップではさらに反対の足で着地し，つづいてジャンプを行う。

(☆☆○○○○)

【3】サッカー競技に関する生徒への指導について，次の各問いに答えなさい。

(1) 次のア～エは，キックの練習時における生徒へのアドバイスを示している。①「インサイドキック」，②「アウトサイドキック」，③「インステップキック」，④「インフロントキック」の各キックのアドバイスとして適当なものを，それぞれ一つずつ選び，記号で答えなさい。

ア　ボールの中心のやや外側から巻き込むような形で蹴ると，カーブがかかるよ。

イ　蹴ったあとも，親指を挙げたままで，かかとを押し出すように

しよう。

ウ　蹴る瞬間は，つま先を伸ばし，足首を固定しよう。

エ　バックスイングは小さくし，つま先が内側を向くようにしよう。

(2)　次の図①・②は，パスのコンビネーションからシュートをねらう
練習を示している。図①では，生徒Bがボールをキープし，生徒A
はオープンスペースに移動をして生徒Bからパスを受けようとして
いる。図②では，生徒Bがパスをした後，生徒Aの移動によって新
しくできたスペースに走り込み，生徒Aからパスを受けシュートし
ている。この生徒A・Bのコンビネーションで使われているパスの
名称を答えなさい。

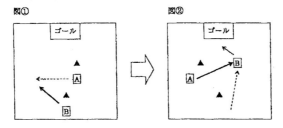

Ⓐ：生徒A　Ⓑ：生徒B　▲：ディフェンス　─────▶：パス　────▶：シュート　───▶：生徒の動き

(☆☆☆◎◎◎◎)

【4】バスケットボール競技について，次の各問いに答えなさい。

(1)　次の①～④は，プレー中の時間による制限について示している。
文中のa～dに当てはまる適当な数字を答えなさい。

①　バックコートでボールをコントロールしたチームは，(a)秒
以内にフロントコートにボールを進めなければならない。

②　攻撃中に，相手コートの制限区域には(b)秒を越えてとどま
ることはできない。

③　コート内でボールをコントロールしたチームは(c)秒以内に
シュートしなければならない。

④　相手に1m以内で激しく防御され，パスやドリブルなど何もしな
いで(d)秒以上ボールを持ち続けることはできない。また，ス

ローインやフリースローは(d)秒以内に行う。

(2) プレー中において，パスを空中でキャッチし，ストライドストップで「右足」「左足」の順に着地をした後，ピボットでボールをキープする場合，どちらの足を軸にしてピボットをすると，トラベリングになるか答えなさい。

(☆☆☆◎◎◎◎)

【5】バレーボール競技について，次の各問いに答えなさい。

(1) 次の図は，バレーボール競技でのコートポジションを示している。サービスのときに選手が次の●位置であった時，ポジショナルフォールトとなるのは，どの選手か。●の位置にいるア～カの選手から3人選び，記号で答えなさい。

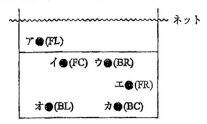

※( )内は次のポジションの略称である

FL：フロントレフト　　　BL：バックレフト

FC：フロントセンター　　BC：バックセンター

FR：フロントライト　　　BR：バックライト

(2) 次のア～ウのうち，リベロプレーヤーの動きとして，ルール上適切であるものを一つ選び，記号で答えなさい。

ア　フロントゾーン内またはその延長から，指を用いたオーバーハンドパスによって上げたボールを，他のプレーヤーがネットの上端より高い位置でアタックヒットした。

イ　ネット上端より低い位置にあるボールをアタックヒットした。

ウ　ブロックに参加した。

(☆☆☆◎◎◎)

【6】 バドミントン競技について，次の各問いに答えなさい。

(1) サービス時のフォルトとなる「アバブ・ザ・ウエスト」について，簡潔に説明しなさい。

(2) 次の図は，バドミントンコートをサイドライン側から見た図である。2名がネットを挟んで1名ずつコートに入り，①ロブ→②ハイクリア→③ドロップ→④ヘアピン→①ロブの順にフライトを繰り返し行う反復練習をする場合，①ロブから②〜④を経て再び①に戻るシャトルの軌跡について，下の例にならって，次の図に記入しなさい。なお，①ロブの起点となる位置と軌跡は記入済みである。

(バドミントンコートをサイドライン側から見た図)

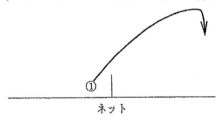

【例】 ①ロブ→②スマッシュ　※フライトの起点となる丸囲み数字から，フライトの軌跡を矢印で示す

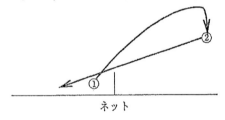

(☆☆☆☆◎◎◎◎)

【7】 次の図は卓球台のコートを上から見たものである。卓球競技のダブルスにおいて，図①の●A選手のサービスを図②の▲C選手がリターンする場合，ボールをバウンドさせなければならないエリアを，図②に▨(斜線)で示しなさい。

316

また，▲C選手のリターン後，●A・●Bのうち，返球することができるのは，どちらの選手か。「A」，「B」，「AでもBでもよい」の中から一つ選び，答えなさい。

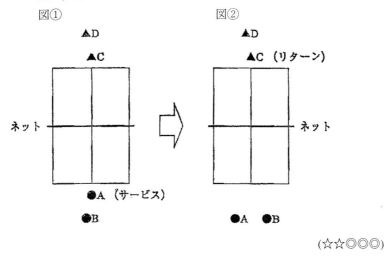

図①　　　　　　　　　　　図②

(☆☆○○○)

【8】ソフトテニス競技に関する生徒への指導について，次の各問いに答えなさい。

(1)　次の図はラケットのグリップを示している。このグリップの名称を答えなさい。

(2)　次の表は，ソフトテニスの学習の成果を振り返る評価カードを示したものである。表中の「学習の観点」①〜④に該当する「学習の内容」をあとのア〜クからそれぞれ2つずつ選び，記号で答えなさい。

授業の振り返りカード（◎よくできた・○できた・△もう少し）			
学習の観点	学習の内容	学習を振り返りチェックしよう	
		自分でチェック	仲間からチェック
① 関心・意欲・態度	（　）・（　）	◎　・　○　・　△	◎　・　○　・　△
② 思考・判断	（　）・（　）	◎　・　○　・　△	◎　・　○　・　△
③ 技能	（　）・（　）	◎　・　○　・　△	◎　・　○　・　△
④ 知識・理解	（　）・（　）	◎　・　○　・　△	◎　・　○　・　△

　ア　用具の準備や片づけ，審判など，分担した役割に責任をもって
　　　取り組むことができた。

　イ　技術や戦術の名称を理解し，よい動き方がわかった。

　ウ　攻撃後に定位置に戻って，次の攻撃に備えることができた。

　エ　自分やチームの課題に応じて，練習方法を工夫して行うことが
　　　できた。

　オ　チームの課題解決のために話し合いに積極的に参和し，意見を
　　　述べたり仲間にアドバイスしたりすることができた。

　カ　ソフトテニスではどのような体力が高まるのかがわかった。

　キ　自分やチームに合った攻め方，守り方を工夫し，作戦に生かす
　　　ことができた。

　ク　相手コートの空いている場所を狙って攻撃することができた。

（☆☆☆☆◎◎◎）

【9】次の図は，ソフトボール競技における本塁とバッターをピッチャー
　　の側から見たものである。ストライクゾーンを，次の図中の破線を実
　　線で四角に囲んで正しく示しなさい。なお，a〜eの実線は，バッター
　　の体を基準とした高さを示している。

a　肩の高さ
b　脇の高さ
c　腰の高さ
d　膝頭の高さ
e　膝頭と足首の中間の高さ

（☆☆☆◎◎◎）

【10】剣道競技について，次の各問いに答えなさい。

(1) 次の図は，基本打突の練習において「剣先を中心とした構え」から打突部位を取に打たせるための動きを示している，「面」「胴」「小手」を打たせるための受の動きはどれか。ア～ウからそれぞれ選び，記号で答えなさい。

剣先を中心とした構えから　　　ア　剣先を上げる　　イ　剣先を右に開く　　ウ　腕を上げる

(2) 次の文は有効打突の規定について示している。文中の①～④に当てはまる適当な語を下のア～クから選び，記号で答えなさい。

充実した(①)，適正な(②)をもって，竹刀の打突部で打突部位を(③)正しく打突し，(④)あるもの。

ア　一足一刀　　イ　残心　　ウ　礼法　　エ　声
オ　気勢　　　　カ　姿勢　　キ　刃筋　　ク　正中線

(☆☆☆◎◎◎◎◎)

【11】柔道競技について，次の各問いに答えなさい。

(1) 次の図A・Bは「体さばき」の足の動きを示したものである。A，Bの「体さばき」の名称をア～クから選び，それぞれ記号で答えなさい。

図A

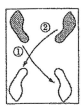

図B

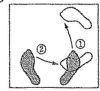

ア　右足前さばき　　　　イ　右足後ろさばき
ウ　右足前回りさばき　　エ　右足後ろ回りさばき

オ　左足前さばき　　　　カ　左足後ろさばき

キ　左足前回りさばき　　ク　左足後ろ回りさばき

(2)　次の表は「投げ技」の説明を示したものである。「技の説明」に対して、「技の名称」が誤っているものをア〜オから三つ選び、記号で答えなさい。またその際、正しい「技の名称」を下のA〜Hから選び、記号で答えなさい。

技の説明		技の名称
取は、受を真前に崩し、受の右脇に右肘を入れ固定し、受と重なり、両膝の伸展、上体のあおりを使用し、右肩越しに投げる。	ア	背負い投げ
取は、受を右前隅に崩し、受に重なるように回り込み、さらに右足を一歩、受の右足の外側に踏み出し、上肢の作用と両膝の伸展を利用して受を前方へ投げる。	イ	大腰
取は、受を右後ろ隅に崩し、左足を軸に右脚を前方に大きく振り上げ、受の右膝裏部分を右膝裏部分で、外側から刈り後方に投げる。	ウ	大外刈り
取は、受を右前隅に崩し、受の膝部に、右足を軸に、左足の土踏まず部分を当て、引き手、釣り手を作用させ前方に投げる。	エ	送り足払い
取は、受を真前に崩し、受の後ろ腰に右腕を回し、受と重なり、両膝の伸展、引き手、後ろに回した右腕を使用し、受を腰に乗せ前方に投げる。	オ	体落とし

【技の名称】

A　背負い投げ　　　B　大外刈り　　　C　内股　　　D　体落とし

E　送り足払い　　　F　膝車　　　　　G　大腰　　　H　小内刈り

(3)　次の①、②は「抑え技」を説明している。それぞれの技の名称を答えなさい。

①　取は受の右体側に腰を着け、左脇下に受の右腕を挟み右袖を握る。右手で受の首を抱え右後ろ襟を握る。取は両脚を大きく前後に開いて安定を保ち、右側の胸で受の胸を圧して抑える。

②　取は受の頭の方に位置し、受の上体の上にふせて身体を乗せる。

両腕を受の肩先外側より入れて両横帯を握り，腕を制し，両脚を大きく開き胸で受の頭，胸を圧して抑える。

(☆☆☆☆◎◎◎◎)

【12】AEDに関する次の文章を読んで，下の各問いに答えなさい。

突然心臓がとまって倒れた人の多くは，心臓全体が細かくふるえて，規則正しく血液を送り出せない(①)という状態にあります。(①)をおこした心臓に電気ショック，いわゆる(②)をおこなうことで，心臓の(③)を正常に戻す機器をAEDといいます。AEDは，通常の心肺蘇生法の手順にそって(④)や人工呼吸をおこない，循環のサインがないことを確認してから使用します。救急隊員の到着までの間に，AEDを使用することで(⑤)があがることがわかっています。(②)が必要かどうかはAEDが(⑥)に判断し，音声などで指示してくれるので，特別な資格がなくても誰でも使うことができます。

(1) 文中の①～⑥に当てはまる適当な語を次のア～サより選び，記号で答えなさい。

ア　電極パッド　　イ　救命率　　ウ　水分補給　　エ　自動的
オ　血流量　　　　カ　拍動　　　キ　心室細動　　ク　気道確保
ケ　除細動　　　　コ　後遺症　　サ　日常的

(2) 文中の下線部について，具体的な反応として正しく表しているものを次のア～エから一つ選び，記号で答えなさい。

ア　呼吸をする，せきをする，体を動かす
イ　呼吸をする，出血が止まる，体を動かす
ウ　呼吸をする，出血が止まる，せきをする
エ　せきをする，出血が止まる，体を動かす

(☆☆☆◎◎◎◎◎)

【13】医薬品に関する次の文章を読んで，下の各問いに答えなさい。

　　なぜ薬が必要なのでしょうか。人間には，① 病気やけがを自分で乗り切るための力が備わっており，病気やけがから回復するときにこの力が働きます。強い病原体の侵入やストレスなどで，この力が十分働かない時に，薬の力を借りて，もとの健康な状態に体を戻すことが必要となるのです。しかし，いくら薬を飲んでも，休養をとらなかったり，規則正しい生活をしない場合はなかなか病気は治りません。

　　さて，薬には，② 医師の処方せんに基づいて受け取る(　A　)医薬品の他に，街の薬局などの店で直接購入できる(　B　)医薬品があります。③ 薬本来の目的以外の好ましくない働きが起こるリスクはゼロではないため，(　B　)医薬品でも，薬を購入する際には薬剤師などの専門家に相談することが大切です。

　　一人ひとりが自分に合った薬を安心して購入し，より安全に使えるよう平成21年6月に④ 法律が改正されました。リスクの程度に応じて(　B　)医薬品が3つのグループに分類され，特にリスクが高い薬は(　C　)医薬品とされました。この(　C　)医薬品を購入する際には，薬剤師による説明が必要となったため，購入者が直接手に取れない場所等に配置されています。なお，インターネット販売を含む通信販売が可能な(　B　)医薬品は，(　D　)医薬品に限られています。

　　薬の効き目は，(　E　)中の濃度によって現れ方が異なるため，濃度が適正な状態となるよう，薬の服用にあたっては，用法(のみ方，のむ回数，⑤ のむ時間)や用量(のむ量や数)が決められています。体内に入った薬は，最終的には(　F　)で分解され，(　G　)の働きで体外へ排出されます。

(1)　文中のA〜Gにあてはまる適当な語を，次のア〜シからそれぞれ選び，記号で答えなさい。

　　ア　医療用　　イ　第三類　　ウ　リンパ腺　　エ　胃
　　オ　第二類　　カ　肺　　　　キ　肝臓　　　　ク　腎臓
　　ケ　第一類　　コ　血液　　　サ　一般用　　　シ　二酸化炭素

(2)　文中の下線部①のことを何と呼ぶか，答えなさい。

(3) 文中の下線部②には，新薬の特許が切れたあとに販売され，新薬と同じ有効成分を含み，同等の効果が得られる医薬品がある。このような医薬品を何と呼ぶか，答えなさい。

(4) 文中の下線部②のように医師の診察を受けた後に，病院や診療所で薬のかわりに処方せんが渡され，薬局で処方せんと引換えに薬が渡されるシステムを何と呼ぶか，答えなさい。

(5) 文中の下線部③のことを何と呼ぶか，答えなさい。

(6) 文中の下線部④の法律名を答えなさい。

(7) 文中の下線部⑤について，薬を服用する時間のうち「食間」とは一般にどの時間のことを指すのか，簡潔に説明しなさい。

(☆☆☆◎◎◎◎)

【14】医療・保健に関する次の各問いに答えなさい。

(1) 治療を受ける前に病気のことや治療の方法などについて医師等から十分説明を受け，その後，患者がその内容をよく理解し納得した上で，患者自身の意志で治療を受けることに同意することを何と呼ぶか，答えなさい。

(2) 2008年4月から始まった特定健康診査・特定保険指導の特徴は，内臓脂肪型肥満によって，血液中の脂質，血圧，血糖の値の上昇といった要因が複合的に重なった状態を洗い出すことに照準をしぼった点にあり，ウエスト周囲径の測定を検査項目に加えている。この要因が複合的に重なった状態のことを何と呼ぶか，答えなさい。

(3) 右の図は，妊産婦が交通機関等を利用する際に身につけ，周囲が妊産婦への配慮を示しやすくするマークであり，さらには，交通機関，職場，飲食店，その他の公共機関等が，その取組や呼びかけ文を付してポスターなど  として掲示し，妊産婦にやさしい環境づくりを推進するものである。このマークの名称を答えなさい。

(☆☆☆◎◎◎◎)

【15】感染症に関する次の文章を読んで，下の各問いに答えなさい。

　　(A)は患者のせきやくしゃみなどから飛び散る，あるいは，空気中をただよう(a)を吸い込むことによって他の人に感染します。感染すると急な発熱，せき，鼻水に続いて赤い発疹が全身にでます。とても感染しやすく，免疫がないと大人もかかります。(A)は肺炎や脳炎を引き起こすこともあり，1,000人に一人程度の割合で命を落とすことがあります。

　　風疹も，発熱と全身に淡い発疹が出る感染症です。症状は(A)より軽いですが，妊婦が妊娠(b)にかかると，おなかの中の赤ちゃんが感染し，心臓の病気になったり，目や耳に障害を生じたりすることがあります。

　　2007年春に日本全国で過去に一度も予防接種を受けていない人に加えて，1回のみの予防接種を受けてきた10代，20代の人を中心として(A)の流行が起きました。このことから，新たに2008年4月から2013年までの5年間に限り，中学(c)と高校(d)に相当する年齢の人が予防接種の対象となりました。予防接種は原則として(A)と風疹の両方を予防する混合ワクチンを使います。

(1)　文中のAに当てはまる感染症の名称を答えなさい。

(2)　文中のa〜dに当てはまる適当な語について，次のア〜カから正しい組合せを一つ選び，記号で答えなさい。

	a	b	c	d
ア	細菌	初期	1年生	3年生
イ	ウイルス	初期	3年生	3年生
ウ	細菌	後期	2年生	2年生
エ	ウイルス	後期	1年生	3年生
オ	細菌	後期	3年生	3年生
カ	ウイルス	初期	1年生	3年生

（☆☆☆◎◎◎）

【16】エイズについて，次の各問いに答えなさい。

(1) エイズとは，エイズのウイルス(HIV)に感染して起こるウイルス感染症である。HIVの日本語での名称を答えなさい。

(2) 次のア～カのうち，厚生労働省エイズ動向委員会が取りまとめた，国内における平成22年のHIV感染者及びエイズ患者の動向として正しいものを三つ選び，記号で答えなさい。

ア HIV感染者及びエイズ患者は増加した。

イ HIV感染者及びエイズ患者は減少した。

ウ HIV抗体検査・相談件数は増加した。

エ HIV抗体検査・相談件数は減少した。

オ HIV感染者の感染経路は異性間性的接触が約69％を占めた。

カ HIV感染者の感染経路は同性間性的接触が約69％を占めた。

(☆☆☆◎◎◎◎)

【17】次のグラフは，京都府における平成22年度の運動・スポーツの実施状況のうち女子15～17歳の状況を示している。

このグラフから，わが国の「体育」の課題として，どのような傾向が読み取れるか。平成20年1月の中央教育審議会答申「幼稚園，小学校，中学校，高等学校及び特別支援学校の学習指導要領等の改善について」で指摘された体育科・保健体育科の課題の中から，答申で示されている内容を引用し，簡潔に説明しなさい。

【グラフ】京都府における平成22年度の運動・スポーツの実施状況
(「平成22年度京都府児童生徒の健康と体力の現状」より)

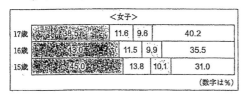

(☆☆☆◎◎◎◎)

【中学校】

【１】 中学校学習指導要領第7節保健体育(平成20年3月公示)及び中学校学習指導要領解説保健体育編(平成20年7月公示)に関する次の各問いに答えなさい。

(1) 次の表は，各学年で履修する領域を示しており，B〜Gの記号は下の領域名を指している。表中の①・②について，下のB〜Gを2つのグループに分けてそれぞれ記号で答えなさい。また，表中の③に当てはまる適当な数字を答えなさい。

学年	必履修の領域	選択させる領域	選択させる領域の数
第1学年・第2学年	体つくり運動・B・C・D・E・F・G・体育理論 ※B〜Gは2年間のうちに必履修		
第3学年	体つくり運動・体育理論	（ ① ） （ ② ）	「（ ① ）」・「（ ② ）」の各グループから（ ③ ）つ以上選択させる

【選択させる領域名】

B　器械運動　　C　陸上競技　　D　水泳　　E　球技　　F　武道
G　ダンス

(2) 「体つくり運動」領域・「体育理論」領域・「保健分野」の授業時数について，次の文中の①〜③に当てはまる適当な数字を答えなさい。

　　「体つくり運動」領域の授業時数は，各学年で(①)単位時間以上を，「体育理論」領域の授業時数は，各学年で(②)単位時間以上を配当すること。「保健分野」の授業時数は，3学年間で，(③)単位時間程度を配当すること。

(3) 「体つくり運動」領域を構成する二つの内容のうち，「体ほぐしの運動」ともう一つは何か。答えなさい。

(4) 第3学年の「水泳」領域において，今回の改訂で「バタフライ」とともに新たに加えられた内容について，次の文の①・②に当てはまる適当な語を学習指導要領の記載どおりに答えなさい。

　　(①)の泳法で泳ぐこと又は(②)をすること。

(5) 「水泳」領域における「平泳ぎ」と「バタフライ」のプルの動き

の例示について，次のア〜エからそれぞれ選び，記号で答えなさい。

ア　キーホールの形を描くようなプル

イ　クローバーの形を描くようなプル

ウ　S字を描くようなプル

エ　逆ハート型を描くようなプル

(6)　次の文は，「水泳」領域の指導の配慮について示している。文中の①・②に当てはまる適当な語を次のア〜カから一つ選び記号で答えなさい。

　　適切な水泳場の確保が困難な場合にはこれを扱わないことができるが，水泳の(　①　)に関する心得については，必ず取り上げること。また，「保健分野」の(　②　)との関連を図ること。

　　ア　応急手当　　イ　事故防止　　ウ　健康と環境

　　エ　交通安全　　オ　人命救助　　カ　飛び込み

(7)　「球技」領域には，攻防を展開する際に共通して見られるボール操作などに関する動きとボールを持たないときの動きに着目し，3つの「型」が示されている。それぞれの名称を答えなさい。また，その各型において適宜取り上げることができる種目を一つずつ答えなさい。

(8)　次の表は，「ダンス」領域の「知識」に関する指導内容のうち，「ダンスの踊りの特徴と表現の仕方」についての例示である。領域を構成する3つのダンスのどの例示であるか，表中の①〜③に当てはまるダンス名を答えなさい。

「ダンスの踊りの特徴と表現の仕方」の指導内容の例示	ダンス名
伝承された踊りを仲間とともに動きを合わせて踊ることを理解できるようにする。	(　①　)
現代的なリズムに乗って自由に仲間とともにかかわり合って踊ることを理解できるようにする。	(　②　)
テーマや題材からイメージを自由にとらえて仲間とともに表現し合って踊ることを理解できるようにする。	(　③　)

(☆☆☆◎◎◎◎)

【高等学校】

【1】高等学校学習指導要領第6節保健体育(平成21年3月公示)及び高等学校学習指導要領解説保健体育編・体育編(平成21年7月公示)に関する次の各問いに答えなさい。

(1) 次の表は，各学年で履修する領域を示しており，B～Gの記号は下の領域名を指している。表中の①・②について，下のB～Gを2つのグループに分けてそれぞれ記号で答えなさい。また，表中の③に当てはまる適当な数字を答えなさい。

学年	必履修の領域	選択させる領域		選択させる領域の数
入学年次	体つくり運動・体育理論	(①)	(②)	「(①)」・「(②)」の各グループから1つ以上選択させる
その次の年次以降	体つくり運動・体育理論	B・C・D・E・F・G		「B・C・D・E・F・G」から(③)つ以上選択させる

【選択させる領域名】

B　器械運動　　C　陸上競技　　D　水泳　　E　球技　　F　武道
G　ダンス

(2) 「体つくり運動」領域・「体育理論」領域の授業時数について，次の文中の①～③に当てはまる適当な数字を答えなさい。

　　「体つくり運動」領域に対する授業時数は，各年次で(①)～(②)単位時間程度を，「体育理論」領域に対する授業時数については，各年次で(③)単位時間以上を配当する。

(3) 「体つくり運動」領域を構成する二つの内容のうち，「体ほぐしの運動」ともう一つは何か。答えなさい。

(4) 「水泳」領域において，今回の改訂で「バタフライ」とともに新たに加えられた領域の内容について，次の文中の①～③に当てはまる適当な語を学習指導要領の記載どおりに答えなさい。

　　(①)の泳法で(②)泳ぐこと又は(③)をすること。

(5) 「水泳」領域における「平泳ぎ」と「バタフライ」のプルの動きの例示について，次のア～エからそれぞれ選び，記号で答えなさい。
ア　キーホールの形を描くようなプル
イ　クローバーの形を描くようなプル

ウ　S字を描くようなプル

エ　逆ハート型を描くようなプル

(6)　「水泳」領域におけるスタートの指導については，中学校の指導内容を踏まえることとされているが，平成20年3月に公示された中学校学習指導要領で示されたスタートの指導について，次のア～エから一つ選び，記号で答えなさい。

ア　バディシステム

イ　水中からのスタート

ウ　次第に高い位置からのスタート

エ　プールサイドからの飛び込み

(7)　「球技」領域には，攻防を展開する際に共通して見られるボール操作などに関する動きとボールを持たないときの動きに着目し，3つの「型」が示されている。それぞれの名称を答えなさい。また，その各型において適宜取り上げることができる種目を一つずつ答えなさい。

(8)　次の表は，「ダンス」領域の「知識」に関する指導内容のうち，「ダンスの文化的背景と表現の仕方」についての例示である。領域を構成する3つのダンスのどの例示であるか。表中の①～③に当てはまるダンス名を答えなさい。

「ダンスの文化的背景と表現の仕方」の指導内容の例示	ダンス名
異なる風土や歴史を背景にして生まれてきた文化的背景と特徴をとらえて仲間とともに踊ることを理解できるようにする。	（　①　）
20世紀後半に生まれたという文化的背景と特徴のあるリズムと動きには多様な関係があること，そのリズムに応じた仲間との自由な対応によって踊ることを理解できるようにする。	（　②　）
自己表現のダンスとして誕生した文化的背景とテーマやイメージを自由にとらえた動きで仲間と表現し合って踊ることを理解できるようにする。	（　③　）

(☆☆☆○○○○○)

解答・解説

【中高共通】

【１】(1)　①　50.15　　(2)　②　長座体前屈　　③　上体起こし

(3)　A　ウ　　B　イ

〈解説〉(1)　スポーツテストによって得られた測定値は，時間・回数・距離など，それぞれ異なった単位をもっている。したがって，このような異なる単位をもった数値はそのまま直接比較することはできないし，年齢が異なれば平均値や標準偏差も違ってくる。そういった単位や年齢その他の項目が異なっていても，具体的な数値で比較できるものとしてよく用いられるのがTスコアである。なお，Tスコアは，平均値と標準偏差がわかっていれば，次の公式にあてはめることによって簡単に計算できる。

$$Tスコア = \frac{個々の測定値 - 平均値}{標準偏差} \times 10 + 50$$

$$= \frac{21.31 - 21.23}{5.31} \times 10 + 50$$

$$≒ 50.15$$

したがって，答えは50.15

(2)　新体力テスト(12歳～19歳対象)の各項目と体力要素は以下の通りである。

握力——筋力

上体起こし——筋力・筋持久力

長座体前屈——柔軟性

反復横とび——敏捷性

20mシャトルラン又は持久走——全身持久力

50m走——スピード

立ち幅とび——筋パワー(瞬発力)

ハンドボール投げ——巧緻性・筋パワー(瞬発力)

【2】(1)　名称　テークオーバーゾーン(テイクオーバーゾーン)　　距離 20m　　(2)　1位　エ　　4位　ウ　　(3)　ウ

〈解説〉(1)　リレー競争のバトンパスは，テークオーバーゾーン(20m)の中で行う。これはバトンの位置であって，走者のからだや足の位置ではない。　(2)　走り高跳びの順位の決定は，次の通りに行う。1. 成功した高さの順に順位を決める。2. 同記録の場合は次の方法で順位を決める。・同記録になった高さで，競技回数が少なかった者が上位。・それでも決まらなかった場合には，同記録までの無効試技数が少なかった者が上位。・それでも決まらない場合には，第1位のみ，同成績の競技者全員が成功した次の高さで，もう一度試技を行い，決める。これで決まらない場合は，バーを2cm上げ下げして，それぞれの高さで1回の試技を行い，順位が決定するまで行う。2位以下は，同記録の場合，同順位とする。したがって，アとイの選手は2位の同順位となる。　(3)　ア　ハードルを足で蹴って倒しても反則にはならないが，故意に手や足で突き倒すと失格になる。　イ　400mを超える競争では「用意」の合図はない。　ウ　400mまでの短距離走とリレーでは，スターティングブロックを用いたクラウチングスタートで行う。エ　三段跳びは，ホップで踏み切った足で最初の着地をし，ステップで反対の足で着地して，最後のジャンプを行う。

【3】(1)　①　イ　　②　エ　　③　ウ　　④　ア　　(2)　壁パス(ワンツー，リターンパス，ワンツーリターン)

〈解説〉(1)　キックの技術を正しく理解し，実際に生徒への適切なアドバイスができるようにしておく。　①　インサイドキック→足首を曲げて足の内側くるぶし付近でボールをプッシュするように蹴る。軸足の真横より少し前(つま先部分)くらいでボールをとらえると蹴りやすい。　②　アウトサイドキック→足の甲の外側でボールを蹴る。近くの味方には足首のスナップをきかせて蹴る。カーブ(スライス)をかけるためには足首をしっかり固定して蹴るとよい。　③　インステップキック→足首をのばして足の甲でボールを蹴る。力強いシュートを放

つためには，インパクト時の足首の瞬間的な固定が重要である。

④　インフロントキック→足首を伸ばして親指の付け根付近でボールを蹴る。ボールを大きく上げたり，カーブボール(フック)を蹴ることができる。ボールのやや斜め後方から踏み込むと蹴りやすい。

(2)　壁パス→ドリブラーが味方にパスを出してダッシュし，リターンパスを受けて相手を抜き去るパスのこと。

【4】(1) a 8　　b 3　　c 24　　d 5　　(2)　左足
〈解説〉(1)　プレー中の時間による制限：ゲームの進行を早めたり，ゲームをおもしろくするために，プレー中にもいろいろな時間制限が設けられている。これらのルールに違反した場合は，バイオレーションで相手チームのボールになり，もっとも近いラインの外からのスローインで再開する。　・3秒ルール→フロントコート内でボールをコントロールしているチームのプレーヤーは，相手のバスケットに近い制限区域内に3秒を超えてとどまってはならない。　・5秒の制限→ボールを持っているプレーヤーが，相手に1mより近い位置で積極的に防御され，パス，シュート，ドリブル，ころがすのいずれもしないで5秒を超えて持ち続けることはできない。スローインやフリースローでは，5秒以内に行う。　・8秒ルール→バックコート内でライブのボールをコントロールしたチームは，8秒以内にボールをフロントコート内に進めなければならない。　・24秒ルール→自チームのプレーヤーがライブのボールをコントロールしたチームは，24秒以内にシュートしなければならない。　(2)　ボールを持ったままプレーヤーが移動できる範囲のことをプログレッシング・ウィズ・ザ・ボールといい，この制限範囲を超えて移動するとトラベリングのバイオレーションになる。ピボットができる，ピボットができない場合の規定も学習しておこう。

【5】(1)　ウ，エ，カ　　(2)　イ
〈解説〉(1)　ポジショナルフォールトの決め方→サーバーがサービスを打つ瞬間には，両チームのプレーヤーは，定められたコート内(サーバ

ーはサービスエリア内)のポジションにいなければならない。ポジションは足の位置によって決まり，次の制約を受ける。　・前後の関係…フォワードのプレーヤーの足の一部は，相対するバックの両足よりもネット近くに位置すること。　・左右の関係…レフトとライトの片足の一部は，同ラインのセンターの両足よりもサイドラインに近く位置すること。違反するとポジショナルフォールトの反則になる。

(2)　リベロプレーヤーの反則は次の通りである。・リベロプレーヤーがサービスの試みをした。　・リベロプレーヤーがフロントゾーン内またはその延長から，指を用いたオーバーハンドパスによって上げたボールを，他のプレーヤーがネット上端より高い位置でアタックヒットを行った。　・リベロプレーヤーがネットの上端より完全に高い位置にあるボールのアタックヒットを行った。・リベロプレーヤーがブロックに参加した。

【6】(1)　サーバーのラケットで打たれる瞬間に，シャトル全体がサーバーのウエスト(腰)(ウエストとは肋骨の一番下の部位の高さで胴体の周りの仮想の線)より下でなければならない。

(2)　下図を参照のこと。

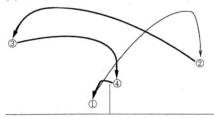

〈解説〉(1)　アバブ・ザ・ウエストは，サービスにおけるフォルトの略称で，サーバーのラケットで打たれる瞬間に，シャトルのいかなる部分もサーバーのウエストより下でないときフォルトになる。ウエストの定義は，国際バドミントン連盟(IBF)の2006年のルールに「ウエストとは，肋骨の一番下の部位で，胴体の周りの架空の線と考える。」と初めて定義された。　　(2)　①ロブ(ロビング・跳ねあげ)…コート前方

から相手コート後方へ打ち出すフライト。②ハイクリア…相手コート深くに高く打つフライト。③ドロップ…相手コート前方に打球の勢いを極力ぬいて落とすフライト。④ヘアピン(ネットショット・ネットフライト)…ネットぎわに落とされた相手の打球をネットすれすれにはわせるように打つフライト。

【7】エリア　下図　　選手　B

図②

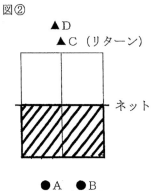

　▲D
　▲C　（リターン）

ネット

　●A　●B

〈解説〉サーバーAは，ボールをサーバーのライトハーフコートにバウンドさせ，ネットを越して，レシーバーCのライトハーフコートにバウンドさせる。Cのリターン後は，打球は各組の競技者が交互に行われなければならないので，Bが返球する。

【8】(1)　ウエスタングリップ　　(2)　①　ア，オ　　②　エ，キ
③　ウ，ク　　④　イ，カ
〈解説〉(1)　ウエスタングリップ…ラケットのフェース面を床と平行にし，真上からグリップを握る持ち方。イースタングリップ…ラケットのフェース面を床と垂直にし，握手するようにグリップを握る持ち方。
(2)　「球技」領域における評価規準(中学校の場合)を示しておく。
①運動への関心・意欲・態度…球技の特性に関心をもち，楽しさや喜びが味わえるように進んで取り組もうとする。また，チームにおける

自分の役割を自覚して，その責任を果たし，互いに協力して練習やゲームをしようとするとともに，勝敗に対して公正な態度をとろうとする。さらに，練習場などの安全を確かめ，健康・安全に留意して練習やゲームをしようとする。

②運動についての思考・判断…チームの課題や自分の能力に適した課題の解決を目指して，ルールを工夫したり作戦を立てたりして練習の仕方やゲームの仕方を工夫している。

③運動の技能…選択した球技種目の特性に応じた技能を身に付け，作戦を生かした攻防を展開してゲームができる。

④運動についての知識・理解…選択した球技種目の特性や学び方，技術の構造，合理的な練習の仕方を理解するとともに，競技や審判の方法を理解し，知識を身に付けている。

【9】下図

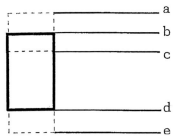

〈解説〉ストライクゾーンは，打者が自然な打撃姿勢をとっているとき，打者の脇の下から膝頭の上部までのホームプレートの空間をさす。

【10】(1) 面 イ 胴 ウ 小手 ア (2) ① オ ② カ ③ キ ④ イ

〈解説〉剣道の基本技術と競技用語を学習しておくようにする。有効打突(一本)をとり合うのが剣道の試合であるから，競技者，審判，指導者など全員がよく理解しておかなければならない。有効打突とは，充実した気勢，適正な姿勢をもって，自分の竹刀の打突部で相手の打突部

位(面・小手，胴・突き)を，刃筋正しく打突し残心のあるもの。残心とは，打突した後にも油断しないで，次に起こるどんな変化にもただちに対応できる心構え，身構えのこと。

【11】(1)　A　ク　　　B　ア　　　(2)　・間違い1　イ　　　正しい技　D
　・間違い2　エ　　　正しい技　F　　　・間違い3　オ　　　正しい技　G
(3)　①　けさ固め(袈裟固め，本けさ固め)　　　②　上四方固め
〈解説〉柔道の基本技術と競技用語については，しっかり学習しておこう。体さばきとは，相手を不安定な姿勢に崩し，同時に自分は，技を掛けるのによい位置に体を移動すること。右足前さばき，右足前回りさばき，左足後ろさばき，左足後ろ回りさばきの4つの足の動きを覚えておく。中学校及び高等学校の学習指導要領解説保健体育編の「柔道」領域に例示されている基本の技については，その技の説明ができるようにしておきたい。

【12】(1)　①　キ　　②　ケ　　③　カ　　④　ク　　⑤　イ
　⑥　エ　　(2)　ア
〈解説〉(1)　AED(Automated External Defibrillator：自動体外式除細動器)とは，突然の心肺停止者に対し，心臓への除細動(電気ショック)を自動で行うことができる機器のことである。AEDを用いた心肺蘇生を行う応急手当については，その基本的な知識や手順を説明できるようにしておきたい。

【13】(1)　A　ア　　B　サ　　C　ケ　　D　イ　　E　コ　　F　キ
　G　ク　　(2)　自然治癒力　　(3)　ジェネリック医薬品(後発医薬品，ジェネリック)　　(4)　医薬分業　　(5)　副作用　　(6)　薬事法
(7)　食事と食事の間(食後2時間，食後2〜3時間)
〈解説〉新中学校学習指導要領の保健分野において，医薬品の正しい使用についての内容が位置付けられたことを踏まえて，新高等学校学習指導要領「保健」においても，医薬品の承認制度や販売規制が新たに取

り上げられ，医薬品の適切な使用の必要性についての内容が充実されているので，今後は出題頻度が高くなるものと予想される。医薬品についての内容に関連して，次の用語を正しく説明できるように学習しておきたい。自然治癒力，医療用医薬品と一般用医薬品，第一類・第二類・第三類医薬品，副作用，ジェネリック医薬品，薬事法(2006年一部改正)，医薬分業(1998年全面的に移行)，原因療法薬，対症療法薬等，はよく出題されている。

【14】(1)　インフォームド・コンセント　　(2)　メタボリックシンドローム(内臓脂肪症候群)　　(3)　マタニティーマーク
〈解説〉医療・保健に関する用語を問う出題も非常に多いので，全国の保健体育科の教員採用試験で過去に出題された実施問題集等で頻出の用語を整理しておくとよい。また，語句・用語を簡潔に説明できる力を養っておくことも必要である。

【15】(1)　麻しん(はしか，麻疹)　　(2)　カ
〈解説〉麻しん(はしか)は，麻しんウイルスによる急性熱性発疹症のウイルス感染症で，感染力が極めて強く，現在の日本でも年間数十人が麻しんで亡くなっている。空気感染，飛沫(ひまつ)感染，接触感染，いずれの経路によっても感染し，好発年齢は1歳代が最も多く，次いで6～11カ月，2歳の順である。近年，成人麻しんの増加が問題となっており，20代前半での発症が多く報告されている。2008年4月1日から4年間の期限付きで，麻しんと風しんの定期予防(ワクチン)接種対象が，現在の第1期(1歳児)，第2期(小学校入学前年度の1年間にあたる小児)に加え，第3期(中学1年生相当年齢)，第4期(高校3年生相当年齢)に拡大されている。

【16】(1)　ヒト免疫不全ウイルス　　(2)　ア，エ，カ
〈解説〉エイズは，エイズウイルス(HIV：Human Immunodeficiency Virus，ヒト免疫不全ウイルス)によって起こる病気である。Acquired(後天性)

Immune(免疫) Deficiency(不全) Syndrome(症候群)の頭文字をとって
AIDSと名付けられた。1981年にアメリカ合衆国のカリフォルニア州と
ニューヨーク州で，カリニ肺炎やカポジ肉腫などにかかっている若者
が発見されたのが始まりである。HIVは，感染している人の血液や精
液，膣分泌液に多く含まれ，ほかの体液にはきわめて微量しか含まれ
ていない。HIVは感染力が弱いので，感染する経路は，①性行為，
②注射器の共用などの血液を介してのもの，③母子感染(妊娠中や出産
前後に子どもが感染することがある)の3つに限られている。中でも，
性行為による感染が急増しているので，エイズの予防には，不特定多
数の人との性行為を避けることが重要である。かつてはHIV感染者の
血液やそれらからつくられた血液製剤による感染があり，わが国では
多数の血友病患者が感染し，社会問題となった。現在は，輸血用の血
液や血液製剤は必ず検査されているので，これらから感染する恐れは
ほとんどない。

【17】・運動する子どもとそうでない子どもの<u>二極化</u>が見られる。　・運
<u>動に興味を持ち活発に運動する者とそうでない者</u>とに<u>分散傾向</u>が見ら
れる。　・<u>積極的に運動する子どもとそうでない子ども</u>に<u>分散が拡大</u>
している。　など
〈解説〉答申で指摘された課題とは，体育では，①運動する子どもとそう
でない子どもの二極化，②子どもの体力の低下傾向が依然深刻，③運
動への関心や自ら運動する意欲，各種の運動の楽しさや喜び，その基
礎となる運動の技能や知識など，生涯にわたって運動に親しむ資質や
能力が十分に図られていない例も見られること，④学習体験のないま
ま領域を選択しているのではないか，などである。本問のグラフから
読み取れる体育の課題としては，答申で示されている①の内容を引用
して簡潔に説明するとよい。

【中学校】

【1】(1) ① B, C, D, G ② E, F ③ 1 (2) ① 7
② 3 ③ 48 (3) 体力を高める運動 (4) ① 複数
② リレー (5) 平泳ぎ エ バタフライ ア (6) ① イ
② ア (7) ゴール型・バスケットボール(ハンドボール, サッカー)
ネット型・バレーボール(卓球, テニス, バドミントン) ベースボー
ル型・ソフトボール (8) ① フォークダンス ② 現代的なリ
ズムのダンス ③ 創作ダンス

〈解説〉(1) 第3学年では, 「A体つくり運動」及び「H体育理論」につい
ては, すべての生徒に履修させることとし, その他の領域については,
「B器械運動」「C陸上競技」「D水泳」及び「Gダンス」のまとまりの中
から1領域以上, 「E球技」及び「F武道」のまとまりの中から1領域以
上を選択し履修することができるようにすることとしている。
(2) 「体つくり運動」領域の授業時数は, 各学年で7単位時間以上を,
「体育理論」領域の授業時数は, 各学年で3単位時間以上を配当するこ
ととしている。保健分野の授業時数は, 3学年間で, 48単位時間程度
を配当することとしている。 (3) 「体つくり運動」は, 体ほぐしの運
動と体力を高める運動で構成されている。 (4) 「複数の泳法で泳ぐこ
と, 又はリレーをすること」を新たに示している。 (5) 「平泳ぎ」の
プルの動きは, 手を肩より前で動かし, 両手で逆ハート型を描くよう
に強くかくこと。「バタフライ」のプルの動きは, キーホールの形を
描くように水をかき, 手のひらを胸の近くを通るようにする動き(ロン
グアームプル)で進むこと。 (6) 「水泳」領域の内容の取扱いに示さ
れている。 (7) 「球技」については, 相手コートに侵入して攻防を楽
しむ「ゴール型」, ネットをはさんで攻防を楽しむ「ネット型」, 攻守
を交代して攻防を楽しむ「ベースボール型」に分類して示されている。
(8) 「ダンス」については, 従前どおり, 「創作ダンス」「フォークダン
ス」「現代的なリズムのダンス」の中から選択して履修できるように
することとしている。「踊りの特徴と表現の仕方」については, 解説
書のP.130に示されている。

【高等学校】

【１】(1)　①　B，C，D，G　　②　E，F　　③　2　　(2)　①　7

②　10　　③　6　　(3)　体力を高める運動　　(4)　①　複数

②　長く　　③　リレー　　(5)　平泳ぎ　エ　　バタフライ　ア

(6)　イ　　(7)　ゴール型・バスケットボール(ハンドボール，サッカー，

ラグビー)　　ネット型・バレーボール(卓球，テニス，バドミントン)

ベースボール型・ソフトボール　　(8)　①　フォークダンス

②　現代的なリズムのダンス　　③　創作ダンス

〈解説〉(1)「A体つくり運動」及び「H体育理論」については，各年次に

おいてすべての生徒に履修させる。選択させる領域については，入学

年次においては，「B器械運動」「C陸上競技」「D水泳」「Gダンス」の

まとまりの中から1領域以上，「E球技」「F武道」のまとまりの中から1

領域以上をそれぞれ選択して履修することができるようにする。その

次の年次以降においては，「B器械運動」から「Gダンス」までの中か

ら2領域以上を選択して履修できるようにする。　(2)「各科目にわた

る指導計画の作成と内容の取扱い」において，「A体つくり運動」対す

る授業時数ついては，各年次で7〜10単位時間程度を，「H体育理論」

対する授業時数については，各年次で6単位時間以上を配当すること

とし，指導内容の確実な定着が図られるようにした。　(3)　体つくり

運動は，体ほぐしの運動と体力を高める運動で構成されている。

(4)　泳法は，伏し浮きの姿勢で泳ぐクロール，平泳ぎ，バタフライ及

び仰向けの姿勢で泳ぐ背泳ぎの4種目に加え，「複数の泳法で長く泳ぐ

こと又はリレーをすること」を取り上げている。　(5)「平泳ぎ」のプ

ルの動きは，手を肩より前で動かし，両手で逆ハート型を描くように

強くかくこと。「バタフライ」のプルの動きは，キーホールの形を描

くように水をかき，手のひらを胸の近くを通るようにする動き(ロング

アームプル)で進むこと。　(6)　今回の中学校の指導内容の改訂では，

事故防止の観点から，スタートは「水中からのスタート」を示してい

る。そのため，飛び込みによるスタートやリレーの際の引き継ぎは，

高等学校において初めて経験することになるため，「段階的な指導を

行うとともに安全を十分に確保すること」を示している。 (7) 球技は，相手コートに侵入して攻防を楽しむ「ゴール型」，ネットをはさんで攻防を楽しむ「ネット型」，攻守を交代して攻防を楽しむ「ベースボール型」の3つに分類して示されている。 (8) 「ダンス」は，「創作ダンス」「フォークダンス」「現代的なリズムのダンス」で構成されている。「知識」に関する指導内容のうち，「ダンスの文化的背景と表現の仕方」については，解説書のP.92に例示されている。

●書籍内容の訂正等について

弊社では教員採用試験対策シリーズ（参考書，過去問，全国まるごと過去問題集），公務員試験対策シリーズ，公立幼稚園・保育士試験対策シリーズ，会社別就職試験対策シリーズについて，正誤表をホームページ（https://www.kyodo-s.jp）に掲載いたします。内容に訂正等，疑問点がございましたら，まずホームページをご確認ください。もし，正誤表に掲載されていない訂正等，疑問点がございましたら，下記項目をご記入の上，以下の送付先までお送りいただくようお願いいたします。

> ① **書籍名，都道府県（学校）名，年度**
> 　（例：教員採用試験過去問シリーズ　小学校教諭 過去問　2025年度版）
> ② **ページ数**（書籍に記載されているページ数をご記入ください。）
> ③ **訂正等，疑問点**（内容は具体的にご記入ください。）
> 　（例：問題文では"ア〜オの中から選べ"とあるが，選択肢はエまでしかない）

〔ご注意〕

○ 電話での質問や相談等につきましては，受付けておりません。ご注意ください。

○ 正誤表の更新は適宜行います。

○ いただいた疑問点につきましては，当社編集制作部で検討の上，正誤表への反映を決定させていただきます（個別回答は，原則行いませんのであしからずご了承ください）。

●情報提供のお願い

協同教育研究会では，これから教員採用試験を受験される方々に，より正確な問題を，より多くご提供できるよう情報の収集を行っております。つきましては，教員採用試験に関する次の項目の情報を，以下の送付先までお送りいただけますと幸いでございます。お送りいただきました方には謝礼を差し上げます。

（情報量があまりに少ない場合は，謝礼をご用意できかねる場合があります）。

◆あなたの受験された面接試験，論作文試験の実施方法や質問内容

◆教員採用試験の受験体験記

送付先	○電子メール：edit@kyodo-s.jp
	○FAX：03-3233-1233（協同出版株式会社　編集制作部 行）
	○郵送：〒101-0054　東京都千代田区神田錦町2-5
	協同出版株式会社　編集制作部 行
	○HP：https://kyodo-s.jp/provision（右記のQRコードからもアクセスできます）

※謝礼をお送りする関係から，いずれの方法でお送りいただく際にも，「お名前」「ご住所」は，必ず明記いただきますよう，よろしくお願い申し上げます。

教員採用試験「過去問」シリーズ

京都府の
保健体育科 過去問

編　集　　Ⓒ 協同教育研究会
発　行　　令和6年1月25日
発行者　　小貫　輝雄
発行所　　協同出版株式会社

　　　　　〒101-0054　東京都千代田区神田錦町2‐5
　　　　　電話　03－3295－1341
　　　　　振替　東京00190－4－94061
印刷所　　協同出版・POD工場

　　　　　落丁・乱丁はお取り替えいたします。